高等院校经济管理类规划教材
浙江省高等教育重点建设教材

国际结算

主　编　陈广先
副主编　郭　晶　吕　品　陈晓华

ZHEJIANG UNIVERSITY PRESS
浙江大学出版社

图书在版编目（CIP）数据

国际结算／陈广先主编. —杭州：浙江大学出版社，2009.9

ISBN 978-7-308-06771-3

Ⅰ.国… Ⅱ.陈… Ⅲ.国际结算—高等学校—教材 Ⅳ.F830.73

中国版本图书馆 CIP 数据核字（2009）第 071775 号

国际结算

陈广先　主编

责任编辑　朱　玲
文字编辑　夏晓冬
封面设计　俞亚彤
出版发行　浙江大学出版社
（杭州天目山路 148 号　邮政编码 310028）
（网址：http://www.zjupress.com）
排　　版　杭州中大图文设计有限公司
印　　刷　富阳市育才印刷有限公司
开　　本　787mm×1092mm　1/16
印　　张　12.75
字　　数　305 千
版 印 次　2009 年 9 月第 1 版　2009 年 9 月第 1 次印刷
书　　号　ISBN 978-7-308-06771-3
定　　价　22.00 元

浙江大学出版社发行部邮购电话　(0571)88925591

前　言

国际结算业务既有高度的实践性，又有极强的前沿性。特别是《跟单信用证统一惯例》(UCP600)经国际商会通过，于2007年7月1日生效后，无疑对我国外贸、银行、法律、外运及保险各界都影响深远。因此，根据UCP600等国际贸易规则的演进，重新编写国际结算教材是当务之急。在上述思想的指导下，本教材坚持以下原则和特色来编写：

一、实用。运用大量事例，解释原理，指导操作，防范风险。

二、精炼。尽量用简洁、通俗的语言，深入浅出地解释和分析要点，突出重点。

三、准确。立论严谨，避免以讹传讹等错误，结论依据均按照国际商会的惯例和规则，或相关国际法规。

四、前沿。紧跟国际规则演进，特别是国际贸易、结算方式的演变，体现与时俱进，保持高度的学术前沿性。

五、全面。涉及各种国际结算方式，以及各种结算方式下的外贸单证、保函、融资等综合理论与实务的研究。

全书共十一章。具体分工为：

浙江理工大学陈广先教授编写第一章、第七章、第八章、第九章。

浙江理工大学郭晶副教授编写第二章、第三章、第四章。

浙江理工大学吕品副教授编写第五章、第六章。

浙江理工大学陈晓华编写第十章、第十一章。

本书由陈广先、郭晶、陈晓华审稿和校对。

本书在编写过程中参考了大量优秀教材和相关业务部门专业人士为本书提供的大量最新资料，在此一并致以深切的谢意！

陈广先

2009年8月

目 录

第一章　国际结算概述

第一节　国际结算的基本概念

一、国际结算

国际结算(International Settlement)是指国际间债权债务的清偿或跨国转移资金而发生的在不同国家之间的货币收付业务。

国际间广泛的政治、经济、军事、文化、体育、旅游、科技等事项的交往,必然发生国家之间的货币收付,产生国际间的债权债务关系,需要运用金融工具(如汇票、本票、支票等),采取约定的结算方式(如汇付、托收、信用证等),利用一定的结算渠道(如 SWIFT 网络等),通过金融机构,使国际间的债权债务得以清偿。

与国内结算相比,国际结算要复杂很多,风险也更大,涉及因素多,需要掌握贸易、金融、法律、外语、商品等相关知识和理论基础。

二、国际贸易结算与非贸易结算

国际结算按产生国际间债权债务关系的原因可分为国际贸易结算与国际非贸易结算。

(一)国际贸易结算

国际贸易结算是指由有形贸易引起的货币收付活动。有形贸易是指实物商品或货物的进出口,它是国际贸易的基础和重要组成部分。国际贸易结算的主要目的是清偿贸易债权债务关系。

(二)国际非贸易结算

国际非贸易结算是指由无形贸易引起的货币收付活动。无形贸易主要是单方面转移和服务贸易等,包括侨民汇款、捐赠、国际资本流动、技术转让、国际旅游、运输、保险、银行业等业务活动的收支。据统计,在国际贸易中,无形贸易比有形贸易发展更快,无形贸易的主体是服务贸易。非贸易结算的目的有两个:一是清偿债权债务关系;二是转移资金。以转移资金为目的的结算又叫金融交易结算,它在结算总量上已大大超过国际贸易结算和其他非贸易结算之和。

国际贸易结算是国际结算的基础,它在国际结算中具有特殊地位。有形贸易或商品贸易是货物与金钱的相对给付,卖方交货、买方付款。但是要以买卖双方一手交钱、一手交货,银货当面两讫的方式来完成货物数量巨大、货款巨额的国际贸易几乎是不可能的。因此,在实际中，更多的情况是卖方发货在先，买方付款在后，并且以单据替代货物，有时还使用了信用证、银行保函等工具，卖方交货变成了先发货而后再交单收款，并且首先付款的可能不是进口商（如信用证交易中）而是银行，最后才是买方付款、赎单、提货。于是，单据成为货物的代表，信用证或银行保函成为进口方付款的保证，银行加入进来并承担了一定的风险。这些都使得国际贸易结算包含的内容更加广泛，手续更加复杂。

国际非贸易结算的适用范围很广，种类繁多，程序相对简单。近年来，由于国际投资的不断加强，国际游资的流动性不断加大，资金的交易量迅速增加，其金额大大超出了贸易金额，因而非贸易结算在国际结算中的地位不断提高。但由于贸易结算业务复杂，涉及多方面的问题，因此，贸易结算在整体国际结算中仍处于重要地位。本书涉及的内容主要指国际贸易结算，为叙述方便皆以国际结算代替。

三、现金结算与票据结算

国际结算按结算所使用的工具可分为现金结算与票据结算。

（一）现金结算

现金结算又称货币结算，是最原始的国际结算业务。在早期的国际贸易中，卖方一手交货，买方一手交钱，货款两清。随着国际贸易量的不断增加，这种结算业务的弊端越来越多，如运送货币的风险较大、成本过高、点数和识别真伪的困难等。因此，当今的国际贸易中极少使用这种结算业务，它通常适用于金额较小的非贸易结算。

（二）票据结算

票据结算是指以票据（如汇票）流通代替现金流通，债务人（如受票人、出票人）以票据清偿其债务。例如，在国际贸易中，卖方发货后开立汇票指示买方付款；某债务人开立以银行为付款人的即期付款汇票，向债权人支付一定金额等。通过票据结清账款，既减少了结算费用，又节约了时间，故当代票据结算已成为贸易结算的主要形式。票据结算是现代经济往来中典型的非现金结算。当然，非现金结算还包括以货换物、补偿贸易、记账往来等多种形式。

在票据结算中，汇票、本票和支票均为可流通票据，可以背书转让。远期汇票和远期银行本票可以贴现，发挥其融资作用。

第二节 国际结算的产生和发展

一、国际结算的历史演变过程

国际结算是商品经济的产物，它的产生和发展与国际贸易、国际航运业、保险业、金融业以及国际通信技术的发展有着十分密切的关系。

原始的国际结算业务都是现金交易。这种结算方法不仅风险大、成本高，而且在操作上十分不方便。11世纪，地中海沿岸的商品贸易粗具规模，商人们已经不满足于用现金进行结算，开始使用“字据”代替现金。16—17世纪，在欧洲大陆，“字据”逐渐发展为“票据”；18世纪，采用票据进行非现金结算已成为各国的普遍做法；到了19世纪末20世纪初，由于商业、航运业、运输业、保险业和金融业的迅速发展，国际结算业务发生了根本性的变化。随着银行信用介入国际结算业务与贸易结算和贸易融资的有机结合，以银行为中枢的国际结算体系逐渐形成。为了方便、快速地划拨资金，不同国家的银行互设账户，从而在世界范围内形成了一个高效的资金转移网络。

第二次世界大战之后，由于生产与资本的国际化，各国工商企业的对外金融业务活动日益频繁和加强。20 世纪 60 年代以后，跨国公司蓬勃兴起，全球范围内的资源配置、生产组织形式、业务活动方式以及市场规模都发生了巨大变化。国际经济领域中的这一系列变化，带动和促进了国际金融微观业务的发展。目前，国际上许多银行或金融机构为适应当代国际经济发展的需要，在国际贸易结算和贸易融资方面，已开发和改造出许多新的服务项目，增加了许多新的业务内容。

纵观国际结算的演变过程，明显地表现出从低级到高级、简单到复杂、单一到多元化发展的特点。具体表现如下。

(一)从现金结算发展到票据结算

在商品经济发展的初期，国与国之间的贸易大部分以贩运的方式进行。不仅商品交易的种类少，而且交易的规模也很有限。在这种贸易条件下，商人与商人之间买卖货物之后，货款的收付行为主要通过现金来实现。债务人采用在国际间运送黄金、白银或者是铸币以结清债权债务关系。12 世纪后，随着贸易的发展，地中海沿岸国家出现了"兑换证书"。15 世纪之后，又开始用商业票据进行结算。16—17 世纪，欧洲大陆国家基本上以票据结算方式取代现金结算，国际贸易结算大大前进了一步。

(二)从凭实物结算发展到凭单据结算

18 世纪末 19 世纪初，国际贸易开始迅速发展。商人从事海上贸易时大部分采用 FOB 条件成交。商人本人或其代理人自始至终监督这一冒险行动。商人当场看货，如认为合适，当即买下，并指示卖主将货物交到他的船上，而且即时偿付现金或其他等价物。这是一种典型的买卖双方直接结算的方式，根本无需通过银行。

随着科学技术的进步和通讯工具的发展，对外业务联系变得方便并趋于稳定。此外，有些国家的法律已经给予运输合同的受让人以他自己的名义起诉的权利。这一切为商人从事海上贸易和以 CIF 条件成交奠定了基础。在这种情况下，海运提单已经演变为可转让的物权凭证；保险单也可通过背书进行转让；银行又乐于以外汇购买者的身份买进单据，为卖方进行融资。这样，国际间的商品买卖逐渐发展成为单据买卖。在 CIF 条件下，卖方凭单交货，买方凭单付款，从而使国际贸易结算从以货物为依据发展到以单据为依据。

(三)从买卖双方直接结算发展到通过银行进行间接结算，真正实现了非现金结算

国际贸易发展初期，买卖双方采用直接结算的方式。当资本主义进入垄断阶段后，资本主义国家间的经济贸易关系进一步密切，国际贸易规模和资本移动量的急剧扩大，金融业空前壮大，银行网点普遍设立。这就为通过银行进行国际贸易结算创造了条件。买主不仅可以委托银行代汇、代付货款，而且可以要求银行为其开出银行保证付款的凭证，以促进交易的达成。卖方不仅可以委托银行代收货款，而且可以要求银行提供信用或为其进行融资，从而使原始的买卖双方国际直接结算方式逐步过渡到现代的以银行为中心的国际间接结算方式。

二、国际结算制度的演变

国际结算制度(System of International Settlement)又称国际结算体系，它是各国之间结算债权债务关系的基本方法和总的原则。实行何种国际结算制度，取决于世界各国经济发展水平及国际政治现状。从资本主义发展过程来看，国际结算制度曾经历了三种不同类型。

(一)自由的多边国际结算制度

19 世纪正处于资本主义自由贸易的鼎盛时期，国际贸易发展十分迅速，国际间的经济、贸易交往日益增强。许多国家确立了金本位的货币制度，国际收支基本平衡，黄金可以自由输出输入，国际间正常的支付与结算均以黄金作为最后的支付手段。出于各国货币之间的比价都是以各自的含金量为基础，所以汇率能保持稳定。在这种条件下，推行自由的多边国际结算制度有利于国际贸易的发展。但实行自由的多边国际结算制度必须以外汇自由为前提，而外汇自由又必须以资本主义国家的货币稳定为条件。自由的多边国际结算制度必须包括下列内容：(1)外汇自由买卖；(2)资本自由输出输入；(3)黄金自由输出输入；(4)黄金外汇自由市场的存在；(5)多边结算制度的存在。

但是，自由的多边国际结算制度遭到了第一次世界大战的冲击。在第一次世界大战爆发后，资本主义各国为了筹措战争所需的大量外汇，防止本国资本外逃，不得不对黄金、外汇采取限制性的措施。尽管在战争结束后，由于生产逐渐得到恢复，国际经济关系也归于正常，各国也先后部分或全部恢复了金本位货币制度，但在此期间，大多数国家仍然采取某些措施来间接干预外汇交易以维持汇率的稳定。1929—1933 年资本主义世界爆发的空前严重的经济危机，使各主要资本主义国家爆发了货币信用危机，它冲击着整个资本主义市场，使资本主义赖以运转的市场机制的作用大为削弱，国际间关系陷于混乱。各国为了维护各自的经济利益，纷纷恢复了不同形式的外汇管制。第二次世界大战期间，除了远离战场而未受战争破坏的美国之外，欧洲各主要资本主义国家都实行了严格的外汇管制，整个资本主义的金融、外汇市场陷于停滞状态，于是管制的双边国际结算制度应运而生。

(二)管制的双边国际结算制度

管制的双边国际结算制度是指两国政府签订支付协定，开立清算账户，集中抵消和清算两国之间由于贸易和非贸易往来所发生的债权债务收支。在这种制度下，甲国对乙国的债权只能用来偿还甲国对乙国的债务，而不能用此债权来抵偿甲国对任何第三国的债务。双边清算由两国的中央银行负责具体组织实施。具体做法是：由两国的商业银行或外汇银行各自向本国的中央银行收付本国货币，再由本国的中央银行记入对方国家的结算账户。在记账方式上，采用“先借后贷法”，即出口方银行主动借记进口方银行开立在本行的账户，然后由进口方银行贷记出口方银行开立在本行的账户。为此，各方需要设立维持账户以核对对方寄来的账单。

管制的双边结算制度的产生，直接反映了资本主义世界经济危机和货币信用危机的加剧。然而，这种国际结算制度的实行具有正反两方面的作用。

其积极作用是：

(1)缓和了资本主义国家因黄金外汇短缺而无法进行正常贸易的矛盾，在一定程度上促进了国际贸易的发展。

(2)防止不利的资本流出或流入,改善了各国的国际收支状况。

(3)节约了外汇黄金的使用,加速资本的周转。

(4)节约了缔约国之间外汇资金的支出,促进了缔约国之间的贸易发展。

其消极作用是;

(1)由于这种结算制度具有排他性,因此直接影响到与缔约国以外的第三国开展贸易,从而在一定程度上阻碍了国际贸易的发展。

(2)这种结算制度容易造成资本主义发达国家向不发达国家倾销过剩产品等。

(三)多元化混合型的国际结算制度

第二次世界大战之后,世界政治经济格局发生了重大变化。到20世纪50年代后期,西方一些国家的经济实力已经增强,足以与英美抗衡,于是对外汇的管制有放松的趋势。从1960年开始,前联邦德国与日本率先宣布货币自由兑换,英国也在1979年撤销了残存的一些外汇管制条例。而许多发展中国家为了发展民族经济,减少黄金外汇储备的流失,则一直实行比较严格的外汇管制。然而,单纯管制的双边国际结算制度已经不能满足经济发展的需要,多元化混合型的国际结算制度逐渐取代了单一的国际结算制度。在多元化混合型的国际结算制度下,既有西方国家间全球性的多边结算,也有区域性和集团性的多边结算,此外还存在发展中国家之间的双边结算制度。由于管制的国际结算制度不利于全球性贸易的开展,因此当前推行的主要是全球性、区域性的多边结算制度。这种多元化混合型国际结算制度的主要特点是:

(1)有限的外汇自由兑换与程度不同的外汇管制并存,而以外汇自由兑换为主。

(2)全球自由的多边结算制度、区域性的多边结算制度和管制的双边结算制度并存,而以全球的和区域性的多边结算为主。

随着生产、市场和资本的国际化以及跨国公司的蓬勃兴起,国际贸易结算制度将进一步向着多元化和自由的多边结算制度发展。

第三节 国际结算中的银行

一、银行结算业务

结算业务是商业银行代客户清偿债权债务、收付款项的一种传统的中间业务。银行结算业务是由商业银行的存款业务衍生出来的一种中间业务。顾客到银行存款(尤指开立存款结算账户),除为了资金安全的目的外,很大程度上利用银行在转账结算方面收付款项的便利。商业银行为了扩大业务、与企业建立广泛联系、吸收更多的存款,也尽量加强和完善结算业务工作,为顾客提供优质、方便、迅速、安全的结算服务。

根据2001年7月中国人民银行发布实施的《商业银行中间业务暂行规定》,商业银行中间业务(Intermediary Business)是指中介的、代理的业务,即不构成商业银行表内资产、表内负债,形成银行非利息收入的业务,包括结算类、代理类、担保类、承诺类、交易类中间业务和其他中间业务。

二、银行间的账户设置

银行账户的不同设置，往往构成银行间资金调拨的基础。银行资金划拨主要取决于银行间的账户设置。账户设置的不同，通常影响着银行办理业务时清算时间的长短以及清算速度的快慢，进而影响到客户的切身利益。银行间账户的设置主要采用三种方式：一种是一方银行在另一方银行设有账户或双方银行彼此互设账户；另一种是双方彼此之间没有直接的账户关系，但都在第三方代理行设有账户；第三种是一方银行或其海外代理行或联行在另一银行所在国的中央银行设有账户。

三、主要电子清算系统

（一）美元支付清算系统

在当今的国际贸易中，绝大多数是通过美元这一货币进行计价、支付并完成交易的。银行在进行美元资金的支付与划转过程中，必然涉及美元支付清算系统。

1. 纽约清算所同业支付系统

纽约清算所同业支付系统（Clearing House for Inter-Bank Payment System，CHIPS）是一个由纽约清算协会（New York Clearing Houses Association，NYCHA）拥有并运行的电子支付系统。它于 1991 年替代当时的纸票据清算制度而开始运行，它是一个在每日日终进行净额清算的资金转账系统。

纽约清算所同业支付系统的参与者可以是商业银行、纽约州银行法规定的投资公司以及在纽约设有分支机构的国外银行。非参与者须通过参与者，借助于 CHIPS 来完成资金转账。在参与者中，有 12 家为每个营业日末支付系统交易结算的参与者，它们在纽约联邦银行开设账户和簿记登记账户。每个结算参与群都拥有一个美国银行协会颁发的号码 ABA No.（American Banks Association Number），其他参与者则通过结算参与者办理资金结算，并且这些参与者均有纽约清算所颁发的统一确认号码 UID No.（Universal Identification Number）。

纽约清算所同业支付系统是一个贷记转账系统，在转账时，付款方命令银行将资金划转给受款方。

2. 联邦资金转账系统

联邦资金转账系统（Fedwire）是美国联邦储备银行拥有并运行的大额资金转账系统。它提供实时的、全额结算转账服务。它同样也是一个贷记转账系统，即由付款者发出结算指示。在联邦储备银行开设账户的银行可以直接利用此系统发送和接受支付。

（二）欧元跨国清算系统

1999 年 1 月 1 日欧洲统一货币——欧元的诞生，必将对欧洲乃至世界经济贸易的发展产生巨大的推动作用。作为欧元的推出、管理与维护机构——欧盟为了扩大欧元的货币影响程度，自欧元产生之时，就在欧元区范围内积极筹划、推广欧元跨国清算系统，以方便各国贸易的进行和资本的流动。目前，在欧元区内主要有三大跨国欧元清算系统。

1. 泛欧自动实时清算系统

泛欧自动实时清算系统（Trans-European Automated Real-time Gross Settlement Express Transfer System，TARGET）是欧洲中央银行拥有并运营的、大额款项收付的、实时全

额清算系统。TARGET 系统是一种贷记转账支付系统，它开始运行于 1999 年 1 月 1 日。参与该系统的银行有 5300 多家。

2. 欧洲银行协会清算系统

欧洲银行协会清算系统是欧洲银行协会经营并管理的日终净额清算支付系统。此系统原用于欧洲货币单位的清算，在欧元诞生后，改用于欧元的清算。现参与行数量为 62 家。该系统的收付款速度较慢，业务量所占比例相对而言不大。

3. 法兰克福同城电子清算系统

法兰克福同城电子清算系统是德国中央银行拥有并经营的、融实时清算与净额清算为一体的欧元清算支付系统。该系统原为德国马克清算支付系统，欧元诞生后，改为办理欧元清算。该系统具有速度快、成本低、风险小的特点，但因参与行数量较少，业务量所占比例不大。

(三)环球银行间金融电讯系统

环球同业银行金融电讯协会(Society or Worldwide Inter-bank Financial Telecommunication, SWIFT)是一个国际银行同业间非营利的国际合作组织，总部设在比利时的布鲁塞尔。该组织成立于 1973 年 5 月，由北美和西欧 15 个国家的 239 家银行发起，董事会为最高权力机构。目前，SWIFT 在全世界拥有会员国 197 个，会员银行 6000 多家，其环球计算机数据通讯网在荷兰和美国设有运行中心，在各会员国设有地区处理站，共连接了 7300 多家用户，日处理 SWIFT 电讯 671 万多笔，为 SWIFT 会员提供安全、可靠、快捷、自动化、标准化的通讯服务。

中国是 SWIFT 会员国，中国银行作为中国的外汇专业银行于 1983 年 2 月加入 SWIFT，成为中国第一家 SWIFT 会员银行。1985 年 5 月 13 日，中国银行正式开通 SWIFT。中国金融体制改革后，中国工商银行、中国农业银行、中国建设银行、交通银行也可以开展外汇外贸业务，这几家银行也加入了 SWIFT 组织，开通了 SWIFT。当时只限在各专业银行总行使用，收发的 SWIFT 报文需手工处理，SWIFT 收发报量少，缺少应用接口，手工处理多，使用业务范围小。

20 世纪 90 年代开始，中国所有可以办理国际金融业务的国有商业银行、外资和侨资银行以及地方银行纷纷加入 SWIFT，SWIFT 发报量增长很快，传统的电传方式收发电报正在逐年下降，采用 SWIFT 方式进行收发电报已占到全行电讯总收付量的 90%以上。很多银行建立了 SWIFT 网络，使其分行也可以使用 SWIFT，同时各应用系统与 SWIFT 有应用接口。SWIFT 网络是国际结算、收付清算、外汇资金买卖、国际汇兑等各种业务系统的通讯主渠道，部分业务实现了自动化处理。

目前国内 SWIFT 会员行(总行)和附属会员行(分行)均按 SWIFT 组织的统一规则，制定了各种 SWIFT 识别代码、密押和电文格式：

(1)SWIFT 银行识别代码由银行代码(Bank Code)，国家代码(Country Code)，方位代码(Location Code)：标明城市，分行代码(Branch Code)：标明分行等部分组成。SWIFT 组织每季度更新一次 SWIFT 名址录。

(2)SWIFT 密押由两组从字母和数字中随机产生的字符串组成。交换 SWIFT 密押的双方银行可以各用各押，也可共用你押或我押。双方在各自的 SWIFT 系统密押文件中输入约定的押值，并互发测试电报予以证实。此后，双方的收发电将由 SWIFT 系统密押文件自动审核。SWIFT 密押是对全部报文包括所有字母、数字和符号进行加押的。按照 SWIFT 守则规定，代理行之间的 SWIFT 密押每半年需更换一次。SWIFT 正式报文第一至第八类均为加押类报文，第九类和第零类报文则不需加押。

(3)SWIFT 电文格式分类。第一类：客户汇款与支票(Customer Transfer and Check)；第二类：银行头寸调拨(Financial Institution Transfers)；第三类：外汇买卖与存放款(Foreign Exchange)；第四类：托收(Collections, Cash Letters)；第五类：证券(Securities)；第六类：贵金属和辛迪加(Precious Metals and Syndications)；第七类：跟单信用证和保函(Documentary Credits and Gurantees)；第八类：旅行支票(Travellers Cheques)；第九类：银行账务(Statement)；第零类：SWIFT 系统报文。

(四)伦敦自动清算支付系统

伦敦自动清算支付系统(Clearing House Automatic Payment System, CHAPS)是指有关银行进行英镑支付时采用的电子清算系统。它创建于 1984 年，由 12 家清算银行组成。非清算银行进行英镑支付时需借助于这 12 家清算银行来完成。

第四节 国际结算规则

为了保证国际结算的顺利进行，充分发挥其在国际贸易或其他国际活动中的功能和作用，国际社会已发展和形成了国际结算的统一做法和相关规则，减少各国在此方面的分歧。即目前国际结算中广泛适用的国际惯例与规则。

国际结算中适用的国际惯例与规则，大致包括以下几种。

一、英国《票据法》

英国于 1882 年制定了《票据法》，此后对其少部分内容作了适当修改。虽然该《票据法》属于英国的国内法，但由于其权威性和悠久的历史，在涉及国际结算问题时，许多当事人通常约定援引该法作为解决依据，因此，该法具有国际惯例的性质和特点。

二、日内瓦《统一汇票本票法公约》及《统一支票法公约》

1930 年和 1931 年国际联盟在日内瓦召开国际票据法会议，通过了《统一汇票本票法公约》和《统一支票法公约》。上述公约现在已被法国法系和德国法系的大多数国家所接受。因此，大陆法系各国的票据法基本趋于统一。

三、国际商会《托收统一规则》(URC522)

为了在全球范围内统一托收的做法，减少各有关当事人之间可能产生的争议，国际商会早在 1958 年就制定了《商业单据托收统一规则》。为了适应国际贸易发展的需要，国际商会在不断总结实践经验的基础上，对上述规则进行了多次修订。现行的《托收统一规则》(The Uniform Rules for Collection, ICC Publication No. 522, URC522)是 1996 年 1 月 1 日开始实施的。该规则自实施以来，已被各国银行和贸易商广泛采用，它已成为托收业务的国际惯例。

四、国际商会《跟单信用证统一惯例》

国际贸易结算的国际性要求信用证规则在国际间的一致性。1929 年国际商会制定了《商业跟单信用证统一规则》,此后经过多次修改,定名为《跟单信用证统一惯例》(Uniform Customs and Practice for Documentary Credits, UCP)。国际商会 1994 年颁布了 UCP500, 2007 年 7 月 1 日开始实施新的 UCP600。《跟单信用证统一惯例》已成为国际间各国银行和贸易商处理信用证业务的基本规则,对信用证的争议或纠纷乃至诉讼通常援引它作为依据,促进了国际结算业务的标准化与统一化。

五、国际商会 eUCP

随着电子商务迅速发展,在信用证交易方式中产生了电子提示和电子签章,于是跨国性的电子交易成为国际贸易的一种新模式,网络传递信用证开始实行。为适应新的贸易模式,规范电子信用证交易,国际商会于 2001 年年底在 UCP500 的基础上,对电子信用证交易中的电子提示等问题制定了一个补充规则,即《跟单信用证统一惯例电子交单增补》(Supplement to UCP500 for Electronic Presentation, eUCP500),并于 2002 年 4 月 1 日起正式实施。eUCP600 也于 2007 年 7 月 1 日开始实施。

六、国际商会《跟单信用证项下银行间偿付统一规则》(URR525)

当不可撤销信用证开立后,开证银行通常根据受益人提交的合格单据向受益人或其指定银行付款。这种付款也可以通过开证银行指定的其他银行来完成,此时被开证银行指定的付款银行称之为偿付银行。在此情况下的结算就涉及开证行、偿付行及出口地索偿行之间的授权及款项转移等一系列问题。1996 年,国际商会制定了《跟单信用证项下银行间偿付统一规则》(Uniform Rules for Bank to Bank Reimbursement, URR525)专门作为处理上述结算业务的统一惯例。

七、国际商会《国际备用证惯例》(ISP98)

自 UCP500 实施以来,备用信用证的使用一直适用跟单信用证统一惯例。尽管备用信用证与跟单信用证有许多相似之处,但两者在实际操作中毕竟有不同之处。因为 UCP500 并非专为备用信用证而制定的,这就导致了有别于一般跟单信用证的备用信用证的特点在 UCP500 中得不到体现,从而使许多问题无法解决。

1998 年在美国国际金融服务协会、美国国际银行法律与惯例协会和国际商会银行技术与实务委员会的共同努力下,国际商会以第 590 号出版物颁布了《国际备用证惯例》(International Standby Practices, ISP98),并于 1999 年 1 月 1 日起开始实施。从此,国际间有了专门规范备用信用证的统一惯例。

八、国际商会《审核跟单信用证项下单据的国际标准银行实务》(ISBP)

由于各国对 UCP500 的理解以及各银行审单标准的不统一,导致大量的信用证首次交单时被银行拒付,从而出现了大量争议甚至诉讼。

为此,国际商会在 2002 年通过了《审核跟单信用证项下单据的国际标准银行实务》

(International Standard Banking Practice for the Examination of Documents under Documentary Credits, ISBP), 简称《国际标准银行实务》(ICC 645 号出版物)。ISBP 是国际商会依据 UCP500 第 13 条的规定而制定的,其目的是明确银行审单标准,减少单据的不符点,巩固和加强信用证在国际贸易中的地位和作用。为与 UCP600 相适应,现行的 ISBP 不久将由国际商会作出修订。

九、国际商会《跟单票据争议解决专家意见规则》(DOCDEX)

在信用证争议中最常见的是瑕疵单据被拒付的问题。为此,国际商会曾于 1996 年制定了《跟单信用证争议解决专家意见规则》(ICC Rules for Documentary Credit Dispute Resolution Expertise, ICC DOCDEX RULES)(ICC 577 号出版物),以解决由于适用 UCP500 和 URR525 而引发的争议。随着国际贸易的不断发展以及信用证争议和有关结算单据纠纷的大量增加,2002 年 3 月,国际商会对 DOCDEX 规则进行了修订,将其适用范围由原来的 UCP、URR 扩大到其他的国际商会规则,包括《托收统一规则》(URC522)和《见索即付保函统一规则》(URDG458)。DOCDEX 规则的名称也由原来的《跟单信用证争议解决专家意见规则》改为《跟单票据争议解决专家意见规则》(ICC Rules for Documentary Instruments Dispute Resolution Expertise, 简称 ICC DOCDEX 规则),从而使该规则被确定为以专家意见为基础的国际结算纠纷的机制。

十、独立保函惯例与规则

为了向国际贸易和国际结算的有关当事人在国际商务活动中使用的信用担保提供统一的指导规则,有关的国际组织,如国际商会自 20 世纪 60 年代就开始致力于此项工作。到目前为止,国际商会先后制定并实施了以下相关的惯例与规则:《合同保证统一规则》(Uniform Rules for Contract Guarantee, 1978 年国际商会 325 号出版物)、《见索即保函统一规则》(Uniform Rules for Demand Guarantees, 1992 年国际商会 458 号出版物)、《合同保函统一规则》(Uniform Rules for Contract Bonds, 1993 年国际商会 524 号出版物)。1996 年联合国国际贸易法委员会正式通过了《联合国独立担保与备用信用证公约》(United Nations Convention on Independent Guarantees and Stand-by Letter of Credit)。上述惯例与规则对国际贸易和国际结算中常用的保函问题进行了统一规范。

【思考题】

1. 简述国际结算的概念和主要分类。
2. 简述国际结算的产生和发展过程。
3. 概述 SWIFT 银行识别代码、密押和电文格式。

第二章 国际结算票据

第一节 票据概述

一、票据的含义

票据是按照一定形式制成，写明有付出一定货币金额义务的证件，是出纳或运送货物的凭证。广义的票据泛指各种有价证券，如债券、股票、提单等等。狭义的票据仅指以支付金钱为目的的有价证券，即出票人根据票据法签发的，由自己无条件支付确定金额或委托他人无条件支付确定金额给收款人或持票人的有价证券。

在国际结算领域，票据占有极其重要的位置。因为现金结算的支付工具是货币，而国际结算的基本方法是非现金结算。在非现金结算中担任支付工具角色的就是票据。它在货币和商品的让渡中，为反映债权债务关系的发生、转移、偿付而诞生，它首先是以支付一定金钱为目的的特定证券。在商务实践中，它又被赋予了可流通转让的功能和反映当事人债权债务关系的功能。我们在本章中要讲述的票据则是狭义的票据。

二、票据的基本特征

(一)设权性

票据开立就是设定票据上的权利与义务关系，即票据一经设立并交付出去，票据的权利和义务便随之确立。

票据发行的目的，不在于证明已经存在的权利，而是设定票据上的权利，票据上的权利、义务在票据做成之前可能存在也可能并不存在，但是在票据做成的同时它则产生并被确立。作为 种金融、信用或结算工具，票据的发行目的是支付，或者说是代替现金充当支付手段。票据持有人的票据权利随着票据的设立而产生，离开了票据就不能证明其票据权利。票据的转移要交付票据，权利的行使要提示票据。

(二)无因性

票据是一种无因的证券，即票据是否成立完全不受票据原因的制约。这里所说的原因是指产生票据上的权利义务关系的原因，即只要票据具备法定要式，债务人无权了解持票人取得票据的原因，应无条件支付款项，持票人也无须说明取得票据的原因。这一特点有利于票据的流通转让。

当然，票据上权利的发生是有原因的，付款人代出票人付款不是没有缘故的，他们之间存在资金关系，要么是付款人处有出票人存款，要么是付款人欠出票人的款项，也可能是付款人愿意向出票人贷款。票据的无因性并非否认这种关系，而是指票据一旦做成，票据上权力即与其原因关系相分离，成为独立的票据债权债务关系，不再受先前的原因关系存在与否的影响。如果收款人将票据转让给他人，对于票据受让人来说，他无需调查票据原因，只要是合格的票据，他就能享受票据权利。票据上权力的内容，完全依据票据上所记载的内容确定，不能进行任意解释或者根据票据以外的其他文件来确定。

（三）要式性

所谓要式性是指票据的形式必须符合法律规定，票据上的必要记载项目必须齐全且符合规定。票据是一种要式证券，即票据的制作必须具备法定的必要形式和内容。各国法律对票据必须具备的形式条件和内容都作了详细规定，各当事人必须严格遵守这些规定，不能随意更改。只有形式和内容都符合法律规定的票据，才是合格的票据，才会受到法律保护，持票人的票据权利才会得到保障。如果票据的形式不统一，重要事项记载不全或不清，没有按照法律的严格规定来记载，那么票据就是不合格的和无效的，也就不会受到法律的保护。

（四）流通性

票据是一种可以转让流通的有价证券。根据《英国票据法》规定：除非票据上写明“禁止转让”字样，或有不可转让的意旨，持票人以正当手段取得票据后，都有权将其转让他人，且不必通知原债务人，对受让人而言接受票据即获得票据上全部权利。但票据的权利转让与股票的过户转让和提单的交付转让有所不同，它具有流通转让的特点，这些特点是：

(1)持票人可经交付或背书后交付将票据转让他人，而不必通知原债务人。

(2)票据的受让人接受票据即获得了票据上的全部权利，若票据被拒付或出现其他问题，受让人有权以自己的名义提出诉讼。

(3)善意而又付过对价的票据受让人不因其前手票据权利的瑕疵而影响其票据权利。

（五）可追索性

票据的可追索性是指票据的付款人或承兑人如果对合格票据拒绝承兑或拒绝付款，正当持票人为维护其票据权利，有权通过法定程序向所有票据债务人起诉、追索，要求得到票据权利。

（六）返还性

持票人得到付款人支付的票款时，应将签收的票据交还付款人。由于票据的返还性，所以它不能无限期的流通，而是在到期日被付款后结束其流通。

（七）提示性

票据上的债权人（持票人）请求债务人（付款人）履行票据义务时，必须先向付款人提示票据。如果持票人不提示票据，付款人就没有履行付款的义务。

（八）有价性

票据是以货币金额为付给标的物的有价证券，必须以一定的货币金额表现并支付，而不能用实物或其他形式替代。

三、票据的功能

（一）汇兑功能

这是票据的原始性功能。从票据的最早起源来看，正是“汇”和“兑”的需要，才孕育了票据这一具有重大社会意义事物的诞生。由于商品交换活动的发展与交换规模和范围不断扩大,经常会产生在异地或不同国家之间的兑换和转移金钱的需要,直接携带或运送现金往往很不方便。在这种情况下,通过在甲地将现金转化为票据再在乙地将票据转化成现金或票款,通过票据的传递、汇兑,实现资金的转移,不仅简单、方便、迅速,而且安全。在票据产生的最初几个世纪里,票据几乎成了转移资金的专门工具。

在现代社会经济生活中,异地转移金钱的需要,使得票据的汇兑功能仍发挥着巨大的作用。特别是现代国际贸易,绝大多数都是利用票据的汇兑功能进行国际结算,以减少现金的往返运送,从而避免风险,节约费用,克服了金钱支付上距离的间隔。

(二)支付功能

支付功能是票据的基本功能。在现实经济生活中,随时都会发生支付的需要,如果都以现金支付,不仅费时、费力,而且成本高、效率低、风险大。如果以银行为中介,以票据为手段进行支付,只需在银行转账即可,一纸票据,可以把款项从付款人的账户中调出,收到收款人的账户上。这种支付方式方便、准确、迅速、安全。

以票据作为支付手段,不仅可以进行一次性支付,还可通过背书转让进行多次支付。在票据到期时,只需通过最后持票人同付款人之间进行清算,就可以使此前发生的所有各次交易同时结清。

(三)信用功能

信用功能是票据的核心功能。在现代商品交易活动中,信用交易大量存在。卖方常常因竞争需要等原因向买方提供商业信用。最早的商业信用表现在口头上或账面上。这种债权的表现形式是不明确的,清偿时间是不确定的,保障程度是较低的,并且难以转让和提前收回,从而阻碍商业信用的发展。但如果使用票据,由买方向卖方开出远期支付票据,则可使债权表现形式明确,保障性强,清偿时间确定,转让手续简便,而且还可通过贴现提前转化为现金。票据的这种信用功能克服了资金支付上时间的间隔。

(四)融资功能

通过票据贴现来实现资金融通或背书转让实现融资是票据的融资功能。随着直接融资方式的兴起,很多大型企业选择票据作为筹措资金的信用工具,通过发行票据来获取资金。因此,在现代经济中,票据的融资功能更加突出。

第二节 票据法

一、票据法的含义

票据法是规定票据种类、票据形式及票据当事人权利义务关系的法律规范的总称。该定义是广义票据法的定义,而我们通常讲的票据法,是狭义的票据法,是指关于票据的专门立法,是形式意义上的票据法。由于票据是一种具有自身特点的有价证券,其法律关系有一定的特殊性,因此对票据要专门立法规定。

票据法具有强行性、技术性和统一性的特点。

二、票据法调整的对象

票据法调整的对象是票据关系中的主要当事人。

(一)出票人(Drawer)

出票人是做成票据、在票据上签名并发出票据的人。票据关系因出票人的出票而产生。汇票的出票人是进行委托支付或发出支付命令的人;本票的出票人是承担或承诺付款的人;支票的出票人是向银行发出支付命令的人。

(二)持票人(Holder)、背书人(Endorser)和被背书人(Endorsee)

持票人是持有票据并享受票据权利的人。票据上载明的收款人(Payee)即为第一持票人或原始持票人,持票人可以通过转让票据从而转让票据权利。背书人或转让人(Transferor)为前手持票人,受让人(Transferee)为后手持票人或被背书人。票据可以经过多次背书转让,因此,同一票据先后可能有多个持票人。

(三)付款人(Drawee)

付款人即受票人,是指票据上载明的承担付款责任的人。远期汇票的付款人在对汇票进行承兑后,即为承兑人;本票的付款人为出票人本人;支票的付款人为出票人指定的银行。汇票中还可记载预备付款人(Referee in Case of Need)和担当付款人(Person Designated as Payer)

(四)保证人(Guarantor)

保证人是为出票人、背书人等待定债务人向付款人以外的第三人担保支付全部或部分票据金额的人。

以上当事人可以组成不同的关系,其中出票人、持票人(收款人)、付款人三者间的关系是票据的基本关系,他们被称为票据基本关系人,也是票据法调整的主要对象。调整票据基本关系的规定,构成了票据法的核心内容。

三、西方国家的票据立法

(一)法国票据法体系

法国票据法体系又称拉丁法系,是最早形成的票据法体系。1673 年,在路易十四颁布的《商事敕令》中,就对汇票及本票的签发和流通作了规定。这是近代各国票据法的开端,也是法国票据法的基础。1807 年,法国又颁布《拿破仑商法典》,在继承路易十四商事条例的基础上作了若干修订,1865 年,法国制定出支票法。

法国票据法的特点是注重票据的汇兑功能,较少考虑票据的支付和信用功能。这是由于当时法国法学界对票据的功能以"送金说"为理论基础,十分强调票据作为转移金钱的工具作用,它要求票据当事人之间必须先有资金关系,把属于原因关系的资金关系作为票据的必要条件加以规定,而对票据形式的要求并不很严格,如果若干应记载项的缺乏,并不影响票据的效力。这就是最早产生的法国票据法体系。

由于该票据法过于强调票据的资金关系,强调票据权利和基础合约的联系,在一定程度上阻碍了票据的流通转让,限制了票据全部功能的发挥。于是法国在 1935 年根据《日内瓦统一票据法》的规定修改了本国票据法,抛弃了原体系中落后的规定。

 法国的票据法体系对欧洲大陆各国票据法影响较大,意大利、荷兰、西班牙、比利时、希腊、土耳其及拉美的巴西、哥伦比亚、厄瓜多尔、秘鲁等国早期票据立法均是在仿效法国票据法体系的基础上形成的。

(二)德国票据法体系

德国票据法体系又称日耳曼法系,是继法国票据法体系之后形成的有重要影响的票据法体系。德国票据法体系是在统一德国联邦的地方票据法的基础上经多次修订而形成的。1871 年正式定名为《德国票据法》,内容仅限于汇票和本票。1908 年,又单独制定了支票法。

德国票据法的特点是注重票据的流通和信用功能,德国票据将票据关系与票据发生的基础原因相分离,不再强调当事人之间的资金关系,但都十分强调票据的形式,认为票据是一种文义证券、无因证券,如果缺乏若干应记载事项,票据即丧失其效力。

德国票据法体系的形成推动了欧洲各国票据的发展,奥地利、瑞士、瑞典、丹麦、葡萄牙、挪威及亚洲的日本、土耳其等国,均仿效德国,制定本国的票据法。先前仿效法国票据法的欧洲及英美国家也都先后以德国票据法为蓝本修改了本国的票据法。这样,德国的票据法体系最终成为欧洲大陆法系票据法的代表。

以上两种法律体系都为大陆法系,大陆法系具有以下特点。

1.从法律渊源传统来看

大陆法系具有制定法的传统,制定法为其主要法律渊源,判例一般不被作为正式法律渊源(除行政案件外),对法院审判无拘束力。

2.从法典编纂传统来看

一些基本法律一般采用系统的法典形式。

3.从法律结构传统来看

大陆法系法律系统的基本结构是在公法和私法的分类基础上建立的,传统意义上的公法指宪法、行政法、刑法以及诉讼法;私法主要指民法和商法。

4.从运用法律的推理方法来看

法官通常采用的是演绎法,即将蕴涵于法典中的高度概括的法律原理进行演绎和具体化,然后适用于具体案件。在进行演绎时,往往需要对法律原理、概念、术语等进行法律解释。

5.从诉讼程序传统来看

在起诉中倾向于职权主义,法官在诉讼中起积极主动的作用。

(三)英国(美国)票据法体系

英国票据法体系又称为英美票据法体系,是由英国票据法和美国票据法形成的票据法体系。《英国票据法》是在其历来的习惯法及多年法院判例的基础上于 1882 年制定公布的,英国票据法主要包括汇票和本票法,1957 年又公布了支票法。

英国票据法的特点与德国票据法的特点基本相同,注重票据的流通性及信用功能的发挥。英国制定票据法时,票据已被广泛使用,票据作为流通手段和信用工具的作用已十分显著,因此,英国票据法对正当票据的持票人及其正常流通作用给予了充分保护。

英国票据法对美国、加拿大、印度、澳大利亚、新西兰、南非以及其他英联邦国家影响很大。美国于 1897 年仿效英国票据法制定了统一的美国票据法——《统一流通证券法》,这一法律经多次修改后,被纳入美国《统一商法典》。

在以上三大票据法体系中,法国票据法后来经过修改转向了德国票据法体系,不再作为独立的票据法系存在。一般认为,目前国际上尚存的票据法体系只有两个,即欧洲大陆票据法体系和英美票据法体系,这两大票据法体系在实质上并无大的不同。主要区别体现在以下几点(见表 2-1)。

表 2-1 英美法系与大陆法系在票据法上的主要区别

	英美法	大陆法
分类	汇票是基本票据,派生出本票、支票	汇票、本票一类,支票另一类
持票人权利	受前手权利限制,正式持票人才对票据有完全的权利	只要背书连续都是合法的持票人,拥有完全的权利
伪造背书	从伪造背书的签字起及后手对汇票都不再拥有权利,受害人是被骗者	伪造背书签字是无效的,其他当事人的背书仍有效,受害人是被窃者
形式要件	未规定必要项目,不要求写明票据名称	规定了票据的绝对必要项目,缺少一项票据就无效

四、国际票据法与中国票据法

19 世纪末 20 世纪初,随着产业革命的完成,资本主义从自由竞争阶段向垄断竞争阶段过渡,国际贸易得到了极大发展,并形成了全球统一的世界市场。这使得票据的使用更加频繁,使用范围不断扩大,日益成为国际间重要的信用和结算工具。与此同时,三大票据法体系的并存以及同一法系中不同国家的规定又不尽相同,都给票据在国际经济贸易中的流通和使用带来很多不便。进入 20 世纪后,票据法的国际统一问题被正式提上日程。票据法的国际统一经过了三个阶段,并产生了两个国际票据法(草案)。

(一)海牙统一票据法

20 世纪初至第一次世界大战之前为国际统一票据法的第一阶段。1910 年,在德国和意大利两国政府的提议下,国际法学会在荷兰海牙召开了第一次国际统一票据法会议。有 31 个国家参加了这次会议,会议拟定了《统一汇票本票法》和《统一汇票本票法公约》两个草案。1912 年在海牙召开了第二次会议,在以上两个草案的基础上,制定了《统一汇票本票法规则》、《统一汇票本票法公约》以及《统一支票法规则》,这些规则和公约被称为《海牙统一票据法》。当时包括德国等 27 个国家签了字,英美等国持保留态度。但是在签字国尚未全部完成本国的批准手续时,就发生了第一次世界大战,《海牙统一票据法》在尚未正式实施前即夭折。

(二)日内瓦统一票据法

第一次世界大战后至第二次世界大战前为国际统一票据法的第二阶段。自 1920 年起,国际联盟即着手进行因战争而停止的国际票据法统一工作。1930 年,在日内瓦召开统一票据法国际会议,有 31 个国家的代表参加了会议并在这次会议上签署了《统一汇票本票法公约》、《解决汇票本票法律冲突公约》和《汇票本票印花税法公约》。这三个公约彼此独立,各国可分别加入。1931 年国际联盟又在日内瓦召开统一票据法国际会议,有 37 个国家的代表参加了这次会议。这次会议签署了有关支票的三个公约,即《统一支票法公约》、《解决支票法律冲突公约》、《支票印花税法公约》。这几个公约也是相互独立的,各国可分别加入。

以 1930 年的《统一汇票本票法公约》和 1931 年的《统一支票法公约》为主体的各公约规

定，通称为《日内瓦统一票据法》，简称《日内瓦统一法》。德国、法国、意大利、日本和拉美等国，均签署并批准了日内瓦统一票据法的各公约，并以此为基础修改了本国原有的票据法。英、美等国派代表参加了这次会议，但因对《日内瓦统一法》有不同看法而未签署公约，致使统一票据的立法又未取得完全成功。

(三)联合国统一票据法

20 世纪 70 年代以后，国际统一票据法进入了第三个阶段。第二次世界大战以后，票据在国际间的流通更加广泛，但日内瓦统一票据法体系和英美票据法体系并存，使得在票据上发生的争议很难取得统一的解释。因此，迫切需要制定一个国际票据的统一法规。自 1972 年起，联合国国际贸易法委员会开始着手进行统一国际票据法的工作，并起草了《国际汇票和本票公约》、《国际支票公约》，经过 10 多年的讨论、修改，终于在 1987 年各法系参加国之间达成了统一意见。1988 年 12 月，在联合国第 43 次大会上，正式通过了《国际汇票与本票公约》。

《国际汇票和本票公约》是在考虑了日内瓦统一票据法体系与英美票据法体系之间的差异基础上制定的，其目的并不在于直接调和两大票据法体系，而是着眼于解决国际贸易中汇票和本票使用上的不便。因此，该公约的适用范围及法律效力不同于《日内瓦统一票据法》，其最主要的不同点在于：

《国际汇票和本票公约》仅限于“国际票据”，出票地、付款地不在同一个国家之间的票据，而且不能适用于缔约国国内的票据法规范；而《日内瓦统一法》既适用于国际间的票据法规范，也适用于缔约国国内的票据法规范。

《国际汇票和本票公约》对缔约国的当事人不具有强制适用的效力，只有在有关当事人选择适用于该公约的规定时，该公约的规定才具有约束力；而《日内瓦统一票据法》对缔约国的当事人具有强制适用的效力，不管当事人是否愿意，有关规定均对其具有约束力。

该公约自 43 届联大一致通过后，向所有的国家开放签字，直到 1990 年 6 月 30 日有 10 个国家完成了本国政府批准签字，该公约宣告生效。近几年，随着电子数据交换技术的发展和电子票据的应用，联合国贸发会的各国代表认为没有必要对支票在全球范围内统一，所以《国际支票公约》已被联合国贸易法委会放弃。

至此各国票据立法出现了如图 2-1 所示的格局。

(四)中国票据法

票据在中国的起源很早，大约在唐宋时期就出现了“飞钱”、“便钱”等原始的票据形态。商人们将现款交付本地的官署、富商或钱庄、票号，取得由其发给的票券，即可到异地相应的官署、富商或钱庄、票号那里凭票券兑取现款。但这种早期的票据雏形，并未发展成为近现代的票据，也没有形成相应的票据法。这主要是由于社会经济发展落后，制约了票据的发展。

到了清朝，以汇票、本票、支票为主体的西方票据制度开始传入我国，票据立法被提上了日程。宣统三年，清政府聘请日本的学者起草了中国的票据法，但没有完成最后的立法工作。清朝政府被推翻后，北洋政府于 1925 年修改了清朝留下的票据法，增加了对支票的规定，但也未正式通过和公布。1929 年，国民党政府在综合了历次草案的基础上再次修订了中国的票据法，于当年的 9 月 28 日由政府通过，10 月 3 日正式颁布了《票据法》，内容包括汇票、本票、支票。

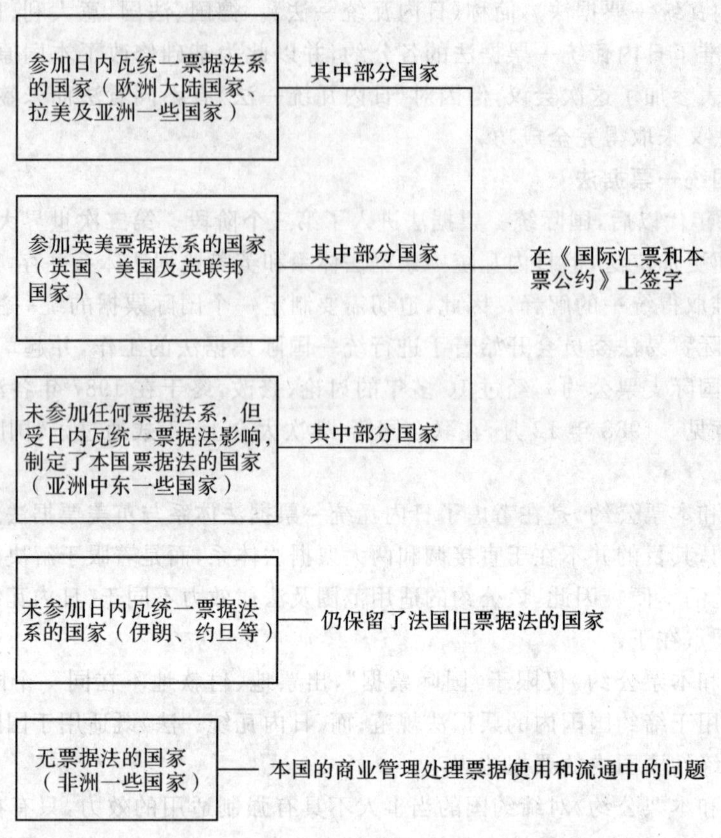

图 2-1 各国票据法系关系

中华人民共和国成立后，废除了旧票据法，在此后 30 余年的时间里，经济交易中没有汇票和本票，只有作为支付手段的支票；而且国家采用行政手段管理支票，在这种情况下，没有必要制定专门的票据法。

进入 20 世纪 80 年代以后，随着经济体制改革的深入发展，票据开始进入经济生活的各个领域。票据在商品交易、处理债权债务等方面已大量使用和流通，客观上迫切要求建立票据制度，为适应商品经济发展的需要，1988 年 12 月 19 日经国务院同意，中国人民银行制定了《银行结算办法》，规定了银行汇票、商业汇票、银行本票、支票、汇兑、委托收款等六种信用支付工具和结算方式，并对票据的签发和使用作了具体的规定。这样就建立起了以汇票、本票、支票和信用卡为核心的"三票一卡"的银行结算制度。《银行结算办法》的制定及实施，标志着我国结算制度开始从非票据结算向票据结算的全面转变，并推动了我国经济贸易的迅速发展。为了进一步规范票据行为，保障票据活动及各当事人的合法利益，增强票据的流通性和可接受性，充分发挥票据的经济性功能，1990 年底，中国人民银行正式成立了票据法起草小组，研究制定我国统一的票据法。经过近 5 年的努力，于 1995 年 5 月 10 日颁布了《中华人民共和国票据法》。这是新中国第一部真正规范的票据法。至此，我国的票据法体系终于形成。

我国票据法从形式上看采取了汇票、本票和支票统一立法的方式；从内容上看比较系统全面，共有总则、汇票、本票、支票、涉外票据的法律适用、法律责任和附则七章 111 条。既明确规定了票据各当事人的权利与义务，又进一步规范了票据的行为，特别是确立了我国票据法的国际地位，完成了与国际票据法律的对接。

《中华人民共和国票据法》的出台，标志着在我国经济生活中作用重大、涉及面甚广的票据，从此步入了有序发展的法制化轨道。

第三节 汇 票

一、汇票(Bill of Exchange)的含义

按照《中华人民共和国票据法》(1995 年 5 月 10 日八届人大第十三次会议通过)的解释："汇票是出票人签发的，委托付款人在见票时或者在指定日期无条件支付确定的金额给收款人或者持票人的票据。"

《英国票据法》对汇票的定义是：汇票是一项无条件的书面支付命令，由一人签发给另一人，由发令人签字，要求受令人凭票即付或在某一固定日期或可确定的将来日期付出一定的金额给一特定之人或指定之人或来人(A bill of exchange is an unconditional order in writing, addressed by one person to another, signed by the person giving it, requiring the person to whom it is addressed to pay on demand, or at a fixed or determinable future time, a sum certain in money to, or to the order of a specified person, or to bearer)

《日内瓦统一法》未给汇票下定义。按照各国广泛引用或参照的《票据法》所下的定义：汇票是由一人签发给另一人的无条件的支付命令，要求受票人见票时或于未来某一规定的或可以确定的时间，将一定金额的款项支付给某一特定的人或其指定的人或持票人。

二、汇票的内容

汇票是一种要式证券，所以必须要式齐全。所谓要式齐全，就是必须具备各法定的形式要件，必须载明必要的法定事项，才能成为完整的汇票并具有票据的效力。但是各国法律对此要求并非完全一致。

我国《票据法》第二十二条明确规定，汇票必须记载下列事项：

(1)表明"汇票"字样。

(2)无条件支付的委托。

(3)确定的金额。

(4)付款人名称。

(5)收款人名称。

(6)出票日期。

(7)出票人签章。

汇票上未记载规定事项之一的，汇票无效。

《日内瓦统一法》还把付款日期、付款地点和出票地点也作为汇票应当记载的必要内容。我国《票据法》虽未把这些内容作为汇票的必备事项，但在第二十三条也对在未记载这些项

目时应如何理解作了原则规定。现将主要项目分别阐述如下。

(一)票据名称

我国《票据法》和《日内瓦统一法》都规定汇票必须表明"汇票"字样,这主要是为了与本票、支票相区别,同时有利于明确各当事人的权利和责任,更有利于实际业务中的使用和操作。《英国票据法》虽然并不要求在汇票上用"汇票"字样表示出来,但在英国的结算业务中签发的汇票也大都有"汇票"字样。

(二)汇票金额

汇票的金额有两层要求:一是汇票必须以货币形式而不是货物形式表示出来,这是因为汇票是资金单据而不是货物单据。其二,汇票金额必须肯定,不能含糊不清,如不能出现"about one hundred pounds"等字样,汇票的数额必须确定,并不得更改。按照《英国票据法》的规定,如果在汇票上载有利息条款、分期付款条款、汇率条款或在规定分期付款的同时规定任何一期不获付款则全部汇票视作到期等,都不影响汇票金额的确定性,都是有效的。《日内瓦统一法》也认为,见票即付或见票后定期支付的汇票,出票人可以规定利息(应付利息的利率应在汇票上载明,如未载明者,该利息规定视为无记载;利息从出票之日起计算),但《日内瓦统一法》不允许采取分期付款的办法。

汇票金额同时以文字和数字表示的,两者应当相符,若有差异,按照《英国票据法》和《日内瓦统一法》的规定,应以文字表示的数额作为应付金额。但也有的国家把这种汇票视作无效汇票。我国《票据法》第八条规定:"票据金额以中文大写和数码同时记载的,两者必须一致,两者不一致的,票据无效。"

(三)无条件的支付命令

汇票的支付必须是无条件的,不带任何限制,不能依赖于某一事件的发生或某些情况的出现。如果汇票上规定诸如"于货物抵达目的地后才付款"、"产品检验合格后付款"等附加条件或限制,就不能构成一张有效汇票。但是汇票加注出票条款(Drawn Clause)已表明汇票的起源交易,例如"按某号信用证开立"、"按某合同装运某货物"等,并不构成支付的附加或限制条件。

支付命令必须是书面的,包括手写、打字或印刷的,但不能用铅笔书写。

(四)付款人名称

各国票据法都要求汇票必须载明付款人的姓名或企业名称,并载有详细地址,以便收款人或持票人向其提示要求付款或承兑。

(五)收款人名称

按我国《票据法》和《日内瓦统一法》,收款人名称是汇票必须记载的事项。但英美票据法认为,汇票上可以指定收款人也可以不指定收款人。按我国《票据法》第二十二条规定,汇票必须记载收款人名称,未记载收款人名称的汇票无效。这种规定表明我国的汇票必须是记名汇票,而不允许签发不记名汇票。同样,我国《票据法》也规定背书必须是记名背书,确保汇票转让关系可以从汇票的背书上加以认定,从而增强票据的信用度,有利于保护持票人的票据权利。

汇票上记载的收款人习称"抬头"。汇票收款人的具体写法有三种:

(1)限制性抬头。例如,"仅付给斯密斯"(Pay Smith Only)或"付给斯密斯,不准转让"(Pay Smith Not-transferable)。这种汇票不能经背书进行转让。

(2)指示式抬头。例如,“付给 A 公司或其指定的人”(Pay A Co. Or order;Pay to the order of A Co.)。这种载有指示性抬头的汇票可以经过背书转让。倘若汇票上载明收款人姓名,但未加注限制转让字样的,例如,仅写明“付给 A 公司”,则此种汇票也可视作指示式汇票,可经过背书转让。

(3)持票人或来人抬头。如上所述,按英美票据法,汇票可以做成来人式抬头,即在汇票上不指定收款人名称,而只写明“付给持票人”(Pay to holder)或“付给来人”(Payable to bearer)字样。这种汇票可以仅凭交付汇票本身进行转让,而无须由持票人背书。

(六)出票日期

《日内瓦统一法》规定,汇票应当记载出票日期,否则不得认为汇票有效。英美法系各国则认为出票日期不是汇票必须记载的事项。如果汇票未填写出票日期,持票人可以将自己认为正确的日期加以补填。我国票据法则把出票日期作为汇票的必备事项。

汇票记载出票日期的作用有:

(1)决定票据的有效期。按票据法的一般法则,票据均有一定的有效期,但对有效期的具体期限和决定有效期的方法,各国法律并不一致。《日内瓦统一法》规定,即期汇票的提示付款和远期汇票的提示承兑的有效期为 1 年,自出票日起算;我国《票据法》规定,见票即付汇票的持票人应当自出票日起 1 个月内向付款人提示付款;见票后定期付款的汇票,持票人应当自出票日起 1 个月内向付款人提示承兑。

(2)决定付款到期日。以汇票出票日期推算付款到期日的远期汇票,就必须明示出票日期,否则无从计算付款日期。

(3)判定出票人的行为能力。列明出票日期,可以确定出票人在签发汇票时有无行为能力。若出票人在出票时已被宣告破产、清理,则可判定出票人在出票时已经丧失行为能力,该汇票应为无效汇票。

(七)付款到期日

汇票的付款到期日就是汇票所载金额的支付日期。按英美法系各国的法律,到期日不是汇票的必备项目,未载明到期日的汇票按见票即付处理。《日内瓦统一法》虽然规定汇票应载明付款时间,但也允许有例外,与英美票据法一样,对未载明付款时间的汇票视为见票即付。我国《票据法》规定,汇票上记载付款日期应当清楚、明确,未记载付款日期的视为见票即付。

在实际业务中,汇票付款日期的记载形式主要有四种:

(1)见票即付(payable at sight)。收款人向付款人提示汇票的当天,即为付款到期日。

(2)定日付款(payable at a fixed date)。例如,汇票载明“于 2008 年 11 月 15 日付交……”(on Nov. 15,2008 pay to...)

(3)出票日后定期付款(payable at a determinable date after the date of drawing a draft)是指自出票日期起算确定付款日期。例如,“汇票出票日期后 30 天付交……”(at 30 days after the date of the draft pay to...)

(4)见票日后定期付款(payable at a determinable date after sight)是指自收款人向付款人提示并经承兑之日起推算确定付款日期。例如,“见票后 30 天付交……”(at 30 days after sight pay to...)

此外,在实践中还有使用“提单日期后定期付款”的做法,例如,“提单日期后 30 天付交……”(at 30 days after date of bill of lading pay to...)

定期付款的期限,较多使用30天、40天、60天或90天,超过90天的虽也有使用,但比较少见。计算到期日的方法各国票据法的规定大致相同:

(1)算尾不算头。例如,见票日为3月15日,付款期限为见票日后30天,则应从3月16日起算30天,到期日为4月14日。

(2)假日顺延。上例如果4月14日为银行节假日,则付款期限应延至下一个银行营业日。

(3)月为日历月,以月为单位计算付款期限的,指日历上的月份一律以相应月份的同一天为到期日,若当月无对应日期,则以该月最后一天代替。如汇票规定见票后3个月付款,见票日为3月15日,到期日应为6月15日。

(4)到期日无相同日期即为月末,如见票日为1月31日,见票后1个月、2个月、3个月付款,到期日应分别为2月28日(如遇闰年,则为29日)、3月31日、4月30日。

(八)出票地点和付款地点

出票地点和付款地点的记载,对涉外汇票具有重要意义,因为这关系到汇票的法律适用问题。汇票所适用的法律在许多方面都采用行为地法律的原则。《日内瓦统一法》明确规定,汇票应当记载出票地点和付款地点。未载明出票地点的,以出票人的营业场所、住所或居住地作为出票地点。我国的《票据法》虽未将出票地点和付款地点列为必要项目,但在第二十三条也明确规定:汇票上记载的付款地、出票地等事项,应当明确清楚;未记载付款地的,付款人的营业场所、住所或者经常居住地为付款地;汇票上未记载出票地的,出票人的营业场所、住所或者经常居住地为出票地。

(九)出票人签章

根据票据法的一般规则,只有在票据上签字的人,才对票据承担付款或承兑的责任。因此,各国票据法都规定,汇票必须要有出票人签名才能生效,未经出票人签名的汇票在法律上是无效的。我国《票据法》第二十二条也把"出票人签章"作为汇票必须记载的事项之一。

如果汇票的出票人是企业法人,则必须由其授权的代表签字。

(十)其他常见内容

在实务中,汇票除了以上九项内容外,还往往有其他内容的记载,常见的如汇票编号、付一不付二(Pay This First of Exchange,Second of Exchange Being Unpaid)、利息和利率条款、禁止转让、免作拒绝证书、出票条款等。

汇票的可记载事项。汇票上可以记载法定事项以外的其他出票事项,根据记载的法律效力不同,分为有票据法上效力的记载事项和无票据法上效力的记载事项。前者一经记载,即发生票据法上的效力。如汇票发票人记载的预备付款人、禁止背书等。后者虽然可以记载,但却不具有票据法上的效力。如签发汇票的原因或者用途,该汇票项下的交易合同号码等,这类记载事项不具有汇票上的效力。

汇票的禁止记载事项。这类记载一般分为无益记载事项或无效记载事项与有害记载事项。根据我国《票据法》的规定,无益记载事项有以下事项:(1)背书不得附有条件,附有条件的,所附条件不具有汇票上的效力。(2)保证不得附有条件,附有条件的不影响对汇票的保证责任。(3)付款人承兑汇票,不得附有条件,附有条件的,视为拒绝承兑。有害记载事项一般是指附条件的委托支付文句的记载,如货到验收合格后付款。若记载便会使汇票归于无效。

三、汇票种类

汇票可从下同的角度进行分类。

(一)银行汇票和商业汇票

按出票人的不同，汇票可分为银行汇票(Bankers Draft)和商业汇票(Commercial Draft)。

1. 银行汇票

银行汇票是指由出票银行签发的，由其在见票时按照实际结算金额无条件付给收款人或者持票人的票据。银行汇票的出票银行为银行汇票的付款人。银行汇票一式四联，第一联为卡片；第二联为银行汇票，与第三联解讫通知一并由汇款人自带，在兑付行兑付汇票后此联做联行往来账付出传票；第三联解讫通知，在兑付行兑付后随报单寄签发行，由签发行做余款收入传票；第四联是多余款通知，并在签发行结清后交汇款人。单位和个人各种款项的结算，均可使用银行汇票。银行汇票可以用于转账，填明"现金"字样的银行汇票也可以用于支取现金。银行汇票的实例见表 2-2。

表 2-2 银行汇票

BANK OF ×××
This draft is valid for one
Year from the date of issue
Amount ______
Date ______
Pay to ______ (Place) ______
The sun of ______
To ______
Pay against this draft, to
Debit of our H. O. account Bank of ×××
Tirh your tokyo branch

2. 商业汇票

商业汇票是指出票人是工商企业或个人，付款人可以是工商企业或个人，也可以是银行的汇票。在国际结算中，商业汇票通常是由出口人开立，委托当地银行向国外进口人或银行收取货款时所使用的汇票。商业汇票的出票人不必向付款人寄送付款通知书，商业汇票大都附有货运单据。商业汇票的实例见表 2-3。

表 2-3 商业汇票

凭
Drawn under ________________
信用证或购买证第 号
L/C or A/P No. ________________
日期 年 月 日
Dated ________________
按 息 付款
Payable with interest @ ________% Premium
号码 汇票金额 中国 杭州 年 月 日
No. ________ Exchange for ________ Hangzhou China ________ 20 ________
见票 日后付(本汇票之副本未付)
At ________ sight of this First of Exchange(Second of exchange being unpaid)
Pay to the order of ____________________________或其指定人
金额____________________________
The sum of
____
此致
To ____________________
____
____

商业汇票一般有三个当事人,即出票人、收款人和付款人。

一是出票人,工商企业需要使用商业汇票时,可成为出票人。商业汇票与银行汇票的主要区别是:银行汇票的出票人是银行,商业汇票的出票人是工商企业。

二是收款人,是商业汇票上实际载明的收取汇票金额的人。其有以下情况:(1)如果出票人是基础关系中的债务人,收款人应当是其相对债权人;该债权人收到票据后,向与出票人有资金关系的其他工商企业或银行提示承兑,该债权人即可凭票据在规定日期收取款项。(2)如果出票人是基础关系中的债权人,那么出票人应当是收款人;在这种情况下,出票人作为债权人向其相对债务人签发汇票,由该债务人向其开户银行提示承兑(并供应充足资金)后,再将汇票还给出票人;原出票人可在规定日期持票通过银行收取债务人的票面金额。

三是付款人,即对商业汇票金额实际付款的人。其有以下情况:(1)当出票人是债务人时,其相对债权人成为票据收款人,相对债权人可持票向出票人的开户银行提示承兑,由该银行从出票人的银行存款中代为付款,出票人是实际付款人;或者根据与出票人的约定,该债权人向与出票人有资金关系的其他工商企业提示承兑,该工商企业向该债权人付款并成为实际付款人。(2)当出票人是债权人时,其相对债务人收到票据后,可持票向其开户银行提示承兑并供应充足的资金,由该银行从该债务人的银行存款中向出票人代为付款,该债务人是实际付款人;或者根据与出票人的约定,该债务人将收到的票据向与其有资金关系的其他工商企业提示承兑，再将承兑的票据还给出票人，该工商企业向出票人付款并成为实际付款人。

(二)即期汇票和远期汇票

按付款时间不同，汇票可分为即期汇票(Sight Draft，Demand DRAFT)和远期汇票(Time Bill，Usance Draft)。

1.即期汇票(Sight Bill，Demand Bill)

即期汇票，即见票即付的汇票。包括载明即期付款、见票即付或提示付款以及未载明付款日的汇票。逾期后再经承兑或背书的汇票，对该种承兑人或背书人而言，应视为即期汇票。即期汇票一般以提示日为到期日，持票人持票到银行或其他委托付款人处，后者见票必须付款的一种汇票，这种汇票的持票人可以随时行使自己的票据权利，在此之前无须提前通知付款人准备履行义务。

2.远期汇票(Time Bill or Usance Bill)

凡采用定日付款、出票后定期付款、运输单据出单日期后定期付款、见票后定期付款等形式记载付款日期的汇票，均为远期汇票。远期汇票的收款人一般需先向付款人提示承兑以明确付款人的付款责任，在见票后定期付款的情况下，还需按见票承兑日期确定付款日期。

远期汇票的付款时间，有以下几种规定办法：(1)见票后若干天付款(At ×× days after sight)；(2)出票后若干天付款(At ×× days after date)；(3)提单签发日后若干天付款(At ×× days after date of bill of lading)；(4)指定日期付款(Fixed Date)。

(三)光票和跟单汇票

按是否随附货运单据，汇票可分为光票(Clean Draft)和跟单汇票(Documentary Draft)。

1.光票汇票(Clean Bill)

光票亦称商业净票，又叫白票。不附带货运单据的汇票，即不附有货物所有权单据的汇票。出票人是商号、银行或个人，付款人可以是商号、个人，也可以是银行，它的流通完全依靠人的信用，即完全看出票人、付款人或背书人的资信。在国际贸易中光票使用很少，一般仅在托收运费、保险费、利息、样品费或合同余数等时使用。

2.跟单汇票(Documentary Bill)

跟单汇票是附有货物所有权单据的汇票。即汇票的付款以附交货运单据(如提单、发票、保险单据等)为条件。汇票的付款人要取得货运单据提取货物，必须付清货款或提供一定的保证。跟单汇票体现了货款与单据的对流原则，对进出口双方提供了一定的安全保证。因此，在国际贸易中大多采用跟单汇票来作为支付工具。

(四)商业承兑汇票和银行承兑汇票

按承兑人的不同，汇票可分为商业承兑汇票(Commercial Acceptance Draft)和银行承兑汇票(Banker's Acceptance Draft)。

1.商业承兑汇票

商业承兑汇票是指由工商企业或个人承兑的远期汇票。商业承兑汇票是建立在商业信用的基础之上，其出票人也是工商企业或个人。

2.银行承兑汇票

银行承兑汇票是由在承兑银行开立存款账户的存款人出票，向开户银行申请并经银行审查同意承兑的，保证在指定日期无条件支付确定的金额给收款人或持票人的票据。

银行承兑汇票的出票人具备的条件：

(1)在承兑银行开立存款账户的法人以及其他组织；

(2)与承兑银行具有真实的委托付款关系；

(3)能提供具有法律效力的购销合同及其增值税发票；

(4)有足够的支付能力、良好的结算记录和结算信誉；

(5)与银行信贷关系良好，无贷款逾期记录；

(6)能提供相应的担保，或按要求存入一定比例的保证金。

(五)国内汇票和涉外汇票

按使用地区不同，汇票可分为国内汇票(Inland Draft)和涉外汇票(Foreign Draft)。

1.国内汇票

国内汇票是指出票地点和付款地点均在同一国家的汇票。

2.涉外汇票

涉外汇票是指出票地点和付款地点不在同一国家的汇票。按我国《票据法》的解释，涉外汇票是指出票、背书、承兑、保证、付款等行为中，既有发生在中华人民共和国境内又有发生在中华人民共和国境外的汇票。

国内汇票和涉外汇票主要有以下区别：

(1)遇到因拒绝承兑或拒绝付款而拒付的情况，应将涉外汇票交由公证人出具拒绝证书，而国内汇票是否需要作出拒绝证书一般由有关各方决定。

(2)国内汇票几乎全是单份的，而涉外的商业汇票通常是一式两份，有时一式多份，以便寄给付款人时可以分次发出，其中一份被承兑或付款后，其余各份即告失效，其目的是防止邮寄遗失或延误。

(3)适用的法律不同。国内汇票的票据行为受本国法律约束，涉外汇票应按冲突法规处理。

四、汇票的票据行为

票据行为(Acts under a Bill)是指依据票据上规定的权利和义务所确立的法律行为。狭义的票据行为是以负担票据上的债务为目的所作的必要形式的法律行为，即出票、背书、承兑、参加承兑、保证。广义的票据行为除上述狭义票据行为以外，还包括票据处理中有专门规定的行为，如提示、付款等行为。值得一提的是票据行为也是要式的，必须符合票据法规定。

票据行为可分为主票据行为和从票据行为。前者为出票，是制作票据的原始行为；后者为提示、承兑、背书、参加承兑、保证、付款、参加付款等行为。以下为汇票使用过程中常见的票据行为。按各国票据法，汇票票据行为的基本原理和法律规则也适用本票和支票。

(一)出票

出票(to Draw，to Issue)即汇票的签发，是指汇票的出票人写成汇票经签字后交付给收款人的票据行为。可见，出票由两个动作组成：一是由出票人写成汇票并在汇票上签字；二是由出票人将汇票交付给收款人。由于出票是设立债权债务的行为,所以只有经过交付,汇票才能生效。

出票人签发汇票后,即承担保证该汇票必然会被承兑和(或)付款的责任,出票人在汇票得不到承兑或者付款时,应当向持票人清偿被拒绝付款的汇票金额和自到期日或提示付款日起至清偿日止的利息,并支付取得拒绝证明和发出拒付通知等的费用。

汇票的出票行为是各项票据行为的开端,是基本的汇票行为。相对地,其余的汇票行为则称为附属汇票行为。

在实务中,银行汇票只需签发一份,商业汇票通常签发一式两份。其中一份写明"第一份汇票"(First of Exchange)或"正本"(Original),另一份则写明"第二份汇票"(Second of Exchange)或"副本"(Copy)。两份汇票具有同等法律效力,但付款人只对其中的一份承兑或付款。为预防重复承兑或付款,均分别写明"付一不付二"(Second of Exchange Being Unpaid)或"付二不付一"(First of Exchange Being Unpaid)。实务中,两份须分次对外寄发,以防止遗失。

(二)提示

收款人或持票人将汇票提交付款人要求其付款或承兑的行为,称为提示(Presentation, Presentment)。付款人看到汇票即为见票(Sight)。提示可分为两种:

(1)提示承兑(Presentation for Acceptance)是指远期汇票的持票人向付款人出示汇票,要求付款人承诺到期付款的行为。

(2)提示付款(Presentation for Payment)是指汇票的持票人向付款人或承兑人出示汇票要求付款的行为。

提示承兑和提示付款均应在法定期限内进行。但是,各国的票据法对此规定不一。《英国票据法》规定应在合理时间内进行;《日内瓦统一法》则规定为:自出票日起算1年内作出提示。我国的《票据法》规定为:见票即付和见票后定期付款的汇票自出票日后1个月内提示;定日付款或出票日后定期付款的汇票应在汇票到期日前向付款人提示承兑。至于已经承兑的远期汇票的提示付款期限,《英国票据法》规定在付款到期日提示付款;《日内瓦统一法》则规定在到期日或其后2个营业日内作提示付款;我国《票据法》规定为自到期日起10日内。

(三)承兑

承兑(Acceptance)是指汇票付款人在票据上承诺负担支付票面金额的义务,并将该种意思表示记载在票据上的一种票据行为。承兑是汇票所特有的一种制度。在票据法上,汇票付款人并不因为发票人的付款委托成为当然的汇票债务人,必须有承兑行为。付款人一经承兑,就叫做承兑人,是汇票的主债务人。承兑是一种附属的法律行为,目的在于使付款人到期负担票面金额的支付义务。因此,付款人在承兑后,必须依照票据上的记载内容,到期向持票人支付票据金额,即使发票人未向付款人供应资金,也不能成为向持票人抗辩的理由。如果承兑人在到期日不作付款,持票人应向原发票人就票据金额直接请求支付。承兑需作提示,由承兑人依法定的方式记载有关内容。大多数国家的票据法要求既要注明"承兑"字样,又要签署付款人的姓名。

按票据法的一般规则,仅有付款人签名而未写"已承兑"字样的,也构成承兑。按我国《票据法》第四十二条规定:未写明承兑日期的,以付款人自收到提示承兑的汇票之日起的第

3天为承兑日期。承兑的交付通常可以有两种做法:一种是付款人在承兑后将汇票交还给持票人,这种做法称为实际交付(Actual Delivery);另一种是由付款人签发承兑通知书给持票人,以代替实际交付已承兑汇票给持票人,在承兑通知书上记载承兑日期,这种做法称为推定交付(Constructive Delivery)。目前,在国际银行业务中,使用后一种做法的比较多。

承兑对于付款人来说,就是承诺了按票据的文字付款的责任。我国《票据法》第四十四条明确指出:"付款人承兑汇票后,应当承担到期付款的责任。"可见,汇票一经承兑,付款人就成为承兑人(Acceptor),并成为汇票的主债务人,而出票人便成为汇票的从债务人。

按我国《票据法》第四十一条规定,汇票付款人应当自收到提示承兑的汇票之日起3天内承兑或者拒绝承兑。

汇票的承兑有两种,即普遍承兑和限制承兑。

1.普遍承兑

普通承兑是指承兑人对出票人的指示不加限制的同意确认,通常所称的承兑即普通承兑。

2.限制承兑

限制承兑是指运用载有限制、保留及其他改变票据文义的措辞改变承兑的效果。常见的有以下几种:

(1)带有条件。承兑是列有完成某项条件才付款,例如,注明在提单交来以后付款的条件。

(2)部分承兑。仅对票面金额的一部分承兑和支付,例如,汇票的金额为10000美元,承兑时仅承兑8000美元。

(3)地方性承兑。限定只在某个地点支付。

(4)延长时间。改变付款时间,例如,汇票原规定交票后60天付款,承兑时注明只在见票后80天付款。按票据法一般规则,对于这一种承兑,应视作拒绝承兑,持票人即可凭此行使追索权。我国《票据法》第四十三条也明确指出:"承兑附有条件的,视为拒绝承兑。"

承兑应当是无条件的,因此,持票人可以视限制条件的承兑为拒绝承兑。假如持票人愿意接受限制承兑,则必须征得出票人和前手的同意,否则,出票人和前手即可以解除对汇票所承担的义务。

在国际上,还有一种被称为"参加承兑"的附属票据行为。参加承兑是指在票据提示后遭到付款人拒绝承兑,或者因付款人死亡、逃避或其他原因而无法获得承兑时,由第三者,即参加承兑人对汇票进行承兑,当汇票到期时,如付款人拒不付款,就由参加承兑人负责支付票款。

(四)付款

付款(Payment)是指付款人向持票人按汇票金额支付票款的行为。凭票付款是票据的最终目的,按票据法的一般规则,要求付款人对汇票进行付款,持票人应在规定的时间、规定的地点向付款人作出提示付款,此时,付款人应予付款。

付款人的责任有:

(1)对汇票的权力所有人付款。为此,付款必须出于善意,即不知道持票人的票据权利有缺陷。在实际业务中,如无反证,均可视作善意。此外,付款人必须鉴定背书是否连续,因为在远期汇票的情况下,如汇票经过多次背书转让,只有连续背书才能证明持票人获得票据权利是合法的。

(2)应支付金钱。付款人必须支付金钱,而不能用其他物品代替,而且支付的货币也应与汇票所载的币别相一致。

无论是即期汇票,还是远期汇票,在持票人作提示付款时,付款人均应立即付款。即期汇票在付款人见票时即付;远期汇票在到期日持票人作提示付款时付款。汇票由付款人足额付款后,汇票上的一切债权债务关系即告结束。付款人如在付款后发现有误,没有向收款人索回票款或追偿的权利。持票人在获得票款后,应当在汇票上签收,并将汇票交给付款人作为收据供付款人存查。付款人也可要求持票人另外出立一份收款凭证。

(五)背书

汇票可通过背书(Endorsement,Indorsement)或仅通过交付进行流通转让。所谓背书,就是由汇票的收款人或持票人在汇票的背面或者粘单(票据凭证如果不能满足背书人记载票据事项的需要,可以加附粘单,黏附于票据凭证上;黏单上的第一记载人应当在票据和粘单的粘接处签章)上记载有关事项并签章的行为。

背书通常由收款人或其他持票人即背书人(Endorser)在汇票的背面或粘单上签上自己的名字或者再加上受让人(Transferee)即被背书人(Endorsee)的名称,并把汇票交给受让人。所以背书如同出票也包括两个动作:持票人在汇票背面签名或再加上受让人的名称;交付给受让人。背书行为也必须经过交付方能完成。汇票经过背书后,收款的权利就转让给了受让人,由被背书人取得了汇票的所有权。

1.背书的方式

背书的方式主要有以下几种:

(1)空白背书(Endorsement in Blank)。空白背书又称无记名背书,或不记名背书。空白背书的背书人只需在汇票背面签字即可经交付转让,而不记载背书人名称。指示抬头的汇票作了空白背书之后就与来人抬头汇票相同,受让人可以不经背书仅凭交付转让票据权利。空白背书汇票的持票人可以在空白背书上加上自己的名称,即把空白背书转变为记名背书后,再作记名背书或空白背书来转让汇票权利,也可以在空白背书上直接加上受让人名称来转让汇票权利。我国《票据法》第三十条规定:"汇票以背书转让或者以背书将一定的汇票权利授予他人行使时,必须记载被背书人名称。"据此,我国法律不允许持票人采用"空白背书"的方式转让票据权利。

背书时应记载背书日期,背书日期是一种相对应记载事项,其作用是便于判断背书人的法律行为能力和认定背书的连续性。

(2)特别背书(Special Endorsement)。特别背书又称记名背书、正式背书和完全背书。作记名背书时,背书人先作被背书人记载,然后再签字。例如,付给"××公司或其指定人"(Pay to the order of... Co.)。

(3)限制性背书(Restrictive Endorsement)。限制性背书又称不可转让背书,是指背书人对支付给被背书人的指示带有限制性的词语。例如,"仅付××公司"(Pay to... Co. Only),"付给××银行,不可转让"(Pay to... Bank,not transferable),"付给××银行,不可流通"(Pay to... Bank,not negotiable)。

按《英国票据法》,凡做成限制性背书的汇票,只能由指定的背书人凭票取款,而不能把汇票再行转让或流通。我国《票据法》第三十四条规定:背书人在汇票上记载了"不得转让"

字样后，其后手再背书转让的，原背书人对后手的被背书人不承担保证责任。《日内瓦统一法》对限制性背书的规定与我国票据法的规定相同。在国际贸易结算中，限制性背书较少使用。

背书的方式除以上三种外，还有托收背书、质押背书、有条件背书、部分背书和分割背书等。

托收背书又称委托取款背书(Endorsement for Collection)，是持票人委托被背书人代收票款时对票据所作的一种背签，通常只需在被背书人名称之前或之后注明“委托取款”(for Collection)字样即可。对于做成托收背书的汇票，被背书人能够行使背书人的一切权利，但不能将票据权利转让，票据也不能流通。票据的所有权仍属背书人。质押背书(Endorsement for Pledge)是指持票人向银行或其他贷款人借款而在作质押的汇票上背书的行为。借款人如到期不能归还借款，贷款可将汇票处理以抵偿贷款，余款偿还借款人。质押背书应注明该票据系作某笔贷款的抵押，以明确用途和责任。对于这两种背书的有关事项，我国《票据法》第三十五条作了明确规定：“背书记载‘委托’字样的，被背书人有权代背书人行使被委托的汇票权利，但是被背书人不得再以背书转让汇票权利。汇票可以设定质押，质押时以背书记载‘质押’字样。被背书人依法实现其质押权时，可以行使汇票的权利。”

2. 背书的作用

票据背书的主要作用有转让收款权利、委托收款、质押票据。其中，为转让权利而作的背书应用最广，有三个作用：

(1)背书人的权利转让给被背书人。

(2)背书人对被背书人及所有的后手承担保证票据必然会被付款或承兑的责任。

(3)证明前手签字的真实性，并且以背书的连续性证明他的权利的正当。我国《票据法》第三十一条明确指出：以背书转让的票据，背书应当连续，持票人以背书的连续证明其汇票权利。所谓背书连续是指首次作背书的人应是汇票指定的收款人，其后各次背书的背书人均应为前一次背书上的被背书人，依次衔接直至最后的持票人，中间没有间断。后手的背书人应当对其前手背书的真实性负责。

3. 背书的注意事项

(1)背书应记载事项：

①转让背书的记载事项有背书人签章；被背书人名称；背书的日期(记载背书日期，可以使票据关系当事人辨别背书的时间顺序以判断背书是否连续以及背书人在背书时有无行为能力)，依票据法，背书未记载日期的，视为在汇票到期日前背书。

②非转让背书的记载事项是除了以上三项转让背书应记载事项外，委托取款背书应记载“委托取款”字样，质押背书应当记载“质押”字样。

(2)背书不得记载事项：

①背书不得附有条件。我国票据法规定，背书不得附有条件。国外可以有条件背书，但这仅对背书人与被背书人起作用。

②将汇票金额的一部分转让的背书无效。

③将汇票金额分别转让给两人以上的背书无效。

(六)保证

汇票的保证(Guarantee)是指汇票责任当事人以外的第三者对汇票的部分或全部金额

保证付款的从属票据行为。汇票经保证,可增强其付款的信誉,有利于票据的流通转让。所以,在实际业务中,保证常被用作融通资金的手段。

保证人必须由汇票债务人以外的第三者担当。保证人在票据正面或粘单上记载保证字样(Payment Guaranteed/Per Ad. Val)、保证人名称和住所、被保证人名称、保证日期,并由保证人签字附条件的保证,保证有效,条件无效。

保证使汇票的付款信誉增加,便于其流通。票据保证与一般保证不同,保证人应负的责任与被保证人完全相同。为承兑人保证时,应负责付款;为出票人、背书人保证时,应负担保承兑和担保付款之责。保证人对合法取得汇票的持票人所享有的汇票权利,独立承担保证责任。持票人可以自由决定是否首先向被保证人索要票款。在实际业务中,当付款人是被保证人,银行为保证人时,保证银行就直接承担汇票到期付款的责任。保证人清偿汇票债务后,可以行使持票人对被保证人及其前手的追索权。

(七)贴现

贴现(Discount)是指汇票的受让人(一般为银行或贴现公司)按照票面金额扣除转让日起到汇票付款日止的利息后,将票款付给持票人的票据行为。

汇票贴现在国际贸易结算中是一种常见的融资方法。对于受让汇票的银行来说,贴现实际上是做了一笔贷款,只是预先扣除利息(进出口实务中,有的银行对出口商不全额贴现,待收款后,再清算利息),而且一般的商业汇票通常都有贸易背景,以跟单汇票居多,通常有货运单据作担保,比较安全。对于企业来说,汇票贴现相当方便,手续也较为简单。

贴现息通常按日计算。由于贴现率一般按年率计,故在计算时应折算成日率。1年以多少天计,各国习惯不一,有的按1年360天计算,有的按1年365天计算。其计算公式为:

贴现息=票面金额×贴现率×贴现天数÷360(或365)

净款=票面金额-贴现息

汇票贴现时,除要扣除贴现息外,有时还需由持票人负担印花税和承兑费。

贴现人贴进汇票后,如果在汇票到期前急需资金,也可以提前将收款权利转让出去。这就是汇票的再贴现或称重贴现(Rediscount)。再贴现通常由中央银行叙做。

(八)拒付

汇票的持票人向付款人作提示时,可能遭到拒付。拒付(Dishonor)又称退票,包括拒绝付款和拒绝承兑两种情形。当汇票作承兑提示时,被拒绝或未能获得承兑;无须承兑或已获承兑的汇票在到期作付款提示时未获得付款。

在实务中,拒绝付款或拒绝承兑,并不一定要在承兑人或者付款人正式作拒绝表示时才成立,在下列情况下持票人也可视作是承兑人或付款人的拒付:

(1)承兑人或者付款人已死亡或者逃匿或者避而不见,持票人经过合理努力仍未找到的。

(2)承兑人或者付款人被依法宣告破产的或者因违法被责令终止业务活动的。

此外,如果付款人是虚构人物或是根本没有资格支付汇票的人以及经过合理努力后,都无法作出提示的,亦可视作拒付。

(九)追索

汇票被拒付后,持票人除可向承兑人索偿外,还有权向其前手(包括所有的前手)追索(Recourse)。持票人的这种在汇票遭付款人或承兑人拒付后要求其前手付款的权利,称作"追索权"(Right of Recourse)。在实际业务中,行使追索权时,通常由持票人将拒付的事实以书面形式通知其直接前手，后者再通知他的直接前手，按顺序依次进行。持票人也可以同时向所有在汇票上签过字的债务人分别发出通知，也可以自由选择追索对象，即对其所选定的任何一个前手签发书面通知行使追索权。

按照我国《票据法》第六十八条规定："汇票的出票人、背书人、承兑人和保证人均对持票人承担连带责任。"该条又规定："持票人可以不按照汇票债务人的先后顺序，对其中任何一人、数人或全体行使追索权。持票人对汇票债务人中的一人或数人已经进行追索的，对其他汇票债务人仍可以行使追索权。被追索人清偿债务后，与持票人享有同一权利。"

汇票的出票人或背书人为了避免被追索，可以在出票或背书时加注"不受追索"(Without Recourse)字样。可是，列有这种加注的汇票，一般很难在市场上流通转让。

汇票在追索时，应注意：

(1)提供相关证明或证书。持票人行使追索权时，应当提供被拒绝承兑或者被拒绝付款的证明。按我国《票据法》第六十二条至第六十五条的规定，持票人提示承兑或者提示付款被拒绝的，承兑人或者付款人必须出具拒绝证明或退票理由书。未出具拒绝证明或退票理由书的，应当承担由此产生的民事责任；持票人因承兑人或付款人死亡、逃匿或者其他原因而不能取得拒绝证明的，可以依法取得其他有关证明；承兑人或付款人被人民法院依法宣告破产的，人民法院的有关司法文书具有拒绝证明的效力；承兑人或付款人因违法被责令终止业务活动的，有关行政主管部门的处罚决定具有拒绝证明的效力；持票人不能出示拒绝证明、退票理由书或者未按照规定期限提供其他合法证明的，丧失对其前手的追索权。但是承兑人或付款人仍应当对持票人承担责任。

(2)在法定的期限内追索。持票人的追索权应在法定的期限内行使。根据我国《票据法》第六十六条规定，持票人应当自收到被拒绝承兑或被拒绝付款的有关证明之日起的3日内，将被拒绝的事实书面通知其前手；其前手也应当自收到通知之日起3日内书面通知其再前手。未在上述期限内通知的，持票人仍可以行使追索权。凡因延期通知给其前手或出票人造成损失的，由没有按照规定期限通知的汇票当事人承担对该损失的赔偿责任，但是所赔偿的金额以汇票金额为限。

(3)追索总额的计算。追索金额为票据金额加利息和做成拒绝证书的费用。按照我国《票据法》第七十条规定，追索金额可包括：被拒付的汇票金额；汇票金额自到期日或提示付款日起至清偿日止的利息；取得有关拒绝证明和发出通知书的费用。

第四节　本　票

一、本票的含义

《英国票据法》关于本票(Promissory Note)的定义是：本票是一项无条件的书面支付承诺，由一人做成，并交给另一人，经制票人签名承诺在即期或在某一固定日期或可确定的将来日期，支付一定数目的金额给一特定之人或其指定之人或来人（A Promissory Note，is an unconditional promise in writing made by one person to another，signed by the maker，engaging to pay on demand or at a fixed or determinable future time, a sum certain in money to, or to the order of a specified person or to bearer)。

我国《票据法》认为:"本票是出票人签发的,承诺自己在见票时无条件支付确定金额给收款人或者持票人的票据。"

本票的基本式样如表 2-4 所示。

表 2-4　本票的基本式样

PROMISSORY NOTE
Hong Kong, March 15, 2008
USD 5 000.00
On demand we promise to pay to the order of D Company the sum of Five Thousand U.S dollars only
For A Company
Hong Kong
Signed

二、本票的特点

与汇票相比,本票具有以下特点:

(1)本票是无条件的支付承诺。本票的基本关系人只有两个,即出票人(Maker)和收款人(Payee),本票付款人就是其出票人,本票是出票人承诺和保证自己付款的凭证。在任何时候,本票的出票人都是绝对的主债务人。一旦拒付,持票人可立即要求法院裁定,只要本票合格,法院就要裁定出票人付款。因此,在实务中,银行一般是绝对不会拒付本票或出票人与付款人都是本行分支机构的汇票的,根据《英国票据法》,后者也可被作为本票处理。因为拒付本票,会直接影响银行的信誉。

(2)在名称和性质上不同。为强调本票是出票人或付款人的付款承诺这一特性,在英文名称上,本票称为 Note(付款承诺),而不是 Bill(债权凭证),后者是票据的统称。

(3)本票不必办理承兑。本票本来就是付款承诺和保证,因此,即使是远期本票也不必办理承兑。除承兑和参加承兑外,关于本票的其他有关规定,如出票、背书、保证等票据行为均适用于本票。

(4)本票只有一张。汇票可以有一式几张,通常是两张,而债权债务只有一笔,因此要注明"付一不付二"或"付二不付一"的字样;对于远期汇票只承兑一张,以避免重复付款。本票如同承兑后的汇票,所以只有一张。

(5)主债务人不同。本票:出票人;汇票:承兑前是出票人,承兑后是承兑人。

(6)国际本票遭到退票,不须做成拒绝证书。汇票则要求。

三、本票的内容

根据我国《票据法》规定,本票的必要记载内容有六个方面:

(1)"本票"字样;

(2)无条件支付的承诺；

(3)确定的金额；

(4)收款人名称；

(5)出票日期；

(6)出票人签章。

以上条款缺一不可，否则，本票无效。

关于付款地、出票地等多项记载也应清楚明确，不过没有记载也不影响本票的效力。《票据法》规定，本票上未记载付款地的，出票人的营业场所为付款地；未记载出票地的，出票人的营业场所为出票地。

《日内瓦统一法》规定，本票应包括："本票"字样；无条件支付一定金额的承诺；付款期限；付款地点；收款人；出票地点与日期；出票人签字。

四、本票的种类

(一)商业本票

商业本票，又叫一般本票。企业为筹措短期资金，由企业署名担保发行的本票。商业本票的发行大多采用折价(Discount)方式进行，但大多数是通过经济中介商的渠道而发售的。商业本票的利率因发行公司的信用等级不同而有所差异，企业信用愈好的商业本票，其市场流通性愈佳，在此级市场的市场价格会愈好。基本上，商业本票可分为两类：一是企业因实际交易行为，以付款为目的而签发的，称之为交易商业本票；一是企业为筹措短期资金而发行的，称之为融资商业本票。

我们在上一节涉及远期汇票这个问题时，曾谈到远期汇票需要受票人在汇票正面作"承兑"这一票据行为，以确认到期付款的责任。那么，在本票这一期票上，是否也需要作承兑呢？回答是否定的。因为，在本票上，出票人与付款人是合二为一的，出票人约定自己在将来某时支付并且在本票上签名盖章，现在又要他签名确认到期付款的责任，实属多余之举，所以，本票的票据行为中无"承兑"这一行为。

上面所述两个例子，讲的就是商业本票，其出票人为进口方或买方，英语为 Promissory Note，简写 P/N。

(二)银行本票

银行本票是申请人将款项交存银行，由银行签发的承诺自己在见票时无条件支付确定的金额给收款人或者持票人的票据。银行本票按照其金额是否固定可分为不定额和定额两种。不定额银行本票是指凭证上金额栏是空白的，签发时根据实际需要填写金额(起点金额为 5000 元)，并用压数机压印金额的银行本票；定额银行本票是指凭证上预先印有固定面额的银行本票。银行本票分为定额本票和不定额本票两种，定额银行本票面额为 1000 元、5000 元、10000 元和 50000 元，其提示付款期限自出票日起最长不得超过 2 个月。

其实，我们天天经手的钞票，说到底就是一国的中央银行发行的不记名的、给持票人的、小额的定额银行本票；纸币上往往写着：凭此票即付来人。这方面最能说明问题的是英镑纸币，以 5 英镑的纸币为例，上面明白无误地印成文字："We Promise to pay bear five pounds"。由上述文字一看即知，这是英国的中央银行——英格兰银行发的银行本票，是英国政府财政部出的本票。商业银行本票，叫 Cashier's Order 或 Cashier's Check。

第一次世界大战期间，资本主义各国先后结束了金本位制及可兑换的货币制度；第二次世界大战以后，各国一律实行不可兑换黄金的货币制度，由中央银行垄断发行货币，商业银行不能再发行银行券了。但是，有时为了应付业务的需要，商业银行有时也偶尔签发大额的本票，即为 Cashier's Check，其特点是：(1)必须是记名的；(2)必须是不定金额的。

因为商业银行再签发不记名的定金额的银行本票无异于发行大量货币，在市面上流通必将扰乱国家的货币发行。

(三)国际汇票

国际汇票的英文是 Overseas Money Order，简称 MO，其实也应归入本票之列。国际汇票签发和付款行为发生于国外，或者汇票转让行为涉及不同国家的汇票。根据联合国国际贸易法委员会 1986 年第 19 届会议的《国际汇票和国际本票公约草案》的规定，国际汇票是一种标有"国际汇票(……公约)"的书面票据，载有发票人指示持票人向受款人或其指定人支付一宗特定金额款项的无条件支付命令，并须载明凭票即付或在特定日期付款以及发票日期和发票人签字。其中发票地、付款地等 5 项地点中至少须有两处位于不同的国家。

在贸易上，一般都是用外国汇票作为付款方式。买方如果不付款就拿不到商品；另一方面，卖方如果没有寄送商品(无论是用装船或用飞机载运)，同样也收不到现金。国际汇票连接运送和付款，使买卖双方皆有保障，是方便又值得信赖的方法，一般人皆乐于使用。运送由航空或船运公司负责，付款则由银行来处理，国际汇票有连接两方面的功能。

国际汇票的使用方式：有用信用证来保证付款的信用证形式(L/C；Letter of Credit)；也有不用信用证的形式，如付款交单(D/P；Documents against Payment)，买方必须支付汇票后才能取得装船单据；另一种是承兑交单(D/A；Documents against Acceptance)，买方只要承兑了汇票，就可以领得装船单据。很明显，后者的条件对买方较为有利。关于支票日期，有见票即付(A. S. ＝at sight；O. D. ＝on demand)和见票后三十天付款(at 30d/s＝at 30 days after sight)等之不同。

英国、美国、加拿大等国的大银行，发行的 MO 是让持有者携之带往海外或邮寄海外使用兑付，再回流到本国的货币中心。这种 MO，银行发行后并不往外拨付头寸，而是等国外的金融机构来银行托收再由本行付款，占用了购买 MO 人的资金，这是银行应用本票技术，创立了对本行绝对有利的支付手段，是由本行出票最终由本行付款。从这个意义上说，称之为小额国际本票更为恰当。

(四)旅行支票

与 MO 有异曲同工之妙的是旅行支票。旅行支票虽称之为支票，其实也应归类为本票之列。说旅行支票属支票范畴当然可以，因为其名称就叫 Traveler's Check；但就其本质而言，归根到底是发行旅行支票的大银行、大旅行社自行付款，就此点而言，应属一种定额本票。旅行支票实际上是境内商业银行代售、由境外银行或专门金融机构印制、以发行机构作为最终付款人、以可自由兑换货币作为计价结算货币、有固定面额的票据。境内居民在购买时，须本人在支票上签名，兑换时，只需再次签名即可。

旅行支票是美国于 1891 年首创，继而在全球推广，迄今已有百余年的历史。流通领域逐年扩大，经久不衰，其原因在于旅行支票对因公因私的出境人员具有方便、安全的好处。既可凭票在境外支付服务项目的开支和购物的花销，又可在一定范围内兑付现金，实为方便。再者，旅行支票即便丢失被窃，因为旅行支票上没有持票人的复签，无被人冒领之虑。

旅行支票的流程及其涉及的当事人，首先是发行人、发行单位，即发行旅行支票的银行或旅行社，它可以直接对外销售，也可间接对外销售。在间接销售的情况下，就有一个销售代理人。其次是购买人，通常是因公因私出境的个人，他用外币去购买旅行支票，成了旅行支票的持有者。再次，持有者在发行旅行支票国的境外，可以直接到有关银行兑付，也可转让给他人；若是后一种情况，就出现了转让人和受让人，即 Transferor 及 Transferee。当然，旅行支票与汇票、本票权利的转让尚有所不同，通常只能一次转让，而不能多次转让。最后，在境外还有一个兑付人即兑付点。

据此，一张旅行支票的流程图如图 2-2 所示。

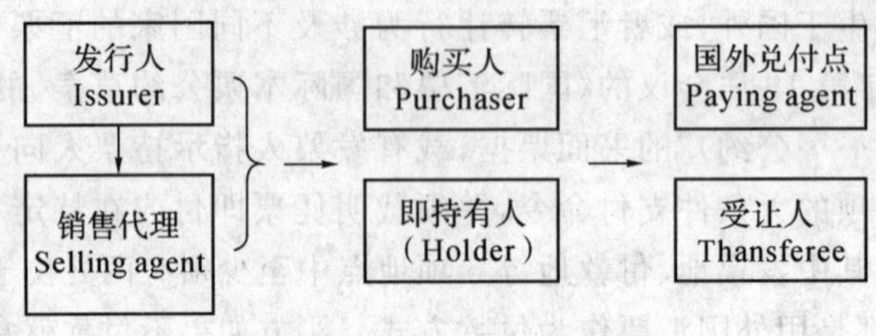

图 2-2　旅行支票的流程图

第五节　支　票

一、支票的含义

支票(Cheque or Check)，简单地说就是以银行作为付款人的即期汇票。详细地说，支票是银行存款客户向他开立账户的银行签发的，授权该银行即期支付一定数目的金额给一特定之人或其指定之人或来人的无条件书面支付命令。

《英国票据法》给支票下的定义是，支票是以银行为付款人的即期汇票。这个定义简单、明确(A check is an unconditional order in writing addressed by the customer(drawer) to bank (drawee), signed by the customer authorizing the bank to pay on demand a specified sum of money to, or to the order of, a named person or to bearer)。

我国《票据法》的定义是：支票是出票人签发的，委托办理支票存款业务的银行或者其他金融机构在见票时无条件支付确定的金额给收款人或其持票人的票据。

二、支票的特点

支票是一种特殊的汇票，因此，它在许多方面都同汇票类似。如都是无条件的付款命令，都有三个基本关系人，主要条款的规定也较类似等。但与汇票相比，其特点是：

(1)支票的出票人必须具备一定条件。支票的出票人首先必须是银行的存款户，即在银行要有存款，在银行没有存款的人绝不可能成为支票的出票人。其次，要与存款银行订有使用支票的协定，即存款银行要同意存款人使用支票。最后，支票的出票人必须使用存款银行统一印制的支票。支票不能像汇票和本票一样由出票人自制。

(2)支票为见票即付。支票都是即期付款,所以付款银行必须见票即付。由于支票没有远期,因而也不需办理承兑手续。

(3)支票的付款人仅限于银行,而汇票的付款人可以是银行、企业或个人。

(4)通常情况下,支票的出票人是主债务人。

三、支票的内容

我国《票据法》规定,支票必须记载以下事项:

(1)表明"支票"的字样;

(2)无条件支付的委托;

(3)确定的金额;

(4)收款人名称;

(5)出票日期;

(6)出票人签章。

以上内容缺一不可,否则,支票无效。不过,支票上的金额可以由出票人授权补记。除必要项目外,收款人、付款地、出票地都是支票的重要内容。支票上未记载收款人名称的,经出票人授权可以补记;未记载付款地的,付款人的营业场所为付款地;未记载出票地的,出票人的营业场所、住所或者经常居住地为出票地。

《日内瓦统一法》规定,支票应包括的条款有:无条件支付一定金额的命令;付款人;付款地地点;出票日期与地点;出票人签名。

四、支票与汇票的异同

汇票与支票两者的本质是一样的,即都是无条件的付款命令。但是两者有一定的区别,主要表现为:

(1)支票是支付工具,只有即期付款,没有承兑,也没有到期日的记载。

(2)支票的主债务人是出票人,远期汇票承兑后的主债务人是承兑人。

(3)支票只能开出一张,汇票可以开出一套。

(4)支票的付款人一定是银行或其他金融机构,汇票的付款人没有这种规定。

(5)支票可以保证付款。为了避免出票人开出空头支票,保证支票提示时付款,《美国票据法》规定:受票行可应出票人或持票人的请求,在票面上写上"证明"(Certified)字样并签字,这张支票就成了保付支票。汇票没有保付的做法。

(6)支票可以止付,汇票承兑后即不可撤销。

(7)支票有划线的做法,而汇票没有这种做法。

支票与商业汇票具有一定的相同点:一张支票上的当事人也是三个,即出票人(Drawer)、受票人(Drawee,又称付款人)和收款人(Payee)。如图 2-3 所示。

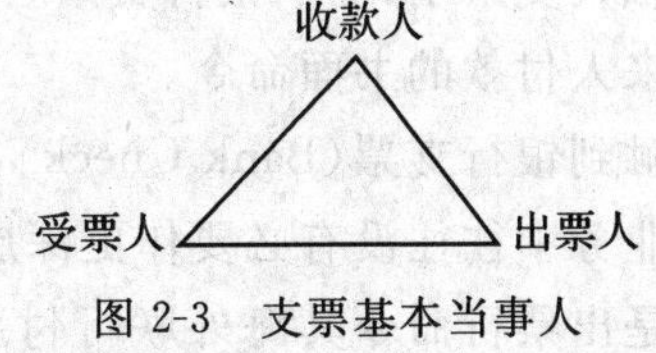

图 2-3 支票基本当事人

从两者的异同比较中，我们可以再次证明支票的性质：支票是以银行为付款人的即期汇票(A check is a bill of exchange drawn on a bank by its customer, payable on demand)。

五、支票的种类

(一)记名支票与不记名支票

这里所谓记名不记名是指支票上收款人这一栏内的行文。凡记名支票，必须在这一栏写明某某人为收款人；凡不记名支票，这一栏里就写成持票来人(Bearer)。

(二)划线支票与不划线支票

所谓划线支票就是在支票的正面划上两条平行线，以此表明该支票不能在付款行的柜台提现，而只能付到收款人的账户入账；划线支票，英语称为 Crossed Check，因为不能提现而只能入账，就相当于一张转账支票了。这样，即便丢失也可以跟踪寻觅，最终捡回来。划线支票只能委托银行收款入账，通过票据交换所交换。划线的目的是为了安全，一旦支票遗失被人冒领，还有可能通过银行代收的线索追回票款。与此相反的是 Uncrossed Check，又称 Open Check，叫"未划线支票"。这种支票当然既可转账，又可提现。

(三)保付支票(Certified Check)

支票是以银行为付款人的即期汇票，因为是即期，当然受票银行就无须承兑。但是，付款银行可以在支票正面加上"保付"字样，表明付款行将负责保证对这一支票兑付，说明支票的出票人在其存款账户的确有余额。本行加以确认，凡收款人或持票人携之赴本行提示付款，银行一定照付不误。支票保付的做法与汇票的受票人在远期汇票上承兑的行为有些相似。存款银行在对支票作出保付的同时，为了本身的安全，就从出票人的存款账户内取出相应票款，设立一过渡账户以备付款之用，这样，当这张保付支票向付款银行提示时，就不会因为没有余额或余额不足而退票。

(四)现金支票和转账支票

前者只能用于支取现金，不能用于转账；后者只能用于转账，不得支取现金。

(五)银行支票和私人支票

上文谈到支票涉及付款人与其开户银行的关系。如果把这种关系延伸扩展，变成两家银行之间的关系，也就是说，存款者并非某个人，而是一家银行，发展成银行与银行间的关系，是一家银行在另一家银行开立支票账户，这种情况下开出的支票即为银行支票(见图 2-4)。当出票人是个人时，开出的支票称为私人支票。

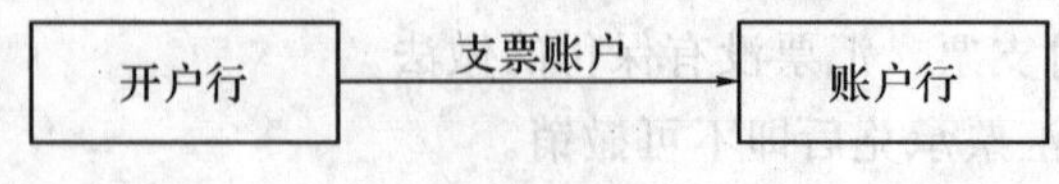

图 2-4　银行支票的开立

英语中开户行为 Depositor Bank，账户行则为 Depository Bank，仅一个字母之差。这时，开户银行开立的支票就不是私人支票了，而叫银行支票，是一家银行签发的，命令另一银行向某人或某指定的人，或持票来人付款的书面命令。

在日常业务中，我们常常接触到银行支票(Bank Check)，那么，它与银行汇票又有什么区别呢？应当说，在银行的日常业务中往往没有必要作更深层的区分，把它们视为同一类即可；真要区分，可以从"银行汇票是出票行命令其海外联行付款"这段话来理解，这段话明确说明出票行和付款行有通汇关系;而银行支票上的出票行和付款行,两者之间的关系是存款行(Depositor Bank)与账户行(Depository Bank)之间的关系,是一家银行在海外的另一家银行开着一个往来账户,把钱存在那里,需要做国际支付的时候,开出支票授权该行从自己的账户里支付,情况和差别就在这里。但这种区别在实际工作中并无多大的实际意义,所以,把银行汇票和银行支票视为同类性质的票据,两者都简称为:D/D。毕竟支票的定义为:支票是以银行为付款人的即期汇票(A check is a bill of exchange drawn on a bank by its customer, payable on demand)。

六、三种金融票据的异同

汇票、本票、支票的异同如表 2-5 所示。

表 2-5　汇票、支票、本票的异同

	汇 票	本 票	支 票
性 质	书面债据,载明一定金额在一定日期,持票人可向出票人或制定的付款人支取款项的凭证		
作 用	支付手段、流通手段、融资工具(即发挥结算、信用、流通、抵债的作用)		
无条件性	一人向另一人签发要求后者付款给第三者(也可以是前者本人)的无条件付款命令	一人向另一人签发的约定自己付款给后者的无条件付款承诺	银行存款者对银行签发的付给第三人或本人的无条件支付命令
基本当事人	收款人、受票人、出票人	收款人、受票人	收款人,付款行、银行客户
主债务人	远期汇票 承兑前:出票人 承兑后:承兑人	出票人	出票人、银行客户
债权人	持票人(收款人、背书人即接受转让的受让者)		
出票人的责任	要求保证受票人承兑和付款	自负付款责任	要担保付款人一定付款
持票人的权利	要求有关方付款的权利及行使追索的权利		
期 限	远期、即期	远期、即期	见索即付
张 数	solar or a full set	solar	solar
其 他	银行汇票 银行划账单	旅行支票 银行本票	保付支票 银行本票

【思考题】

1. 票据的基本特征有哪些？
2. 常见的汇票行为有哪些？
3. 比较汇票、本票、支票的异同。

第三章 汇 付

第一节 国际结算方式概述

一、国际结算方式的种类

国际间的贸易往来所产生的债权债务关系,必须通过一定的形式加以了结,这种了结的方式通常被称为国际结算的方式。国际贸易结算的全过程大致可归纳为:运用结算工具,按照一定的结算方式,通过国际商业银行非现金结算即转账结算的办法,实现可兑换货币的转移,达到清偿国际间债权债务的目的。

常用的结算方式有汇付(Remittance)、托收(Collection)、信用证(Letter of Credit,简写L/C)、保函(Letter of Guarantee,简写 L/G)等。

(1)汇付(Remittance)。又称汇款,是付款人通过银行,使用各种结算工具将货款汇交收款人的一种结算方式,属于商业信用,采用顺汇法。

(2)托收(Collection)。是出口人在货物装运后,开具以进口方为付款人的汇票(随附或不随附货运单据),委托出口地银行通过它在进口地的分行或代理行代进口人收取货款的一种结算方式。

(3)信用证(Letter of Credit,简写 L/C)。该结算方式是银行信用介入国际货物买卖价款结算的产物,它的出现不仅在一定程度上解决了买卖双方之间互不信任的矛盾,而且还能使双方在使用信用证结算货款的过程中获得银行资金融通的便利,从而促进了国际贸易的发展。因此被广泛应用于国际贸易之中,以致成为当今国际贸易中的一种主要的结算方式。

(4)保函(Letter of Guarantee,简写 L/G)。又称银行保证书、银行保函,它是指银行应委托人的申请向受益人开立的一种书面凭证,保证申请人按规定履行合同,否则由银行负责偿付债款。

二、结算方式应具备的条件

任何一种结算方式,它之所以能在国际间被广泛采用,经受时间的考验而经久不衰,绝非偶然。比如,跟单信用证这种方式用于国际贸易结算已有近百年历史。这百年来,尽管信用证的内容有所发展完善,具体做法也有变化,但至今仍未突破信用证这一框架,它广泛应用于全球,成为最主要的结算方式之一,这是有其内在原因的。

作为一种完善的结算方式,它必须具备以下三个条件:

(1)须能保证比较安全、快捷地结清对外贸易中的债权债务。

(2)须能保证买卖双方的利益都能获得充分照顾。在支付贸易货款这个问题上,买卖双方的利益是相互矛盾的。概括地说,前者希望收到货物再付款;后者则希望在发货前先收到贷款,凡是双方都愿意采用的结算方式必须是那种全面照顾双方利益的结算方式。

(3)应能便于资金融通,应能使买卖双方(也包括中间商)容易从国际和国内金融市场和商业银行筹措其所需资金。

三、"顺汇"与"逆汇"

所谓"顺汇",是汇款人(通常为债务人)主动将款项交给银行,委托银行通过结算工具,转托国外银行将汇款付给国外收款人(通常为债权人)的一种汇款方法。其特点是资金流向和结算工具的流向一致(如汇款)。"逆汇"又称出票法,它是由收款人出具汇票,交给银行,委托银行通过国外代理行向付款人收取汇票金额的一种汇款方式。其特点是资金流向和结算支付工具的流向不相同(如托收)。

现假定 A 国某出口公司向 B 国某进口公司出口一批产品,贷款为 100000 美元;这笔货款的支付可以使用两种方法,其一,如图 3-1 所示,主要步骤为:

(1)汇款人填写电汇汇款申请书,交款付费给汇出行,同时汇款人取回电汇回执;

(2)汇出行发出加押电报给汇入行,委托汇入行解付汇款给收款人;

(3)汇入行收到电报,核对密押无误后,缮制电汇通知书,通知收款人收款;

(4)收款人收到通知书后,在收款联上盖章,交汇入行。

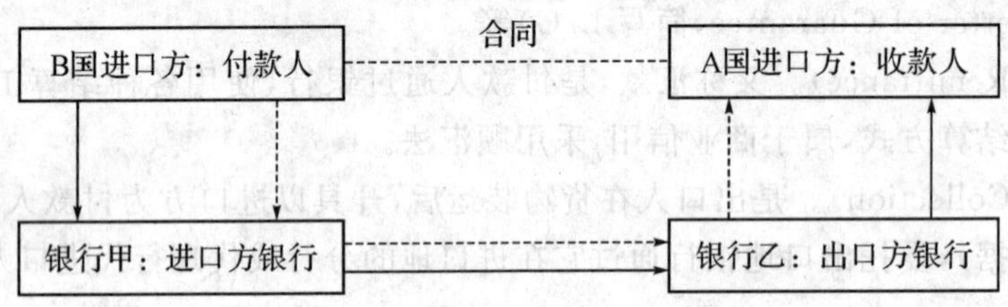

图 3-1 顺汇示意图

从图 3-1 中可以看出:第一,结算工具(此处指带有密码的加押电报,为虚线)的走向与 100000 美元货款(为实线)的流向是同一个方向;第二,这种支付方法是债务方即进口日用品的付款方主动将进口货款汇付给债权方收款人的,此法谓之"顺汇"。

这笔交易的支付,也可用另一种方法实现,如图 3-2 所示,其步骤为:

(1)出口方开立汇票,交于出口方银行;

(2)出口方银行委托进口方银行,凭汇票要求进口方付款;

(3)进口方收到汇票后付款;

(4)进口方银行将相应的款项交于出口方银行,出口方银行将款项交于收款人。

这就是逆汇。从图 3-2 中可以看出:第一,结算工具(此处为汇票,走虚线)的走向与货款(走实线)的流向呈相反方向;第二,是债权方即收款人主动向债务方索取货款,卖方发出付款命令后买方再付款。

在银行业务中,电汇、信汇、票汇均属于顺汇,托收、信用证业务则属于逆汇结算的范畴。

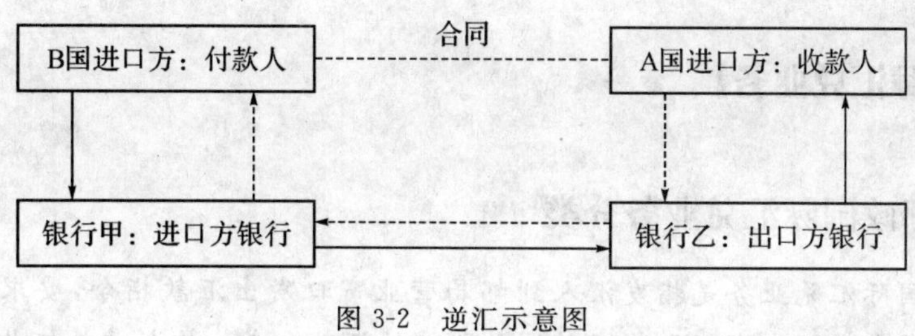

图 3-2 逆汇示意图

第二节 国际汇兑

资金在国际间的转移是按照一定的方式和条件进行的。资金从付款一方转移到收款一方的方式是多种多样的，国际汇兑是其中的一种。它和银行存款、银行贷款业务一起构成外汇银行三大传统业务。存款使银行获得了闲散资金，贷款使银行获得了丰厚的利润，而国际汇兑使银行的客户免除了在国际间运送现金的麻烦，加快了结算的速度，提高了外汇资金的利用率，促进了经济的发展。同时外汇银行成为国际间转账划拨的清算中心，并获得可观的中介费收入。

国际汇兑(International Exchange)是通过国际间银行的"汇"与"兑"，实现国与国之间债权债务的清偿和国际资金的转移。具体地讲，"汇"是指货币资金在国际间的转移，"兑"是指不同国家货币的相互转移。因此，国际汇兑即是指通过银行把一个国家的货币兑换成另一个国家的货币，并借助各种信用工具(如汇票等)，将货币资金转移到另一个国家，以清偿国际间由于贸易或非贸易产生的债权债务关系的专门性经营活动。从广义上讲国际汇兑是国际结算行为，从狭义上讲它特指国际银行间的汇款业务。

国际汇兑业务与国内汇款业务的性质是一样的，两者均是资金转账划拨，了结债权债务关系和资金授受的行为。但是国际汇兑由于债权人与债务人、资金授受双方在不同的两个国家，因此在业务处理上有别于国内汇款业务，具体表现为：

(1)国际汇兑的资金是"外汇"，亦可称为自由兑换货币，因此常伴随着外汇买卖行为。

(2)国际汇兑中的收款人可以是全球任何地方的个人或企业。

(3)国际汇兑中的付款人一般是付款货币清算中心所在地的银行。例如一张美元汇票它最终是从美元的清算中心——纽约的某家银行的美元账户上付出。

(4)国际汇兑业务若采用第三国货币清偿或授受时，手续较多，费时稍长，增加了客户的资金占用，不利于其资金周转，经办银行可以提供融资服务。这样经办行在国际汇兑业务中不仅有手续费收入，还会有融资的利息收入，并能根据汇兑的方式，不同程度地占用客户的在途资金。

【邮政国际汇兑业务】

一、邮政国际汇兑业务分类

邮政国际汇兑业务是指发汇人到邮局营业窗口发出汇款指令,要求向国外收汇人支付现金或汇入发汇人指定的国外账户的汇款方式。按与境外机构合作方式不同分为国际邮政汇款、国际银邮汇款和西联汇款。

(一)国际邮政汇款

国际邮政汇款是指在两国或地区邮政之间办理的国际汇兑业务,信息转换按双边协议规定进行。

国际邮政汇款按汇款信息的传递方式,分为电子汇款和实物汇款两种方式。

1. 国际邮政电子汇款

汇款信息的转换实现全程电子化,该项汇款业务自网点受理之时起24小时内出境。

2. 国际邮政实物汇款

汇款信息仅在中国境内实现电子化传送,该项业务实物汇票与电子信息的转换在国家局国际汇兑中心处理。该项汇款自网点受理之时起48小时内出境(节假日顺延)。国际邮政实物汇款1992年开办,目前与我国邮政办理此项业务的有日本、芬兰、瑞士、意大利、韩国、比利时、巴西、泰国、新加坡、马来西亚、西班牙、法国、南斯拉夫、秘鲁、罗马尼亚、越南、哈萨克斯坦、中国香港、巴基斯坦、朝鲜20个国家和地区。

(二)国际银邮汇款

国际银邮汇款是指邮政与银行之间办理的国际汇兑业务,信息转换实现全过程的电子化。自柜台受理发汇起,汇款信息24小时内从国家局国际汇兑中心发出。

优点:快捷,汇款汇出后,可在1~2天内到达收款人的开户银行账户;安全,汇款将直接汇入指定的海外银行账户,不必本人亲自领取大额现金;方便,中国邮政拥有覆盖全国城乡的国际电子汇款业务服务网络,汇款可快速汇达全球200多个国家和地区的近两万家银行机构,并可直接到达收款人的账户。收款人可在全球任何地点,通过其开户银行的电话银行服务或网络银行服务,查询汇款的到账情况,而无需到银行柜面排队查询。

(三)西联汇款

西联汇款是指邮政与西联国际汇款公司之间办理的国际汇兑业务,信息转换实现全过程的电子化。自柜台受理发汇起,数分钟内即可到达收汇人。

优点:可靠,西联全球安全电子系统确保每笔汇款的安全,并有监控号码供用户核实,使汇款在瞬间全部如数、安全地交付到指定的收款人手中;快捷,西联汇款手续简单,短短几分钟内收款人即可如数收到款项;方便,西联汇款服务通达全球200多个国家和地区,网点遍布全球各地。

二、基本业务规定

(一)发汇、收汇币种

邮政国际汇兑业务发汇币种为美元,收汇币种为美元或人民币。

(二)汇款限额

国际邮政汇款每笔汇款不得超过1000美元;国际银邮汇款和西联汇款发汇汇款每笔不得超过2000美元,收汇汇款每笔不得超过10000美元。

(三)汇款交易方式

现金到现金,指以现金发汇,收汇时直接提取现金(邮政实物汇款和西联汇款);现金到账户:指以现金发汇,收汇时直接转入发汇人指定存款账户(国际银邮汇款和西联汇款)。

(四)汇款通知方式

1. 自行通知

指发汇人发汇后,自行将汇款信息及时告知收款人,并通知收款人到收汇局支取汇款的业务。

2. 电话通知

指收汇人所在城市的收汇局可按照发汇人提供的电话号码通知收汇人领取汇款。这种通知方式的汇款时限取决于收汇国家通知的时限。

3. 按址投递

指收汇局接受发汇人委托,以投递取款通知单的方式,通知收款人到收汇局支取汇款的业务。

4. 按址投送

指收汇人所在城市的收汇局可根据发汇人提供的详细姓名地址将汇款投送至收汇人。这种通知方式的汇款时限取决于收汇国家投送的时限。

三、业务使用方法

(一)国际邮政汇款、国际银邮汇款方法

(1)汇款人前往邮政国际汇款联网网点填写发汇单。

(2)将发汇单、身份证件、汇款及汇费交给营业员。

(3)营业员办理完业务后,将发汇单客户联交汇款人备查。

(二)国际邮政汇款、国际银邮汇款取款方法

(1)收汇人接到邮局通知后,前往邮政国际汇款联网网点办理取款手续,填写收汇单。

(2)将收汇单和身份证件交给营业员。

(3)营业员核实后,即可领取汇款。

(三)西联汇款汇款方法

(1)汇款人填写西联汇款发汇单。

(2)将发汇单、身份证件、汇款及汇费交给营业员。

(3)收好发汇单客户联及汇款监控号码。

(4)电话通知收款人汇款监控号码。

(四)西联汇款取款方法

(1)填写西联汇款收汇单。

(2)将汇款监控号码、收汇单和身份证件交给营业员。

(3)经营业员核实后,即可领取汇款。

四、资费标准

(1)国际邮政汇款:按汇款金额的3%收取汇费,最低收费为5美元。

(2)国际银邮汇款:详见邮局具体资费。

第三节 汇款方式的类型

一、汇款方式及其当事人

(一)汇款方式(Methods of Remittance)

汇款方式是银行(汇出行)应汇款人(债务人)的要求,以一定的方式将一定金额,通过国外联行或代理行作为付款银行(汇入行),付给收款人(债权人)的一种结算方式。

(二)汇款业务的当事人

(1)汇款人(Remitter)。委托银行汇出款项的人,在进出口业务中通常是买方。

(2)收款人(Payee or Beneficiary)。接受汇款方所汇款项的人,通常为出口方或债权人。

(3)汇出行(Remitting Bank)。接受汇款人的委托,办理汇出款项业务的银行。

(4)汇入行,也称解付行(Paying Bank)。受汇出行的委托,解付汇入款项业务的银行。汇入行通常是汇出行的联行或代理行。

以上是汇款业务中的主要当事人,但是在汇出行与汇入行之间没有建立直接账户关系的情况下,还会涉及的当事人是转汇行。

(5)转汇行。代汇出行拨付或偿付汇款资金给汇入行,或代汇入行收款入账或索取该款项。

(三)汇款业务当事人之间的相互关系

(1)汇款人与收款人之间的关系。在实务中表现为两个方面:在非贸易汇款中,由于资金单方面转移的特性,使汇、收双方表现为资金提供与接受的关系;在贸易汇款中,由于商品买卖的原因,使汇、收双方表现为债权债务关系。

(2)汇款人与汇出行之间是委托与被委托的关系。汇款人委托汇出行办理汇款时,要出具汇款申请书。这是当事双方委托与接受委托的契约凭证,它明确了双方在该项业务中的权利与义务。

(3)汇出行与汇入行之间既有代理关系又有委托与被委托的关系。一般代理关系在前,即两行事先签有业务代理合约或有账户往来关系,在代理合约规定的业务范围内,两行各自承担所尽之责。就一笔汇款业务而言，汇出行通过汇款凭证，传递委托之信息，汇入行接受委托承担解付汇款之义务。

(4)收款人与汇入行之间通常表现为账户往来关系，即收款人在汇入行开有存款账户。此外，两者也可以没有关系，汇入行有责任向收款人解付该笔款项。

二、汇款方式的种类及特点

汇款结算方式按所使用的结算工具不同，分为以下三种。

(一)电汇(Telegraphic Transfer，T/T)

电汇是汇出行应汇款人的要求，用电报、电传或 SWIFT 委托付款行向收款人付款的方式。

电汇的业务程序是(见图 3-3)：

(1)汇款人填写电汇汇款申请书，交款付费给汇出行；

(2)汇款人取回电汇回执；

(3)汇出行发出加押电报给汇入行，委托汇入行解付汇款给收款人；

(4)汇入行收到电报，核对密押无误后，缮制电汇通知书，通知收款人收款；

(5)收款人收到通知书后，在收款联上盖章，交汇入行；

(6)汇入行借记汇出行账户，取出头寸，解付汇款给收款人；

(7)汇入行将借记付讫通知书寄给汇出行，通知它汇款解付完毕。

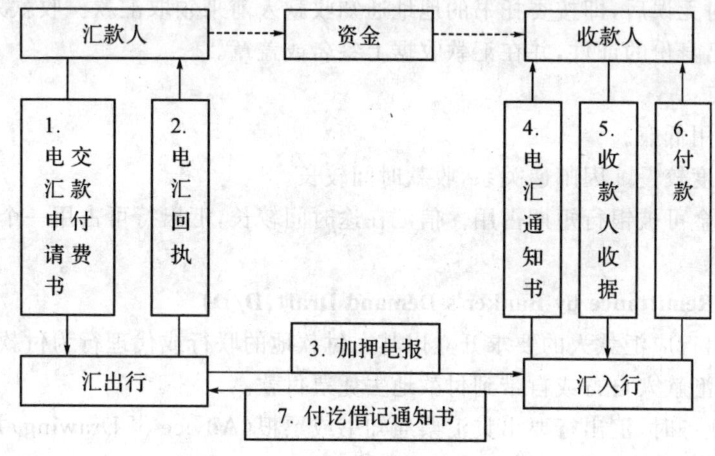

图 3-3　电汇结算业务程序图

电汇的特点：

(1)电汇是以电报或电传作为结算工具，其传递方向与资金流动方向相同，所以电汇属于顺汇结算。

(2)电汇是收款速度最快的汇款方式，但汇款人必须承担较高的费用，所以一般在金额较大或比较紧急的情况下才予以使用；随着高新技术的发展，电汇成本有了下降的趋势。

(3)银行汇款业务中，电汇优先级别较高，均当天处理。电汇交款迅速，银行无法占用电汇资金。

(4)电汇还具有安全可靠的特点。目前电汇大部分采用电传和 SWIFT 系统发出。它们是银行之间的直接通讯手段，减少了邮递环节，产生差错的可能性很小。加上电传是按分钟记价，比按字计价的电报费用降低了成本；SWIFT 系统是非营利组织，费用也不高。因此，汇款实务中，电汇业务的比例在逐渐增大。

（二）信汇（MAIL Transfer，M/T）

信汇是汇出行应汇款人的申请，用航空信函指示汇入行解付一定金额给收款人的汇款方式。凡金额较小或不急需用的，用此种方式比较合适。

信汇业务的程序与电汇程序基本相同，所不同的是汇出行应汇款人的申请，以信汇委托（M/T Advice）或支付委托书（Payment Order）作为结算工具，通过航空邮寄汇入行，委托其解付，因此，其基本流程如下：

（1）汇款人填写信汇汇款申请书，交款付费给汇出行；

（2）汇款人取回信汇回执；

（3）汇出行制作信汇委托书或支付委托书经过两人双签，邮寄汇入行；

（4）汇入行收到信汇委托书或支付委托书，核对签字无误后，将信汇委托书的第二联及第三四联收据正副本一并通知收款人；

（5）收款人凭收据取款；

（6）汇入行借记汇出行账户，取出头寸，解付汇款给收款人；

（7）汇入行将借记付讫通知书寄给汇出行，通知它汇款解付完毕。

信汇委托书或支付委托书上须加具有权签字人的签字，汇入行收到委托书后，凭汇出行的印鉴样本核对无误后，即按委托书的地址通知收款人前来领取汇款。收款人领取汇款时，必须持证明自己身份的证件，并在汇款收据上签名或盖章。

信汇的特点：

（1）信汇费用低廉。

（2）信汇速度较慢。因邮递关系，收款时间较长。

（3）信汇资金可被银行短期占用。信汇在途时间较长，汇出行可占用一个邮程时间内的信汇资金。

（三）票汇（Remittance by Banker's Demand Draft，D/D）

票汇是汇出行应汇款人的要求开立以其在付款地的联行或代理行为付款人的即期汇票交给汇款人，由汇款人自寄或自带到付款地去凭票付款。

办理票汇业务时，汇出行要出具汇票通知书或票根（Advice of Drawing）并寄至汇入行，以便汇入行在收款人持票向其取款时，凭票根核对汇票的真伪，待证实汇票无误后，解付票款给收款人，并将付讫收据寄至汇出行，从而完成了一笔票汇业务。目前，一些联行和代理行之间为了简化手续，取消了邮寄汇票通知书或票根这一手续，仅凭核对印鉴相符便可付款。但如果遇到没有往来关系的银行开出的汇票，汇入行原则上必须待汇票头寸收妥后才能付给收款人。

票汇结算业务程序如图 3-4 所示，具体为：

（1）汇款人填写票汇汇款申请书，交款付费给汇出行；

（2）汇出行开立一张以汇入行为付款人的银行即期汇票交给汇款人；

（3）汇款人将汇票寄给收款人；

（4）汇出行将汇票通知书寄汇入行；

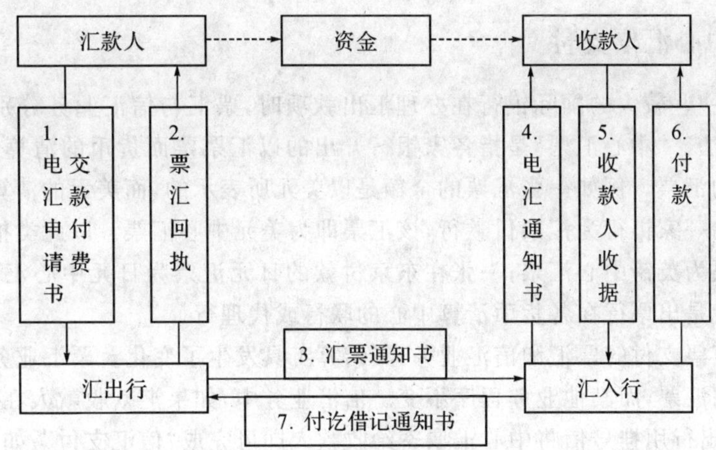

图 3-4 票汇示意图

(5)收款人提示银行即期汇票给汇入行要求付款；

(6)汇入行借记汇出行账户，取出头寸，解付汇款给收款人；

(7)汇入行将借记付讫通知书寄给汇出行，通知它汇款解付完毕。

票汇以银行即期汇票作为结算工具，其传送方向与资金的流向相同，所以票汇亦属于顺汇结算。票汇与其他汇款方式相比较，其特点为：

(1)票汇取款灵活。信汇、电汇的收款人只能向汇入行一家取款；而票汇汇款小的持票人可以在任何一家汇出行的代理行取款，只要汇入行有汇出行的印鉴册，能核对汇票签字的真伪，汇入行确认签字无误后，就会付其汇款。

(2)汇票可代替现金流通。汇票经收款人背书后，可以在市场上流通转让，到银行领取票款的持票人不一定是原收款人；而信汇委托书则不能流通转让。票汇的汇票因是银行汇票，故在流通中较受人们欢迎。

(3)票汇是由汇款人自己将汇票寄给收款人或自己携带出国，并根据收款人的方便，在有效期内随时到银行取款；而信汇、电汇是由汇出行通过电讯或邮寄将汇款委托书交汇入行。

(4)票汇汇入行无须通知收款人取款，由收款人持汇票登门自取；而信汇、电汇都是汇入银行通知收款人来领取汇款。

(四)电汇、信汇、票汇三种方式比较

(1)从支付工具来看，电汇方式使用电报、电传或 SWIFT，用密押证实；信汇方式使用信汇委托书或支付委托书，用签字证实；票汇方式使用银行及其汇票，用签字证实。

(2)从汇款人的成本费用来看，电汇收费较高。

(3)从安全方面来看，电汇比较安全。

(4)从汇款速度来看，电汇最为快捷。

(5)从使用范围来看，电汇是目前使用最广泛的方式；信汇方式很少使用；票汇介于两者之间。

三、采用中心汇票支付

近些年来,一些较大的国际银行在办理汇出款项时,票汇与信汇业务分别使用了“中心汇票支付”的办法。“中心汇票”是指各家银行开出的以汇票票面货币的清算中心所在地的银行为付款行的汇票。例如一张汇票的金额是以美元所表示的,而美元的清算中心在纽约,即应选择纽约的一家银行为汇票付款行,该汇票即为美元中心汇票。以此类推,一张在伦敦付款的英镑汇票为英镑中心汇票;一张在东京付款的日元汇票为日元中心汇票。中心汇票上的付款行一般是出票行在各货币清算中心的联行或代理行。

采用中心汇票支付的票汇和信汇业务,其结算工具发生了变化。票汇业务中,中心汇票代替了银行即期汇票,而其他业务程序不变。信汇业务中,如果汇款收款人在中心汇票付款行所在地时,汇出行用挂号信将中心汇票寄给收款人即可完成“信汇支付”;如果收款人不在汇票付款行所在地时,汇出行应首先制作“信汇委托书”,以收款人所在地的一家银行作为解付行,然后再制作“中心汇票”。该票的出票人是汇出行,付款人是该票所示货币的清算中心所在地的联行或代理行,收款人是解付行。汇出行将信汇委托书和中心汇票一并寄解付行,解付行凭中心汇票收妥票款后通知收款人前来解付行取款。

汇款业务中采用“中心汇票”的优点在于:

(1)中心汇票的流通性较强。开出中心汇票的银行可以使汇票上的收款人,不论在任何地点,均可通过任何一家银行将中心汇票辗转送到货币清算中心,通过票据交换向付款行提示,转账划收,使收款人最终收到票款。

(2)采用中心汇票汇款可不占用汇出行的资金。汇出行开出中心汇票后,并不向海外联行和代理行寄发票根,也不拨头寸,而是利用自己在海外联行和代理行的存款资金进行支付。这样从出票时起,到中心汇票付款时止的一段时间里,避免了汇出行的资金占压。

(3)方便了银行客户。收款人接到中心汇票后,既可委托他的往来银行托收票款,也可就地出售,还可要求银行买入该票,或背书转让他人。

第四节 汇款的偿付及退汇

一、汇款头寸的偿付

汇出行委托汇入行解付汇款,应及时将汇款金额拨交汇入行,这叫汇款的偿付(Reimbursement of Remittance Cover),也叫头寸偿付或俗称“拨头寸”。是指汇出行在办理汇出汇款业务时,应及时将汇款金额拨交给其委托解付汇款的汇入行的行为。

按照国际惯例,汇出行在发出汇款委托书的同时,必须将头寸拨付给付款行,使付款行不致因执行付款指示而垫付头寸。因此,每一笔汇款必须注明拨付头寸的具体指示,即每一笔汇款必然引起一笔相同金额的头寸偿付业务。有的银行在相互建立业务代理关系时,在代理合约中订明汇款头寸偿付的方法,有的银行则采取在逐笔汇款委托书或汇票通知书中注明头寸如何调拨。

(一)头寸拨付的方式

在实务中,头寸拨付有两种方式:

(1)先拨后付。汇出行在受理一笔汇款业务后,先将头寸拨给汇入行,汇入行收到头寸后才向收款人进行解付。这是最主要的头寸调拨方式。

(2)先付后偿。汇出行受理汇款业务后,先将汇款通知寄送给汇入行,汇入行根据通知先垫付资金给收款人,然后向汇出行索偿。这种方式对汇入行来讲存在着一定的风险,除非汇出行和汇入行事先订有先解付、后拨头寸的代理合约,否则不能采用。

(二)汇款头寸偿付的转账方法

根据汇出、汇入两行开设账户的情况,汇款头寸的偿付有以下四种转账方法:

(1)汇款双方银行之间建有往来账户。即一方银行在另一方银行开有账户,则可直接通过账户收付来偿付汇款头寸。其中又分为:

①主动贷记类。汇入行在汇出行开有账户,汇出行则在发出汇款通知书之前,主动将相应头寸贷记汇入行的账户,并在汇款通知书中注明,即写明如下偿付指示:In cover, we have credited your a/c with us。具体如图 3-5 所示。

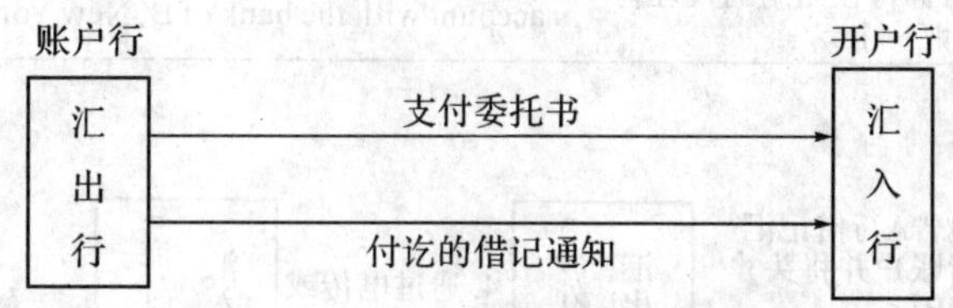

图 3-5 直接入账型偿付(汇出国货币)

②授权借记类。如果汇出行在汇入行开有账户,汇出行则应在发出汇款通知书时,授权汇入行借记相应金额在其处的账户,即其偿付指示为:In cover,please debit our a/c with you。具体如图 3-6 所示。

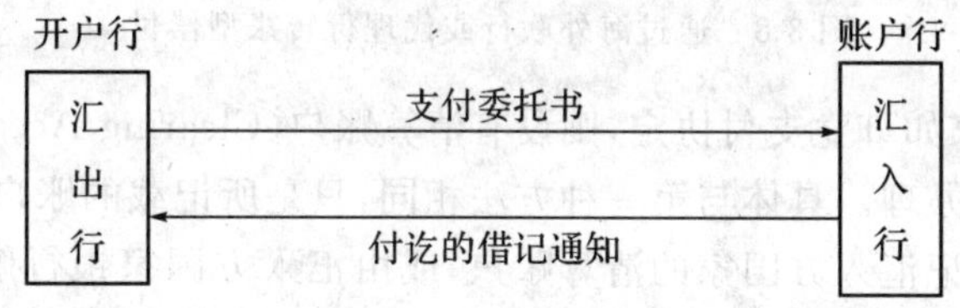

图 3-6 直接入账型偿付(汇入国货币)

(2)汇款双方银行在同一代理行开有往来账户,则可以通过这家代理行转账完成汇款头寸的偿付。这家代理行常被称作"碰头行",它既是汇出行的账户行,又是汇入行的账户行。当汇出行汇出汇款时,则主动通知碰头行减少自己在碰头行账户上的存款,增加汇入行在碰头行账户上的存款,以此实现头寸的拨付。汇入行接到汇出行电汇指示,同时也收到碰头行寄来的头寸贷记报单,即可将该头寸解付给收款人。如图 3-7 所示。

(3)汇款双方银行分别在不同的海外代理行开有往来账户时,为了偿付,汇出行在汇款时,必须事先了解汇入行在哪家银行开户,然后通过自己的代理行(A 行)把汇款头寸拨付到汇入行在其代理行开立的账户内,汇入行接到其账户行(B 行)的贷记报单后可向收款人解付款项。如图 3-8 所示。

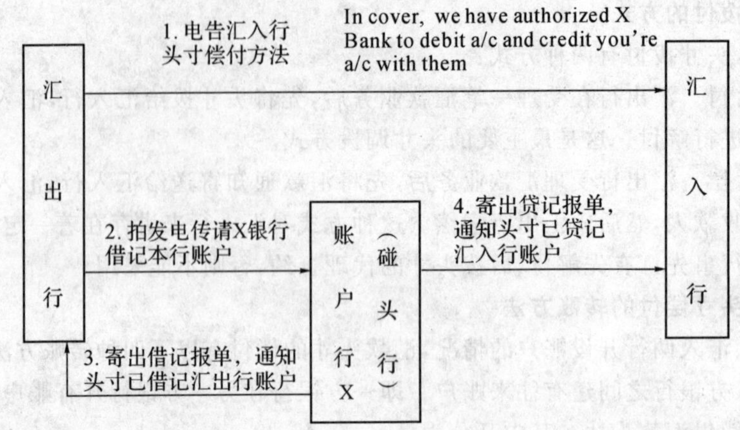

图 3-7　通过碰头行拨头寸型偿付

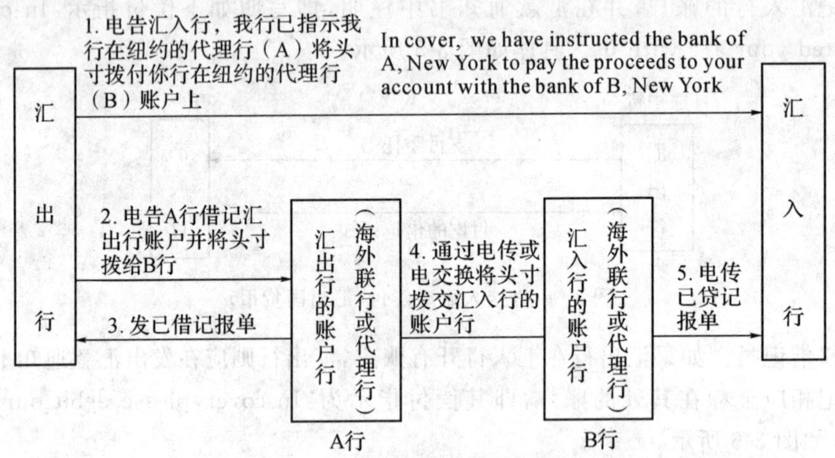

图 3-8　通过海外联行或代理行转账型偿付

(4)汇款双方国家如订立支付协定，则设有清算账户(Clearing Account)，汇款的偿付应按双方银行间的规定办理。具体与第一种方法相同，只是所记载的账户不同。通常是，或由汇出方国家的银行贷记汇入方国家的清算账户，或由汇入方国家银行解付后借记汇出方国家的清算账户。

在进行汇款头寸偿付时，除上述通过账户收付外，实务中还存在用汇票偿付汇款头寸的做法。如汇出行在寄送付款委托书时，随附一张以付款行为收款人，以自己的账户行为付款行的相同金额的汇票以偿付汇款头寸，或由汇入行解付汇款之后，再开一张汇票向汇出行收款.该汇票的付款人是汇出行，收款人是汇入行。这种重复开票的方式，英国银行比较流行，称为 Re-drawn，此类汇票一般可以在市场上进行资金融通、抵押或转让。

二、汇款的退汇

汇款人或收款人的某一方在汇款解付前要求撤销该笔汇款叫做退汇。一般而言，以下情况的出现会导致退汇：

(1)因收款人名称、账户、地址不清等原因而无法解付汇入款超过 3 个月，银行将主动退汇。

(2)汇出行提出退汇的,若查明头寸确已收妥,且汇款未解付的,可办理退汇;若已解付,由汇款人直接与收款人联系退汇事宜。

(3)因收款人拒收要求办理退汇的,应由收款人说明原因,经银行查实同意,退还原汇出行。

(一)信汇和电汇的退汇

(1)如果汇款人提出退汇,信汇和电汇的汇出行应通知汇入行停止解付,撤销汇款。收款人如有异议,只能与汇款人交涉,银行仅是执行了退汇的委托。另外,汇出行接受汇款人对信汇、电汇的退汇申请后,应立即电函告知国外汇入行办理退汇,在接到国外汇入行同意退汇的通知后,再转告国内汇款人持汇款回执前来办理退款。

(2)如果汇款人在要求退汇前已经解付,汇款人就不得要求退汇,只能直接与收款人交涉退回款项。

(3)如果收款人提出退汇,汇入行可作为收款人拒收汇款处理,并通知汇出行,由汇款人到汇出行办理退汇手续。

(二)票汇的退汇

(1)票汇汇款本人在寄出汇票前退汇,可由汇款人持原汇票到汇出行申请办理退汇手续。汇出行发函通知汇入行将有关的汇票通知书或票根注销寄回。

(2)若汇款人在已将汇票寄出后要求退汇,汇出行为了维护银行票据的信誉,一般不予接受。

(3)汇票如果遗失、被窃或邮递途中毁失,应办理挂失、止付手续。由汇款人向汇出行出具保证书,保证万一发生重付,由汇款人负责赔偿。然后由汇出行根据保证书通知汇入行挂失止付,待汇入行书面确认后,汇出行方能办理补发汇票或退汇手续。

三、汇票的挂失止付

当汇票遗失、被窃,可以办理挂失止付。需由汇款人向出票行提出书面申请,出票行凭此向付款行发出挂失止付通知,在接到付款行同意挂失或止付的回复后,再办理退汇或重汇。若汇票在挂失、止付前或在途中付款行已办理解付,由汇款人承担损失。

第五节　汇款在国际贸易中的应用

在国际贸易中以汇款方式结算买卖双方债权债务时,根据货款汇付和货物运送时间顺序的不同,汇款分为先付款后交货和先交货后付款两种类型。前者称为预付货款(Payment in Advance),后者称为货到付款(Payment after Arrival of the Goods)。

一、预付货款

(一)预付货款的含义

预付货款是进口商(付款人)在出口商(收款人)将货物或货运单据交付以前将货款的全

部或者一部分通过银行付给出口商，出口商收到货款后，再根据约定发运货物。此方式对进口商来说是预付货款，对出口方来说则是预收货款，对银行来说预付货款属于汇出款项，预收货款属于汇入款项。在国际贸易中，处理汇入款项、业务的银行，向出口商结汇后，出口商应将货物运出。所以此种结算方式又叫“先结后出”。

（二）预付货款的特点

1. 预付货款对出口商有利

因为：(1)货物未发出，已收到一笔货款，等同于得到无息贷款；(2)收款后再发货，降低了货物出售的风险，如果进口商毁约，出口商没收预付款；(3)出口商可以充分利用所收货款，甚于可在收到货款后再购货发运。

2. 预付货款对进口商不利

因为：(1)未收到货物，已先预付款项，将来如果不能收到或不能如期收到货物，或货物与合同不符时，将遭受损失或承担风险；(2)货物到手前付出货款，造成资金周转困难及利息损失。

（三）预付货款的适用范围

(1)出口商的商品是进口国市场上的抢手货，进口商需求迫切以取得高额利润，因此不惜预付货款。

(2)进出口双方关系密切，相互了解对方资信状况，进口商愿以预付货款购入货物。

(3)卖方货物旺销，出口商与进口商初次成交，卖方对买方资信不甚了解，顾虑买方收货后不按合约履行付款义务，为了收汇安全，卖方提出预付货款作为发货的前提条件。

（四）进口商防范预付货款风险的措施

进口商为了保障自己的权益，减少预付货款的风险通过银行与出口商达成解付款项的条件协议，常称为“解付条件”。它由进口商在汇出汇款时提出，由解付行在解付时执行。主要的解付条件是：收款人取款时，要出具个人书面担保或银行保函，担保收到货款后如期履约交货，否则退还已收到货款并附加利息；或保证提供全套货运单据等。除了附加“解付条件”外，进口商有时还会向出口商提出对进口商品折价支付，作为抵补预付货款造成的资金利息损失。

二、货到付款

（一）货到付款的含义

它是指进口商在收到货物后，立即或一定时期以后再付款给出口商的一种结算方式。此方式实际上属于赊账交易(Open Account Transaction)或延期付款(Deferred Payment)结算。

（二）货到付款的特点

1. 货到付款对买方有利

因为：(1)买方不承担资金风险，货未到或货不符合合同要求则不付款，在整个交易中买方占据主动地位；(2)由于买方常在收到货物一段时间后再付款，无形中占用了卖方资金。

2. 货到付款使卖方承担风险

因为：(1)卖方先发货，必然要承担买方不付款的风险；(2)由于货款常常不能及时收回，卖方资金被占用，造成一定的损失。

(三)货到付款在国际贸易中的应用

1. 售定

售定是指买卖双方成交条件已经谈妥并已签订了成交合同,同时确定了货价和付款时间,一般是货到即付款或货到后若干天付款。由进口商用汇款方式通过银行汇交出口商。这种特定的延期付款方式习惯上称为"先出后结",又因价格事先已经确定,故亦称"售定"。售定只适用于我国对港澳地区出口鲜活商品的贸易结算。

2. 寄售(Consignment)

寄售是指出口方将货物运往国外,委托国外商人按照事先商定的条件在当地市场上代为销售,待货物售出以后,国外商人将扣除佣金和有关费用的货款再汇给出口商的结算方法。

进出口双方欲作寄售交易,首先要签订寄售协议。货物单据可通过银行传递也可直接寄给海外受托人。寄售对于进口商而言是"先进后结",即先进口后付汇。目前我国经营的先进后结业务有:(1)国外进口寄售业务;(2)在国外售券国内提货业务。后者是为了方便旅游者,避免我国外贸出口商品倒流。旅游者在国内外我国设立的售券机构购得货券后,由本人携带入境,经海关验证盖章方能提货。经营这种业务的目的是争取外汇收入、减少运输、保险与佣金开支、方便归侨和侨眷及港澳同胞。此项经营所得外汇,经国外银行汇入国内,属汇入汇款的性质。

三、汇款方式的特点

1. 风险大

预付货款或货到付款依据的都是商业信用。对于预付货款的买方及货到付款的卖方来说,一旦付了款或发了货就失去了制约对方的手段,他们能否收货或收款,完全依赖对方的信用,如果对方信用不好,很可能银货两空。因而汇款只在国际贸易结算的一些特殊场合和情况下使用。

2. 资金负担不平衡

对于预付货款的买方及货到付款的卖方来说,资金负担较重,整个交易过程中需要的资金,几乎全部由他们来提供。对于出口商来说,货到付款弄不好还会出现钱货两空的情况。

3. 手续简便,费用少

汇款支付方式的手续是最简单的,就像一笔没有相对给付的非贸易业务,银行的手续费也最少,只有一笔数额很少的汇款手续费。因此在交易双方相互信任的情况下,或者在跨国公司的不同子公司之间,用汇款支付方式是最理想的。因此,汇款方式尽管有不足之处,但在国际贸易结算中还时有运用。

【思考题】

1. 顺汇和逆汇的主要区别是什么?
2. 比较三种汇款方式的特点。
3. 汇款在国际贸易中主要应用有哪些?

第四章 托 收

第一节 托收概述

一、托收的定义

托收(Collecting) 是出口人在货物装运后,开具以进口方为付款人的汇票(随附或不随附货运单据),委托出口地银行通过它在进口地的分行或代理行向进口人收取货款的一种结算方式。属于商业信用,采用的是逆汇法。它是仅次于信用证结算方式的一种较为常用的国际结算方式。在我国,为了把它和信用证方式区别开来,习惯上把托收称为无证托收,连同汇款结算业务统称为无证结算业务,而把信用证结算业务称为有证结算业务。

二、托收的分类

(一)光票托收(Clean Collection)

光票托收是指出口商仅开具汇票而不附商业单据(主要指货运单据)的托收。光票托收并不一定不附带任何单据,有时也附有一些非货运单据,如发票、垫款清单等,这种情况仍被视为光票托收。光票托收的汇票,在期限上也应有即期和远期两种。但在实际业务中,由于一般金额都不太大,即期付款的汇票较多。

光票托收主要使用在国际贸易的小额交易、部分预付货款、分期支付货款以及贸易从属费用的收取、非贸易结算和私人托收业务中。

(二)跟单托收(Documentary Bill for Collection)

跟单托收是指附有包括货运单据在内的商业单据的托收。跟单托收可以是带有金融单据(汇票)的跟单托收,也可以是不带有金融单据的跟单托收,即以发票代替汇票,连同有关的货运单据一起交给银行托收,以避免印花税负担。按照向进口商交付货运单据的条件不同,跟单托收可分为付款交单和承兑交单两种。

跟单托收与光票托收的实质性区别在于:有无代表货权的运输单据。

三、托收的特点

托收属于商业信用,银行办理托收业务时,既没有检查货运单据正确与否或是否完整的义务,也没有承担付款人必须付款的责任。托收虽然是通过银行办理,但银行只是作为出口人的受托人行事,并没有承担付款的责任,进口人不付款与银行无关。出口人向进口人收取货款靠的仍是进口人的商业信用。如果遭到进口人拒绝付款,除非另外有规定,银行没有代管货物的义务,出口人仍然应该关心货物的安全,直到对方付清货款为止。

此外托收方式是逆汇方式即出票法,是由出口方开出汇票连同货运单据(即跟单汇票),委托银行要求进口方付款,进口方在收到货运单据经审单无误后通过银行对出口方付款。结算工具(汇票)的走向与货款的流向是不同的。国际贸易项下的托收经常是跟单托收,即附有代表物权的货运单据的托收,有别于非贸易项下的光票托收。跟单托收属商业信用,即商人间的信用,银行并不介入信用,称为无证托收。国际商业银行在托收业务中发挥何种职能呢? 一言以蔽之,起委托代理的作用。出口方所委托的银行——托收行,是接受委托向国外收取货款,它承办的是对外托收业务,银行中称之为 OC 业务(Outward Collection),译成汉语为"对外托收";而受托收行委托的国外银行——代收行,同样也是接受委托向本国的进口方收取货款,是对内代收业务,银行中称之为为 IC 业务(Inward Collection),译成汉语是"对内代收"。这两家银行的作用仅此而已。至于货款能否收妥,何时收妥,收多收少,两家银行概不负责也不能负责。当然,国际商业银行在接受托收业务和代收业务的同时也可能对其客户进出口双方提供资金融通的便利。然而,托收项下的融资显然已超越了银行托收业务的范畴。就跟单托收这项业务而言,银行的作用仅是委托代理和接受委托代理。

由于跟单托收方式纯属一种买卖双方的商业信用,银行只起结算中介作用,托收缺乏第三者对买卖之间交货和付款作出可靠的信用保证,因此,托收业务中存在一定的风险,主要来源有:

(1)进口商破产、倒闭或失去偿付能力。

(2)进口地货价下跌或产生不利货物的其他情形,进口商借口拒不付款。

(3)借口出口商交付货物的质量、数量、包装、时间等不符买卖合同的规定,拒绝履行付款义务,或要求降低价格,甚至反向出口商索赔。

(4)进口商事先未得到进口许可证或未申请到外汇,致使货物到达目的地时被禁止进口或被没收处罚;或者虽允许进口,但进口商仅对代收行交付等值当地货币,使出口商的资金长期滞留在进口国不能使用。

而最为严重的是,进口商在承兑交单 (D/A)方式下凭承兑汇票取得单据后,到期拒付,出口商虽可以凭进口商承兑的汇票要求其承担法律责任,但此时的进口商往往已经破产、倒闭或人去楼空,出口商费时、费事、费力、费财,最终仍然落得"货款两空"。

第二节　托收的当事人、相互关系及程序

一、托收的当事人

银行接受委托,运用托收方式进行国际结算时必须通过国外的联行或代理行才能完成托收业务。因此,托收方式涉及的基本当事人有债权人、债务人、债权人所在地的银行和债

务人所在地的银行。

(一)委托人(Principal 或 Consignor)

指在托收业务中,签发汇票并委托银行代为收款的人。由于委托人通常开具汇票委托他的银行向国外债务人收款,所以通常称为出票人(Drawer)。

委托人在贸易合同下的责任:按时按质按量装运货物;提供符合合同要求的单据。委托人在委托代理合同下的责任:(1)填写委托申请书,指示明确;(2)对意外情况及时指示;(3)承担收不到货款的损失。

(二)托收银行(Remitting Bank)

指受委托人的委托,并通过国外联行或代理行完成收款业务的银行。由于托收行地处出口地国家,将转而委托进口地银行代为办理此笔托收业务的汇票提示和货款收取事宜,必须将单据寄往进口地代理银行,所以托收行也称寄单行。托收行的责任:(1)审查委托申请书,核对单据;(2)缮制托收委托书;(3)按常规处理业务,并承担过失责任。

(三)代收银行(Collecting Bank)

指接受托收银行的委托代向债务人收款的国外联行或代理行。在托收业务中,代收行一般是付款人所在地的银行。代收行的责任:(1)审查委托书,核对单据;(2)保管好单据;(3)及时反馈托收情况;(4)谨慎处理货物。

(四)付款人(Drawee)

指汇票中指定的付款人,也就是银行向之提示汇票和单据的债务人。

除上述当事人外,国际商会《托收统一规则》(Uniform Rules for Collections)增加了提示行和需要时的代理作为托收结算方式的当事人之一。

(五)提示行(Presenting Bank)

指跟单托收项下向债务人提示汇票和单据的银行。在一般情况下,向债务人提示汇票和单据的银行就是代收行本身。如果代收行与债务人无往来关系,为了便利如期收款,代收行也可主动或应付款人要求,委托付款人的往来银行充当提示行。

(六)需要时的代理(Customer's Representative in Case of Need)

在托收业务中,如发生付款人拒付,委托人可指定在付款地的代理人代为料理货物存仓、转售、运回等事宜。这个代理人叫做"需要时的代理"。按照国际惯例,委托人如拟指定需要时的代理人,必须在托收委托书上写明此项代理人的权限。如在委托书中对代理人的权限未作规定,代收行可以不受理代理人的任何指示。超过规定权限的指示,代收行也可不予受理。

二、当事人之间的关系

(一)委托人与付款人之间的关系

委托人与付款人在国际贸易买卖交易中,分别为出口商与进口商,他们之间的关系是买卖关系。出口商的义务是:必须按照合同规定向进口商按质按量按时交运货物;必须向进口商提交符合合同要求的单据种类和单据内容。进口商的义务是:在出口商向他提交了足以证明出口商已经履行了合同义务的单据时,按合同规定付款。如有违反合同规定致使对方造成损失时,违约方应负责赔偿。

(二)委托人与托收行之间的关系

委托人在委托银行代为托收时，须填写一份托收委托书，规定托收的指示及双方的责任，该委托书即成为双方的代理合同。托收申请书实质上是委托人与托收行之间的委托代理合同，作为委托人的出口商，必须履行的责任有以下几点。

1.托收申请书中的指示必须是明确的

托收申请书中的指示主要包括：

(1)交单方式。是付款交单还是承兑交单；是否可以分批付款，分批赎票等。

(2)货款收妥后的处理方式。托收行要在代收行已收妥货款并划入托收行的账户后，才会将货款付给委托人，代收行可以用电报或航函通知托收行，但用哪一种方式则须根据托收行的要求。为此，委托人须在委托代理合同中确定用电报还是航函通知。

(3)银行费用的处理。一般情况下，进口商和出口商各自负担本国银行的费用。根据银行惯例，如果在托收委托书中仅规定需由进口商负担费用，而进口商拒付费用时，则代收行可以将自己应收的费用从应汇给托收行的货款中扣除。如果托收委托书明确规定不准豁免该项费用，则托收行、代收行、提示行对因此而产生的付款延迟或额外开支不负责任。

(4)关于远期付款交单是否委托国外代收行代为存仓、保险。

(5)拒付时是否需作拒绝证书。委托人在委托代理合同中应对遭到拒绝承兑或拒绝付款而是否需作成拒绝证书给予明确指示。根据银行惯例，在委托人没有指示必须作成拒绝证书时，银行没有义务在拒付时作拒绝证书。

(6)拒付后货物处理的方式。理想的处理方式是出口商能在进口地找到买主就地将货物售出；如果出口商在进口地有可靠的代理人，他可以在汇票上记载预备付款人以应急；如果没有前述的两种可能性时，委托人应在托收申请书中明确指示银行，如发生拒付，在货物到达进口地后立即办理货物的提货、存仓和保险。

(7)选定国外的代收行。如果委托人明确指示通过国外的某一代收行办理收款，如托收行与该代收行开有账户，否则可按委托人指示办理；征得委托人同意后，由托收行自行选择一家代收行。

2.及时指示

当银行将发生的一些意外情况通知委托人时，委托人必须及时指示，否则，因此而发生的损失由委托人自行负责。

3.负担费用

委托人不但要向托收行支付手续费，而且应负担托收行为执行委托指示而支出的各种费用；即使托收行没有收到货款，委托人也必须支付这些费用。即使托收委托书中规定国外代收行的费用须由进口商负担并不得豁免，在进口商拒付货款时，国外代收行的费用也必须由委托人负担。

托收行在接受委托人的委托以后，它的责任主要有：

(1)执行委托人的指示。托收行在托收业务中完全处于代理人的地位。它必须根据委托人的指示办事。因此对于托收行来说，它最主要的责任就是：它打印的“托收委托书”的内容必须与委托人的申请书中的指示严格相符。如果对委托人的有些要求无法执行，应向委托人解释，由他修改申请书的内容以后再办理托收。

(2)核对单据的种类和份数。托收行没有审核单据内容的义务。托收行只需将收到单据的种类和份数与托收申请书中所列情况核对，如发现单据遗漏时，应立即通知委托人补交。在具体业务中，托收行一般会对委托人交来的主要单据进行重点核对，但这完全是银行对客户提供的服务，而不是应尽的责任，托收行对委托人提供的单据是否与买卖合同相符合不负责任。银行(包括托收行、代收行、提示行等银行)办理托收业务时，应与办理信用证业务一样，须善意和谨慎行事，这是一条基本的原则。

(3)负担过失的责任。银行在受理托收时，向委托人收取手续费，因此银行必须善意和谨慎地行事，凡因未按照申请书的指示而产生的后果银行应对其过失负责。

(三)托收银行与代收银行之间的关系

代收行是托收行的代理人，代收行须严格按照作为委托人的托收行所发出的托收委托书(Collection Advice)办事。因此代收行的基本责任与前述托收行的责任大致相同，并负有一些特殊责任：

1. 保管好单据

托收就是通过银行承兑交单或付款交单。进口商要取得单据，必须对汇票承兑或付款。因此代收银行在进口商未承兑或未付款时，绝对不能把单据交给进口商。此外，在进口商拒绝承兑或拒绝付款时，代收银行应立即通知托收银行，并且在通知中声明保管单据听候托收银行的指示。一般在发出这种通知后，如在合理时间内未能收到托收银行的进一步指示时，应发电催复。

2. 无义务对托收项下货物采取任何行动

按照银行的习惯做法，银行对跟单托收项下的货物没有任何行动义务。但是，为了保护委托人的货物，不管有没有指示，如果银行采取了提货、存仓、保险等行动，则该银行对于货物的处理、货物的状况、受托保管或保护该项货物的第三者所采取的行动或疏漏均不负责任。不过代收银行必须将这些行动通知托收银行。银行对于货物采取保护行动而发生的费用和支出应由委托人负责。

3. 托收情况的通知

按照银行的习惯做法，代收银行应根据下列规则，通知托收情况。

(1)代收银行发给托收银行的所有通知或报道中必须列有合适的说明，其中必须列明托收银行的托收委托书编号。

(2)如无明确的指示，代收银行必须用最快的邮件，将托收情况的通知，包括付款通知、承兑通知、拒绝付款或拒绝承兑通知等寄给托收行；如果代收银行认为事情紧急，也可以用更快的通知方法，如电报、电传或电子通讯系统等，费用由委托人负担。

(3)代收银行在提示托收单据而付款人拒绝付款、拒绝承兑时，应尽力查明原由并通知托收银行。

(四)代收银行与付款人之间的关系

代收银行与付款人之间并不存在契约关系。付款人对代收银行应否付款，完全根据他与委托人之间所订立的契约义务而决定，即以委托人提供的单据足以证明委托人已履行了买卖合同义务为前提。

三、托收业务的程序

(一)光票托收

光票托收的业务流程如下：

(1)由委托人填写托收申请，开具托收汇票一并交于托收行；

(2)托收行依据托收申请制作托收指示，一并航寄代收行。

(3)对即期汇票，代收行收到汇票后应立即向付款人提示付款，付款人如无拒付理由，应立即付款。付款人付款后代收行将汇票交于付款人入账。

(4)对于远期汇票，代收行接到汇票后，应立即向付款人提示承兑，付款人如无拒绝承兑的理由，应立即承兑。承兑后，代收行持有承兑汇票，到期再作付款提示，此时付款人应付款。

(5)如遇付款人拒付，除非托收指示另有规定，代收行应在法定期限内作成拒绝证书，并及时将拒付情况通知托收行。其结算程序如图 4-1 所示：

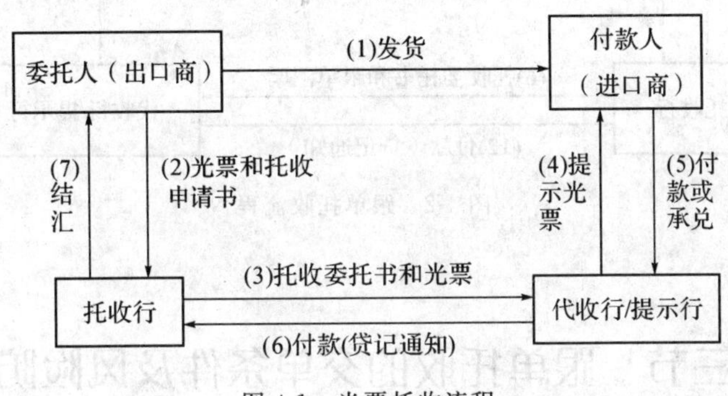

图 4-1　光票托收流程

(二)跟单托收

跟单托收与光票托收的程序大体相同，其业务流程如下：

(1)出口商按双方的合同发货，并取得货运单据以后，开出汇票并填写托收申请书，委托自己的往来银行代为收款。托收申请书是委托人与托收行之间的委托代理合同，是委托人给托收行的指示。因此，托收申请书中应列明必要的详尽内容。

(2)托收行按委托人的要求和指示，缮制托收委托书，随跟单汇票一起寄交国外的联行或代理行。托收委托书中须加列货款收到后的处理办法。

(3)代收行接到托收委托书及跟单汇票以后，立即向进口商提示跟单汇票。如果托收委托书中规定的是付款交单(D/P)，代收行应提示进口商付款，然后交出单据，如果是承兑交单(D/A)，待汇票到期后提示对方付款。

(4)进口商付款或承兑后取得单据，并持单据向承运人提货。而代收行则将收妥的款项收入托收行之账并通知托收行。

(5)托收行收到代收行的收款通知后，立即办理对出口商的结汇。至此，跟单托收业务完成，其结算程序如图 4-2 所示。

若付款人拒付货款，代收行要尽快通知托收银行，并尽量告诉对方拒付的理由。如果委托人有指示，代收行还可以作成拒绝证，但费用由委托人负担。如果代收行出于保护货物的目的而办理存仓、保险或采取其他措施，费用亦由委托人承担。

进口商拒付即期汇票或拒绝承兑远期汇票与进口商拒付已承兑远期汇票不是一回事。在第一种情况下，出口商只能依据合同向进口商提出诉讼；而在第二种情况下，进口商除了对合同负法律责任外，还要对承兑汇票负法律责任。

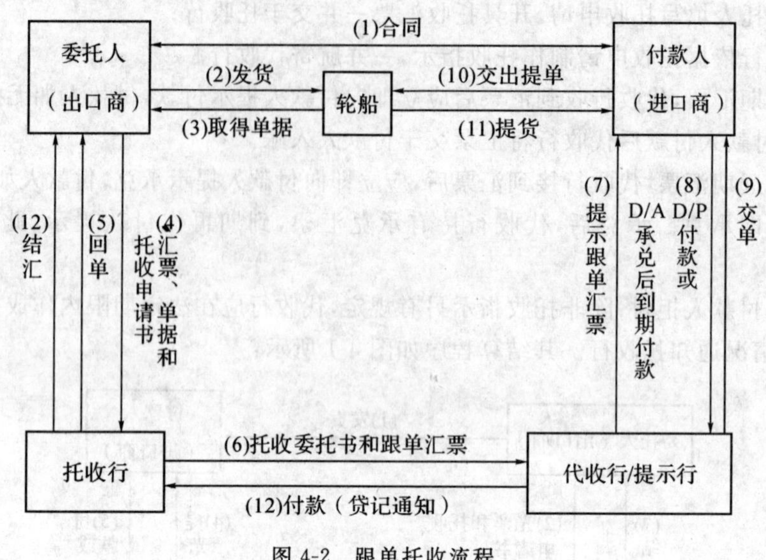

图 4-2 跟单托收流程

第三节 跟单托收的交单条件及风险防范

国际上通行的交单条件有两种,即付款交单和承兑交单。

一、付款交单

付款交单(Documents against Payment,简称 D/P),是出口人的交单以进口人的付款为条件,即出口人将汇票连同货运单据交给银行托收时,指示银行只有在进口人付清货款时,才能交出货运单据。它包含着出口方对托收行和代收行的指示:只有在进口方付清货款后才能把货运单据交予,由此可见是一方交款,一方交单。显然,这种交单条件给出口方提供了一定的保障。按支付时间的不同,付款交单又分为即期付款交单(D/P Sight)和远期付款交单(D/P after Sight)。

即期付款交单(D/P Sight)指出口方开具即期汇票,由代收行向进口方提示,进口方见票后即须付款,货款付清时,进口方取得货运单据。

远期付款交单(D/P after Sight or after Date),指出口方开具远期汇票,由代收行向进口方提示,经进口方承兑后,于汇票到期日或汇票到期日以前,进口方付款赎单。远期汇票的付款日期又有"见票后××天付款"、"提单日后××天付款"和"出票日后××天付款"三种规定方法,在有的国家还有"货到后××天付款"的规定方法。由于这项交易的基本条件是付款交单(D/P),所以,进口方作为汇票的付款人虽已承兑了汇票仍不能取得代表物权的货运单据,只有在承兑到期之日付清票款才能获得货运单据。而在付款之前,货运单据仍由代收行掌管。所以,这种远期付款交单方式对出口方仍具有一定的保障,但对进口方却并无实际意义,因为他对远期汇票作了承兑,承担了该汇票付款到期之日一定付款的责任,但与此同时,他却拿不到代表物权的货运单据,他又何必多此一举呢?因而在实际中较少运用,在我国对外出口结算中根本不用。

二、承兑交单

承兑交单(Documents against Acceptance,简称 D/A)是指出口人的交单以进口人在汇票上承兑为条件。即出口人在装运货物后开具远期汇票,连同商业单据,通过银行向进口人提示,进口人承兑汇票后,代收银行即将商业单据交给进口人,在汇票到期时,方履行付款义务。由于承兑交单是进口人只要在汇票上办理承兑之后,即可取得商业单据,凭以提取货物。所以,承兑交单方式只适用于远期汇票的托收。这种交单条件无疑对进口方十分有利,也是出口方对进口方提供了一定的商业信用。反过来说,这种交单条件对出口方却具有一定的风险。非属信誉可靠的客户,出口方是不愿轻易采用承兑交单这样的条件的。

跟单托收项下的两种交单条件,可简单归纳如图 4-3 所示。

即期汇票	远期汇票
D/P	D/P或D/A

图 4-3 跟单托收项下的两种交单条件

西方国家的有些银行还有一种变通的做法,叫付款交单凭信托收据借货,简称 D/P 下的 T/R,意思是:在付款交单这个前提下,代收行允许进口方在付款前开立一张信托收据(Trust Receipt,简称 T/R),凭此收据从代收行借出货运单据,凭以提货出售后再把货款偿还银行。显然,这是在付款交单的前提下的一种变通办法,是银行对进口方的融资便利,下文将详述。

三、跟单托收方式的风险及其防范措施

托收这种方式,不论交单条件是 D/P 还是 D/A,总是出口发货在先收取货款在后。出口方与托收行之间,托收行与代收行之间的关系,仅是委托和接受委托,代理和接受代理的关系。所以,如上所述,出口货款能否收妥,何时收妥,收多收寡,两家银行概不能负责。出口方唯一依靠的是进口方的信誉,这就是我们通常所说的商业信用。正因为如此,在跟单托收业务中,出口方可能遭遇某种风险。

从跟单托收看,付款交单风险较小。因为付款交单条件下,只要进口商未付款,物权凭证仍掌握在代收行手中,仍属于出口商所有。

但是,这并不等于没有风险损失。如果进口商不来付款赎单,则出口商仍可能要负担以下诸多损失:出口商的卖方贷款利息(如果有);双程运输费用(如果将货物运回本国处理);在进口国港口存仓、保险、支付代理人的费用(如果货物寻求当地处理)以及货物临时处理而带来的价格损失、银行费用,等等。

承兑交单风险最大。因为承兑交单对于出口商来说在收到货款之前已经失去了对货物所有权的控制,将完全要依靠进口商的信用来收取货款。一旦对方拒绝付款,承兑交单的风险损失有:货款的损失、出口商的卖方贷款利息(如果有)、运输费用、办理各种单证的费用、银行费用,等等。

针对这些风险,作为出口方和出口地的银行,最根本的一条是重在调查研究,掌握进口

方和进口国的某些第一手资料和情况，采取相应的防范措施和办法：

(1)要了解进口方作为贸易伙伴的资信和经营作风，有时还包括进口商的资信情况、经营规模，等等。

(2)及时把握出口商品在进口地的市场销售状况、行市趋势。

(3)了解进口国的政策。与托收业务关系较密切的政策主要是：进口国的外贸管制和外汇管制情况；进口国的海关和卫生检疫当局的各项规章制度及对方要求提供的某些特殊的单据；进口国家的银行(代收行)是否做远期付款交单业务以及如何处理这类业务；进口国海关方面在进口手续、港口管理等方面的有关规定等。

(4)在结算方式上，出口方根据具体情况也可以先要求进口方预付一部分货款作为采用跟单托收方式的前提条件，有时也可以采用部分按信用证方式(这一方式下文会详细介绍)、部分按托收方式的办法，以便减少托收过程中可能产生的风险。此外，没有采用托收方式时，则应力争多做 D/P，少做或不做 D/A。

【思考题】

1. 什么是托收？托收的主要当事人有哪些？
2. 简述跟单托收的主要业务流程。
3. 简述托收的分类。
4. 简述付款交单和承兑交单，区别按期付款简单和承兑交单的要点是什么？
5. 概述跟单托收方式的风险及其防范措施。

第五章 信用证

在国际贸易中，贸易双方往往由于对对方信用不甚了解或熟悉，而存在某些担心，如进口商担心付款后，收不到货或收到的货与合同不符，出口商则担心发货后不能安全及时地收到货款。为了调解双方的矛盾，促进国际贸易顺利开展，银行以自己的信誉参与到国际结算中，产生了信用证结算方式。在信用证结算方式下，出口方有了双重保障，一个是进口方在买卖合同中提供的付款承诺，另一个是开证银行的付款承诺。对进口方来说也有一定的好处，他不仅在付款后肯定地取得代表货物的单据，而且还可以通过信用证条款促使出口方履行合同上的一些规定，这样大大促进了信用证支付方式的推广，从而成为国际贸易中一种主要支付方式。

第一节 信用证概述

一、信用证的定义

信用证(Letter of Credit，简称 L/C)是银行有条件的付款承诺。具体地说，它是开证行(Issuing Bank)根据开证申请人(Applicant)的申请和要求，向受益人(Beneficiary)开立信用证，承诺若受益人在规定的时间内能够向指定银行提示与信用证条款规定相符的单据，经银行审单相符，即可在即期、定期或可确定的将来时间获得开证行或其指定银行的付款。

国际商会第 600 号出版物《跟单信用证统一惯例》(Uniform Customsand Practice for Documentary Credit，以下称 UCP600)在总则和定义的第二条中这样规定：

就本条文而言，文中使用的"跟单信用证"和"备用信用证"(以下称信用证)，是指一项约定，不论其名称如何，凡由一银行(即开证行)按照客户（即开证申请人)的要求和指示，在符合信用证条款的条件下，凭规定单据：

(1)向第三者("受益人")或其指定人付款，或承兑并支付受益人出具的汇票；

(2)或授权另一家银行付款，或承兑并支付该汇票；

(3)或授权另一家银行议付。

Documentary Credit means any arrangement whereby a bank (the"Issuing Bank") acting at the request and on the instructions of a customer(the"Applicant")or on its own behalf.

Ⅰ is to make a payment to or to the order of a third party (the"Beneficiary"), or is to accept and pay bills of exchange (Draft(s)) drawn by the Beneficiary, or

Ⅱ authorizes another bank to effect such payment, or to accept and pay such bill of exchange(Draft(s)), or

Ⅲ authorizes another bank to negotiate against stipulated document(s), provided that the terms and conditions of the Credit are Complied with.

二、信用证的性质

(一)开证行承担第一性的付款责任

即由开证行出面对出口商承担付款责任。根据这一特点，出口商发货后，不是向与其签订买卖合同的进口商收款，而是向开证行或其授权的银行收款。但如出现开证行破产倒闭等无力付款的情况，出口商仍有权根据买卖合同(而非信用证)向进口商索取货款。

在信用证中，上述特点一般都是在信用证正文的局部加一段话来说明。各个银行的信用证对这一内容的文字规定不完全相同，但大致如下："凡根据本证条款开具并提出的汇票，我行对其出票人、背书人和善意持有人负责兑付。"但也有的信用证对这一付款保证条款的规定比较含糊，例如规定必须等开证行向申请人收到款项后，才付给受益人等。因此，受益人审证时，必须注意其是否合乎要求。

(二)信用证是一项独立的、自足的文件

《UCP600》中规定："就性质而言，信用证与可能作为其依据的销售合同或其他合同，是相互独立的交易。即使信用证中提及该合同，银行亦与该合同无关，且不受其约束。"根据这一特点，出口商发货制单时，如果信用证中的规定与货物买卖合同的规定有不相同之处时，出口商有权要求修改信用证。

《UCP600》还规定：在一笔交易中，本来是买卖双方之间订立了买卖合同，但因买卖合同中规定采用信用证方式支付货款，于是由此又派生出多个合同关系。例如申请人与开证行之间的合同关系、开证行与通知行之间的合同关系、开证行与受益人之间的关系、受益人与议付行之间的合同关系等。这些合同之间虽然是密切联系的，但却是各自独立的，在法律上彼此无关。信用证本身是开证行和受益人之间的合同，开证行只是按照信用证中的规定对受益人承担付款责任，受益人也只能根据信用证的规定向开证行主张收款的权利，与其他合同无关。

(三)信用证交易是单据交易

《UCP600》第四条规定："在信用证业务中，有关当事人所处理的只是单据，而不是单据所涉及的货物、服务或其他行为。"根据该条款规定，信用证交易的标的是单据，受益人只要提供了符合信用证规定的单据，开证行就必须履行其信用证承诺。因此，受益人发货后向银行索款时，如果单据完全正确而货物有毛病，开证行仍须照付货款，但进口商收货后可根据买卖合同或有关单据向出口商或其他有关单位索赔。反之，如果单据与信用证有不符之处，则即使货物完全正确，开证行仍有权拒付货款，出口商只能找进口商协商解决或通过法律途径解决有关的纠纷。

综上所述，在信用证业务项下，开证行正是以自己的银行信用充当了贸易双方的"放心中介"，并在业务操作中向进出口商提供各种资金融通的便利条件，这些都极大地推动了国际贸易的发展。

三、信用证的主要内容

(一)关于《UCP600》

《跟单信用证统一惯例》(Uniform Customs and Practice for Documentary Credit,简称UCP600)是国际商会(ICC)的重要出版物。2007年,《UCP600》正式取代《UCP500》,至此,该惯例已是一个相当完备的业务规则,被绝大多数国家所广泛采用并遵照执行,从而极大地推动了国际结算业务的发展。

(二)信用证的主要内容

根据规定,标准的跟单信用证应包含以下内容:

(1)信用证的类型。一张信用证须注明是可撤销还是不可撤销的或其他形式。

(2)信用证号码。即为开证行的信用证编号。

(3)开证行所在的地点和开证日期。其中的开证日期是指开证行向通知行寄送信用证的日期。

(4)提示单据的期限和地点。其中的地点应与开证行的指定银行所在地一致。

(5)申请人。包括申请人的名称及其详细地址。

(6)受益人。包括受益人的名称及其详细地址。

(7)通知行。包括通知行的名称及其详细地址。

(8)金额。金额应用大写和小写表示;应使用国际标准化货币符号;金额前使用"About"、"Approximately"、"Circa"等词语,允许有10%的增减幅度。

(9)信用证由指定银行使用。填写指定银行的名称和地点;在小方格内用"×"选择付款方式;要求有汇票时注明汇款人名称。

(10)部分装运是否允许。根据惯例,信用证上不说明就作为允许。

(11)转运是否允许。根据惯例,信用证上不说明就作为允许。

(12)保险费是否由买方负担。

(13)装运条款。

(14)货物描述。一般信用证上的货物描述只有货名、数量、包装、价格等一些最主要的内容和合同号码。货物描述简单并不会影响进口商的利益,但对于银行来说,却可方便许多,从而便利了信用证的操作。

(15)规定的单据。

(16)商业发票。

(17)运输单据(普遍的)。

(18)运输单据(特定的)。

(19)保险单。

(20)其他单据。

(21)交单期限。是受益人交单取款的最后期限,过了这个期限,开证行就不再负付款责任。因为开证行通常指定一家出口地银行作为议付行或付款行,一般信用证中规定的到期日都是受益人向出口地银行交单的最后期限。

(22)该信用证是否由通知行加具保兑。

(23)银行至银行的指示。说明索偿时头寸拨付的办法。

(24)信用证的份数。

(25)开证行的签字。

信用证样本如表 5-1、表 5-2 所示。

表 5-1 信用证样本

GUIDANCE NOTES AND STANDARD FORMS FOR BANKS

Noted Irrevocable Documentary Credit Form(Advice for the Beneficiary)

<table>
<tr><td>Name of Issuing Bank:</td><td>Number ②
Irrevocable Documentary Credit ①</td></tr>
<tr><td>Place and Date of Issue: ③</td><td rowspan="2">Expiry Date and Place for Presentation of Documents
Expiry Date: ④</td></tr>
<tr><td>Applicant: ⑤</td></tr>
<tr><td>Advising Bank: Reference No. ⑦</td><td>Beneficiary: ⑥
Amount: ⑧</td></tr>
<tr><td>Partial shipments □allowed □not allowed ⑩
Transshipment □allowed □not allowed ⑪
□Insurance covered by buyers ⑫</td><td>Credit available with Nominated Bank:
□by payment at sight
□by deferred payment;
□by acceptance of drafts at;
□by negotiation</td></tr>
<tr><td>Shipment as defined in UCP 500 Article 46
Form:
For transportation to ⑬
Not later than</td><td>⑨
Against the documents detailed herein
□and Beneficiary's draft(s) drawn on</td></tr>
<tr><td colspan="2">⑭—⑮</td></tr>
<tr><td colspan="2">Documents to presented within □ days after the date of shipment but within the validity of the Credit ㉑</td></tr>
<tr><td colspan="2">We here by issue the Irrevocable Documentary Credit in your favor, it is subiect to the Uniform and Practice for Documents Credits(1993 Revision. International Chamber of Commerce, Paris, France, Publication No. 500)and engages us in accordance with the terms there of. The number and the date of the Credit and the name of our bank must be quoted on all drafts required. If the Credit is available by negotiation, each presentation must be noted on the reverse side of this advice by the bank where the Credit is available.

㉔
This documents consists of □ signed page(s) ㉕ Name and signature of the Issuing Bank</td></tr>
</table>

表 5-2 信用证样本

GUIDANCE NOTES AND STANDARD FORMS FOR BANKS

Noted Irrevocable Documentary Credit Form(Advice for the Advising Bank)

Name of Issuing Bank:	Number Irrevocable Documentary Credit
Place and Date of Issue:	Expiry Date and Place for Presentation of Documents
Applicant:	Expiry Date:
Advising Bank: Reference No.	Beneficiary:
	Amount:
Partial shipments □allowed □not allowed	Credit available with Nominated Bank: □by payment at sight □by deferred payment; □by acceptance of drafts at; □by negotiation
Transshipment □allowed □not allowed	
□Insurance covered by buyers	
Shipment as defined in UCP 500 Article 46 Form: For transportation to Not later than	Against the documents detailed herein □and Beneficiary's draft(s) drawn on
Documents to presented within □ days after the date of shipment but within the validity of the Credit ㉑	
We here by issue the Irrevocable Documentary Credit in your favor, it is subiect to the Uniform and Practice for Documents Credits(1993 Revision. International Chamber of Commerce, Paris, France, Publication No. 500) We request you to advise the Beneficiary. □without adding your confimation □ adding your confirmation □ adding your confirmation, if request by the Beneficiary. ㉒ Bank-to-Bank Instructions ㉓ This documents consists of □ signed page(s) Name and signature of the Issuing Bank	

四、信用证的国际惯例

尽管银行作为中间人的银行信用比买卖双方直接交易的商业信用好得多，但各国银行对于信用证条款，往往从维护自身的利益出发进行解释，因此调解信用证当事人之间的纠纷和矛盾，统一信用证的法律迫在眉睫。1920 年在美国纽约召开了银行、金融界会议，讨论草拟了信用证条款，但未能取得一致意见，亦未否认使用信用证有关范围和继续使用信用证的价值及其生命力。同年在巴黎成立了国际商会，着手解决信用证业务中存在的问题。国际商会的成立对统一各国对信用证条款的解释起了重大的作用。

1927 年在荷兰首都阿姆斯特丹起草了有关信用证各项条款及规定,并向国际商会成员国分送,以求统一。

1933 年 5 月在奥地利首都维也纳举行了国际商会第七届会议,通过了《商业跟单信用证统一惯例与实务》,即国际商会第 82 号出版物。

1951 年 1 月在葡萄牙首都里斯本召开了国际商会第十三届会议,第一次修订上述跟单信用证统一惯例与实务,国际商会以第 151 号出版物公布。

1962 年 4 月在墨西哥首都墨西哥城,国际商会召开了第十九届会议,第二次修订跟单信用证统一惯例,定名为《跟单信用证统一惯例与实务》,国际商会以第 222 号出版物公布。

1974 年 12 月国际商会又对该惯例进行第三次修改,于 1975 年 10 月 1 日正式使用,即国际商会第 290 号出版物(1974 年修订本)。

1983 年 6 月 21 日国际商会理事会通过了对该惯例的第四次修订,正式批准于 1984 年 10 月 1 日起实施,即国际商会第 400 号出版物《跟单信用证统一惯例与实务》(1983 年修订本),简称《信用证统一惯例》。

1993 年国际商会对《跟单信用证统一惯例》进行第五次修订,出版了国际商会第 500 号出版物(1993 年修订本)。

2007 年国际商会对《跟单信用证统一惯例》进行了第六次修改,出版了国际商会第 600 号出版物。

《跟单信用证统一惯例》经过多次修订,日趋完善。由于电讯事业的迅速发展,1973 年由西欧、北美 200 多家银行在比利时布鲁塞尔成立"全球银行金融电讯协会",简称 SWIFT。该组织已有 40 多个国家、1000 多家银行参加,凡参加 SWIFT 组织的成员银行均可使用 SWIFT 自动开证格式,代号为 MT700。SWIFT 电开的信用证并不注有受《UCP600》约束的条款,但根据《SWIFT 用户指南》规定,除非有特别声明,跟单信用证须根据国际商会《跟单信用证统一惯例》规定办理。所以,SWIFT 电开信用证实际上仍受《UCP600》约束。

第二节　信用证当事人及其权利和义务

一、信用证的当事人及其权利和义务

根据国际商会第 515 号出版物——《515 号业务指南》的描述,将信用证的基本当事人确定为三个:开证行、受益人和保兑行,其他便利信用证使用的当事人主要有:开证申请人、通知行、指定的银行、转让行(如果有)。以下将按照 515 号出版物的规定作出分类。

(一)基本当事人

1. 开证行(Issuing/Establishing Bank)

开证行是指接受开证申请人委托,以自身的银行信用开立信用证的银行,一般为进口地的银行。它受三方面的约束:一是与开证申请人的业务代理合同,二是对受益人的付款承诺,三是与通知行的代理关系。它是各当事人的中心联系人,权利和义务概括如下:

(1)开证行与申请人的付款代理合约是开证申请书,其权利和义务为:①作为代理人根

据开证申请人的指示开证。开证行应按通常代理人所遵循的三条原则行事，即按委托人指示行事，按常规行事，以从事专业所应有的谨慎原则行事。其中按常规行事应理解为开证行有义务向信用证有关当事人提供一切服务，比如答复通知行咨询，向申请人提出有利于信用证业务的建议和提供咨询等。按谨慎原则行事则应理解为银行必须对自己工作中的过失负责。②取得质押的权利。开证行在接受申请人开证申请时，为了避免风险，有权要求申请人支付押金及在开证申请书中列明质押文句，保证申请人在无力支付时，货物作为质押品，可由开证行自行处理。③开证行依信用证条款付款后，有权要求申请人履行代理合同下的付款赎单义务。

(2)开证行对受益人的付款承诺依据是信用证，其权利与义务是：①开证行承担第一性付款责任。由于开证行担保付款，因此作为信用证的付款担保人，只要相符单据一到，无论是受益人直接寄来，还是由信用证指定或未指定的银行交来，开证行都必须立即付款，即使申请人倒闭或无力支付，或有欺诈行为，开证行仍有不可推卸的付款责任。②开证行依信用证付款是无追索权的付款，即使付款后发现单证不符，也不能向受益人追索票款。但是，如果出现以下情形之一，开证行可以向议付行行使追索权：对付款行或议付行凭索汇电报付款；对付款行凭汇票和索汇证明书付款；偿付行凭索汇证明书付款。如果开证行在以上几种情况下付了款，而寄交开证行的单据出现单证不符，则开证行可以行使追索权。需要注意的是，如果是因为申请人的原因导致开证行无法及时收汇，开证行应以它与申请人之间的开证申请书为凭据，向申请人主张权利，这与开证行对受益人的付款无关。

2. 受益人(Beneficiary)

受益人是指信用证中所指定的有权使用该证的人，是信用证金额的合法享受人，一般为出口商，如果是中间交易，则也可能是中间商。在信用证业务中，受益人可能与偿付行以外任何其他当事人发生业务关系。其权利和义务概况如下：

(1)在贸易合同项下，应按照合同的规定发货并提交符合合同要求及与货物相符的单据，做到货约一致、单货一致。

(2)在信用证项下：①凭相符单据要求支付货款的权利。信用证是银行付款的保证文件，受益人一经接受，就获得了由开证行提供的在一定条件下保证付款的权利，受益人享受权利的前提条件便是提交完全符合信用证条款的合格正确的单据。受益人的权利是绝对的。只要提交相符单据，开证行就不能以进口商与出口商之间的业务纠纷为理由而推卸其付款的责任，也不能因本身工作差错导致信用证条款与开证申请书不符而以开证申请书为依据，或以开证申请人拒收单据为理由拒绝履行偿付义务，更不能借口开证人缴付押金或其他担保不足，开证申请人已丧失清偿能力或有欺诈行为等为由而拒绝承担付款义务。②要求修改信用证的权利。出口商收到信用证后应认真审核信用证的全部内容和条款。如发现与贸易合同不符，受益人有权要求进口商指示开证行修改信用证，直至全部符合贸易合同方可接受。如遭拒绝修改，受益人有权撤销合同，或拒收信用证，并提出索赔。对受益人来说，履行合同是基本义务，他不能为满足信用证而违反合同，但不按信用证要求发货就得不到货款，因此，受益人发货时要确认贸易合同与信用证的一致性。

3. 保兑行(Confirming Bank)

保兑行是指开证行以外的银行接受开证行的请求，以本行的名义承保开证。

保兑行在信用证上加具保兑后，即对信用证独立负责，承担必须付款或议付的责任。汇票、单据一经保兑行付款或议付,即使开证行倒闭或无理拒付,保兑行均无权向出口商追索票款。这样,保兑信用证下的受益人可获得开证行和保兑行的双重独立付款保证。保兑行的责任与开证行是一致的。

(1)保兑后,保兑行对受益人独立承担第一性的付款责任。保兑构成了保兑行在开证行承诺以外的一项独立承诺,不是对开证行承诺的保证或担保。受益人可不受任何先后顺序的限制,按信用证规定行使其权利,不论开证行无理拒付或破产倒闭、丧失偿付能力,保兑行都不能拒绝承担付款责任。并且保兑行的付款也是终局性付款,无追索权。

(2)保兑是一种不可撤销的确定承诺,因此,保兑行根据自己掌握的开证行资信决定是否加保;如不加保,应立即通知开证行。

(3)保兑行有权对信用证的撤销与修改表示自己的异议,无保兑行同意,信用证不能撤销和修改。

(4)保兑行可根据不同开证行的资信状况为开证行定一个保兑控制额度,以减少保兑风险,或者可考虑向开证行收取保证金。

(二)其他当事人

1. 开证申请人(Applicant/Opener)

开证申请人是指向银行申请开立信用证之人,一般为进口商。作为开证人的进口商受到两个合同的约束:贸易合同及与开证行签订的业务代理合同(即开证申请书)。其权利和义务概况如下:

(1)贸易合同下的责任:当贸易合同规定以信用证方式结算时,进口商应在合同规定的期限内开出与合同规定相符的信用证,这是开证申请人最基本的义务,也是卖方能否顺利履约的重要前提。

(2)与开证行签订的业务代理合约下的权利与义务:①合理、明确、简洁的指示开证。由于信用证是经过银行传递的支付工具,有一定的"流通性",因此其内容要合理简洁,措辞要明确。内容简洁明确的信用证也容易做到单证和单单一致。②对开证行有交付押金或作质押的义务。银行开出信用证,是对进口商的一种资金融通方式。因此,银行为了保障自身资金安全,一般于开证时要求申请人提供一定的担保品或开证押金,对于有经常性业务往来的客户,银行一般采取授信额度方式,额度的多少视客户的资信及经营能力等。③有验单退单的权利和付款赎单的义务。开证申请人凭符合开证申请书的单据向开证行付款,如单据不符,可拒收单据;但在相符情况下,不能以单据之外的任何理由拒绝收取。

2. 通知行(Advising/Notifying Bank)

通知行指受开证行委托,将信用证通知受益人的银行。通知行通常是出口地银行,而且一般是与开证行订有往来协议或代理协议的代理行。如通知行决定通知信用证,则须合理谨慎地核验所通知信用证的表面真实性。其权利和义务为:

(1)根据开证行的要求正确地缮制信用证通知书,及时准确地通知受益人。

(2)验明信用证的真实性。开证行通过通知行通知或传递信用证的最大好处是便于利用银行之间核对真实性的手段(签字或密押),证实信用证的真实性,以保证受益人的利益。如不能确定信用证表面真实性,必须毫不迟延地通知开证行有关情况,及时澄清疑点。如仍决定通知信用证,则须告知受益人,说明未能确定信用证的表面真实性。

(3)审证责任。通知行除了审核信用证的真实性之外,还在道义上承担了审核信用证有关内容的责任，以力求向客户提供良好的服务。这一审证的内容通常包括开证行的资信、偿付路线是否合理以及信用证文句是否存在疏漏错误等。

3. 议付行(Negotiating Bank)

议付行是指买入或贴现受益人按信用证规定提交的汇票及/或单据的银行。适用于议付信用证的“议付是指被授权议付的银行支付价款以交换汇票及/或单据，仅仅审核单据而不支付对价不构成议付”。

议付行办理议付主要有三个原因：第一，有开证行的付款保证；第二，议付的单据中有代表货物所有权的单据作抵押品，受益人交单议付时，通常要签质押书，声明在发生意外时，议付行有权处理单据或货物，因而风险较小；第三，获取业务收入。当然，议付行也可拒绝议付，因为它本身没有作出任何承诺。其权利与义务如下：

(1)议付行有义务严格审单，并在信用证的有效期内决定接受或拒绝受益人提交的单据。开证行的付款承诺是议付行议付的前提，而开证行的付款承诺是有条件的，所以议付行进行议付后也应满足同样的条件，即单证、单单的表面相符，这样才能在垫付货款后从开证行收回垫款。

(2)背批信用证。议付行在议付信用证时，应该把每次议付的情况如议付的日期、金额、发票号码等记录在信用证的背面，这样可以使受益人及银行知道信用证的金额，以防超支或重复支付。

(3)议付后，议付行取得正当持票人权利。在开证行无力支付或倒闭或拒付时，议付行立即产生对受益人的追索权。至于追索的标准，各国银行标准不一，有的认为只有在单证相符、开证行无力支付时，议付行才能行使追索权，而不是在任何拒付的情况下都产生追索权。

4. 付款行(Paying Bank)

付款行是指信用证上规定的汇票付款人或在信用证项下执行付款的银行，适用于即期及远期付款信用证。一般为开证行，有时也可以是接受开证行委托代为付款的另一家银行。例如，以出口地货币开证时，付款行通常是出口地银行；信用证以第三国货币开立时，付款行通常为第三国银行。其权利和义务如下：

(1)付款行只是代开证行付款。在代付合约下，它应该对受益人所提交的与信用证条款相符的单据付款。

(2)付款行验单并付款后，即为终局性付款，再无权向受益人或议付行行使追索权。这点与开证行的责任是相同的。

(3)如果信用证条款含糊，付款行有权予以公平、合理的解释，这种解释对开证行有约束力。

(4)付款行有权根据代理合约向开证行收取偿付，并收取付款手续费等。

5. 偿付行(Reimbursing Bank)

偿付行是指信用证指定的代开证行向议付行、承兑行或付款行清偿垫款的银行。偿付行的出现往往是由于开证行的资金调度或集中在该银行的缘故。如信用证货币不是开证行所在国家货币，为了便利资金调拨，即可授权第三国货币清算中心的一家代理行或联行作偿付行；如信用证货币就是开证行所在国家的货币，开证行可以自行偿付，不必指定另外一家银行作为偿付行。

信用证中如规定有关银行向指定银行索偿时，开证行应在开出信用证的同时，向偿付银行发出偿付授权书，通知其授权偿付的金额、有权索偿的银行等内容。议付行议付后，一方面将单据寄给开证行，另一方面向偿付行发出索偿书，偿付行收到索偿书后，如已授权，且索偿金额在授权金额以内，即办理付款。其具体的权利与义务有：

(1)偿付行只是代开证行付款，本身没有对受益人必须付款的义务。偿付行在接到索偿要求未能进行偿付时，开证行不能解除其自行偿付的义务。如偿付行延迟付款，开证行应负责赔偿索偿行的利息损失。开证行要承担偿付行的费用。

(2)偿付行的付款是代开证行转账的单纯付款，并非终局，付款后，其偿付责任即告结束，开证行收到单据后，发现单证不符，只能向议付行追索已付货款。

(3)偿付行没有审单义务。

6. 转让行(Transferring Bank)

在有中间商参与的国际贸易活动中，为了方便资金的结算，中间商往往要求申请人开立可转让信用证。在此信用证项下，中间商可以向其所在地的一家银行提出申请，由该银行办理信用证的转让，即将原始信用证转让给第二受益人(实际供货商)，该银行就成为转让行。值得注意的是，转让信用证的行为是开证申请人与开证行都预先知道和了解的，但转让行的地位与开证行却是不同的，其不承担确定的付款责任。

二、信用证主要当事人间的法律关系

(一)开证申请人与受益人是契约关系

出口商和进口商之间成交贸易业务的法律基础是买卖合同。如合同规定用跟单信用证支付，进口商委托他的往来行开立以出口商为受益人的信用证；委托他的往来银行向出口商所在地的银行指示、通知及/或保兑信用证并办理有关的付款或议付；受益人要按信用证规定发货交单。如果哪一方违背了合同，就负法律责任。一般合同中都规定索赔条款、违约条款、毁约条款、仲裁条款及适应法律等。

(二)开证申请人与开证行是契约关系

这个契约包括总质权书、开证申请书等文件，也可称为业务代理合同。根据业务代理合同，开证银行的义务是：根据申请人的委托书开立信用证并按规定的方式通知受益人；注意选择付款银行；委托通知银行保兑信用证等。

(三)开证行与通知行是委托代理关系

根据业务代理协议，通知银行的义务是把开证银行开出的信用证通知受益人。如果通知银行同时又是付款银行，在接受受益人交来的单据时，应仔细审查单据是否符合信用证条款。如果符合，则应立即付款。开证行的义务是偿付通知行在其信用证项下的付款，但有一个前提，即通知行接受的单据必须符合信用证条件。

(四)开证行与受益人是事实上的契约关系(不可撤销信用证)

如果开立的是可撤销信用证，除非开证行在发出撤销或修改通知之前，国外通知行或议付行或付款行已接受受益人所提交单据并对有关汇票办理议付或付款或承兑，否则无法律关系。可撤销的信用证意味着开证银行与受益人之间在法律上没有一定期限的约束义务。但是如果开立的是不可撤销的信用证，则表示开证行对受益人负有不能撤销的责任，在法律上则表现为确定的付款承诺。如果受益人履行信用证条件，即受益人在信用证有效期内，能交出符合信用证条款的单据，开证行必须支付信用证金额。

(五)通知行与受益人无法律关系(不保兑信用证)

通知行只是受托通知信用证,只要将信用证及时通知受益人就可以向其收取通知费,而无需负任何责任。鉴于通知银行这一职能,也就不一定在通知行和受益人之间产生法律关系。

(六)保兑行与受益人是事实上的契约关系

这个关系的确立仅凭保兑行在开证行开立的信用证上加注"保兑"字样。保兑行对受益人负保证付款责任,验单不是帮助受益人,而是为自己验单,在开证行拒付时无权向出口商追索。保兑行加保是根据同开证行的代理合同。与受益人的关系不是开证行代理身份,而是两个独立的法人,对出口商来说保兑行和开证行的责任是相同的。

(七)开证申请人与通知行无法律关系

开证申请人和通知行之间没有直接业务关系。

(八)议付行与受益人是帮助审单自然也就不存在法律关系

议付后有追索权,受益人凭单到议付行议付是商业银行押汇业务的常规做法,议付行叙做出口押汇、买单要垫付资金,只审单不垫付资金不叫议付。议付行帮助受益人验单,对受益人有追索权,无法律关系,但押汇后应按总质权书办理。

(九)保兑行与开证行的关系是根据代理合同参加保兑

(十)付款行与开证行是付款代理关系

根据两行代理合同承担代付款责任。

(十一)偿付行与开证行是代理关系

偿付行是开证行的代理,代开证行偿还议付行垫款的第三国银行,通常是在货币清偿地的开证行的存款银行或约定的付款代理,凭议付行的索汇函/电付款,而不管单证是否相符。

第三节 信用证的种类

一、信用证的基本类型

(一)跟单信用证和光票信用证

根据信用证项下的汇票是否随附货运单据分为跟单信用证和光票信用证。

1. 光票信用证(Clean Credit)

光票信用证又称无跟单信用证(Non-Documentary L/C),是指开证行仅凭不附单据的汇票(Clean Draft)付款的信用证。有时信用证也要求提供发票、垫款清单等非货运性质的票据,此类也属光票信用证。贸易结算中的预支信用证和非贸易结算中的旅行信用证都属光票信用证。

2. 跟单信用证(Documentary L/C)

跟单信用证是指凭跟单汇票或仅凭规定的单据付款的信用证。国际贸易结算中使用的信用证绝大部分是跟单信用证。

"跟单"中的单据按照国际商会的解释,泛指任何依照信用证规定所提供的、用以记录或证明某一事实的书面文件，通常是譬如运输单据、商业发票、保险单、商检证书、产地证明书、装箱单等单据，汇票则是可有可无的。目前出于避免为流通票据缴纳印花税的考虑，跟单信用证不要求汇票的情况已经相当普遍。

(二)可撤销信用证和不可撤销信用证

按开证行对信用证所承担的责任可分为不可撤销信用证和可撤销信用证。

1. 不可撤销信用证(Irrevocable L/C)

不可撤销信用证是指信用证一经开出，在有效期内，非经开证行、保兑行(如有)及受益人的同意，开证行或开证申请人不能片面修改或撤销的信用证。这种信用证中应注明“不可撤销”(Irrevocable)字样。

由于不可撤销信用证代表了开证行确定的付款承诺，因此对受益人而言比较安全可靠。如果受益人不同意开证行所作出的修改，可以坚持采用原信用证的条款，并通过提交合格单据迫使开证行承担付款责任。另外，如保兑行同意修改，并将其保兑责任扩展到修改书上，但受益人不同意修改，则受益人仍有权凭提示符合原信用证规定的单据要求保兑行承担责任；反之，若保兑行拒绝修改，而受益人接受，则受益人只能向开证行或其指定银行提交符合修改后的信用证规定的单据，若向保兑行提示则会因单据不符而遭拒付。在这种情况下，保兑行的责任实际上已经被解除了。

2. 可撤销信用证(Revocable L/C)

可撤销信用证(Revocable L/C)是指信用证的开证行有权在信用证开出后不征求受益人的同意随时撤销或修改的信用证。可撤销信用证的修改或撤销，也无需事先通知受益人。在这种信用证中一般注有“可撤销”(Revocable)字样，或加注“This credit is subject to cancellation or amendment at any time without prior notice to you”以资区别。但是，根据《UCP500》第八条B款的规定，开证行必须对可撤销信用证项下已办理付款、承兑或议付的另一银行，在其收到修改或取消通知以前，根据表面上符合信用证条款的单据所进行的任何付款、承兑或议付，予以偿付。

可撤销信用证的特点在于开证行可无需征得受益人同意，也无需通知受益人，随时单方面地修改或撤销信用证，因此可撤销信用证对出口商而言是一种不确定的付款承诺，对其十分不利。当前，国际贸易中这种信用证已很少使用，我国出口商一般也不愿接受这种信用证。

这里需指出的是，《UCP600》已经取消了可撤销信用证。

(三)保兑信用证和不保兑信用证

按是否有另一家银行的付款保证分为保兑信用证和不保兑信用证。

1. 保兑信用证(Confirmed L/C)

如果开证行开出的信用证同时得到另外一家银行的付款保证，作出保证的银行对受益人提示的符合信用证条款的单据也履行付款责任，这种信用证即为保兑信用证，作出承诺的银行为保兑行。保兑行通常由通知行担任。

不可撤销保兑信用证给予受益人双重的付款承诺，这种承诺在程度和文义上(除议付信用证项下构成保兑行无追索权的“议付”承诺代替开证行的“付款”承诺外)与开证行的承诺完全相同。

保兑一般是受益人对开证行资信不够了解，或不足以信任，或对进口国的政治上或经济上或国际收支困难有顾虑时才提出的，有时开证行自感其资信状况与开证金额不相符合，唯恐本身开出的信用证不被受益人接受或不被其他银行接受，所以主动邀请另一家银行，通常是出口地银行对该证加保兑。保兑行收取的费用由开证行支付，并最终转嫁到进口商身上，这会影响到出口商品的价格和竞争能力，因此出口商在是否加具保兑的问题上要慎重考虑，如果开证行资信甚佳和进口国国内形势良好，则可以不加保兑。

2. 不保兑信用证(Unconfirmed L/C)

与保兑信用证正好相反，不保兑信用证只有开证行一家的确定付款承诺，通知行仅负责通知信用证，对信用证的付款不承担责任。

信用证是否加保兑，应在信用证有关保兑的条款上作出选择。以下是开证行致通知行的信用证上三种不同的表示方法：

We request you to advise the beneficiary:

(1) without your confirmation.(不加你行的保兑)

(2) adding your confirmation.(加上你行的保兑)

(3) adding your confirmation, if requested by the beneficiary.(如果受益人要求，加上你行的保兑)

(四)即期付款、迟期付款、承兑及议付信用证

这是国际商会对跟单信用证按使用性质所作的分类。《UCP600》规定，一切信用证都必须明确指出其使用方法，即是适用于即期付款、迟期付款、承兑还是议付，并且还必须授权指定银行(必须有指定银行)付款，承担迟期付款责任，承兑汇票或议付。

1. 即期付款信用证(Sight Credit)

即期付款信用证即开证行、保兑行或被指定付款行在收到符合信用证条款的汇票和/或单据时，立即履行付款义务的信用证。

这种信用证中均规定了一家付款银行，该行可以是出口地的银行，也可以是开证行。但从受益人角度看，付款行为出口地银行则对其更为有利。付款行付款后无追索权。即期付款信用证的形式有：

(1)凭汇票付款信用证。这种信用证要求汇票应是以开证行或被指定银行为付款人的即期汇票。如信用证中规定："This credit is available with A Bank, Hong Kong (Issuing Bank) or B Bank, Beijing(Advising Bank) or C Bank, New York(Another Bank) by sight payment against presentation of beneficiary's drafts at sight drawn on A Bank, HongKong or B Bank, Beijing or C Bank, New York and of the documents detailed herein."受益人必须在信用证规定的单据提交期限内将单据提交开证行或被指定的银行，信用证开证行、付款行等付款银行见票即付。

(2)凭单据或收据付款信用证。这种信用证不要求汇票，目的在于免除印花税负担，受益人仅凭货运单据或收款收据及单据就可从开证行或被指定付款行获得付款。如信用证中规定："This credit is available with us (Issuing Bank) by sight payment against presentation of documents detailed herein."

2. 迟期付款信用证(Deferred Payment Credit)

迟期付款信用证又称为延期付款信用证，即远期付款但不要汇票的信用证。如信用证中规定："This credit is available by deferred payment with issuing bank or a nominated bank."

迟期付款信用证对付款期限一般有如下两种规定：

(1)运输单据开出后若干天付款(Available at ________ days after the date of issuance of the transport documents)；

(2)见单后若干天付款(Available at ________ days after presentation of the documents)。

在此信用证项下，信用证的兑现方式为远期付款，又不要求有汇票，受益人交单后要等到付款的到期日才能取得付款。实际上使用这种信用证是为了减少印花税负担，但对受益人来说风险较大。因为如果最终的付款行是开证行或保兑行，那么到期日银行必须付款，受益人不承担风险。但是如果执行付款的银行是一家非保兑行的出口地银行，该银行对受益人并不承担付款责任。一旦发生意外，如开证行破产、进口国实行外汇管制等，受益人则无法正常收汇，而此时受益人已不掌握单据，很可能遭受钱货两空的损失，或者是延迟收汇。因此，在使用这种信用证时，受益人应要求自己所在地的付款行对信用证加具保兑，以保证日后安全收汇。

3. 承兑信用证(Acceptance L/C)

承兑信用证是指开证行或付款行在收到符合信用证条款的单据及远期汇票时予以承兑，凭汇票到期时再行付款的信用证。受益人按规定开立远期汇票连同单据一起提示给付款行，付款行承兑后收下单据，交还汇票。简言之，承兑信用证即是要求出具汇票的远期付款信用证。承兑信用证中一般规定："Credit available with ×× bank by acceptance."

受益人取得银行承兑汇票后可向当地的贴现市场办理贴现收回货款，也可持有承兑汇票等待到期收款。付款行对汇票承兑后，应按票据法规定，对出票人、背书人、善意持票人承担到期付款责任。根据贴现费用支付方式不同，银行承兑信用证又可分为卖方远期信用证(Seller's Usance L/C)和买方远期信用证(Buyer's Usance L/C)。

买方远期信用证的背景是买卖合同为即期付款交易，但若进口商需要融通资金，他可要求银行开立承兑信用证，在取得银行承兑后，将汇票贴现。由于买卖合同是即期付款，进口方有即期付款的责任，所以银行承兑及贴现汇票的费用应该由进口商负担，因而称为买方远期信用证，又称"假远期信用证"。在信用证中列有特定的"假远期条款"，如"The usance drafts are payable on a sight-basis, discount charges and acceptance commission are for buyer's account"或"Drawee bank's discount and acceptance com mission are for the account of the applicant and therefore the beneficiary can receive the face value of the term drafts as if drawn at sight"。假远期信用证一方面能满足受益人即期收汇的要求，另一方面适应进口商即期交易远期付款的愿望。

4. 议付信用证(Negotiation Credit)

如果开证行在信用证中邀请第三方银行以议付行的身份买入受益人的汇票和单据，那么该信用证即为议付信用证。

议付信用证项下的汇票的出票人是受益人，收款人是受益人自己，再由他背书转让给议付行，或者收款人就是议付行；付款人多是开证行，也可以是议付行以外的其他银行，但不得以申请人作为付款人。如信用证仍以申请人作为付款人，银行将视此汇票为附加单据(Additional Document)。所谓"附加单据"，意味着申请人为付款人的汇票将被解释为被开证行使用的融通汇票,而不是要求付款或承兑的基本汇票,仅是作为跟单信用证以外的、开证行与申请人之间关系的融通单据。银行只要根据基础信用证条款来审核这种附加单据就可以了。

议付信用证分为限制议付信用证和自由议付信用证。

(1)限制议付信用证(Restricted Negotiation Credit)即开证行开立信用证时,预先指定出口地的一家或几家银行承办议付买单的业务,受益人应向指定的银行提示单据。这种信用证一般注明:"Negotiation Restricted to××× Bank."开立限制议付信用证是开证行为了将此项业务控制在本银行或其代理行系统内,但对受益人不利,有时可能会出现提示单据不方便的情况。

(2)自由议付信用证(Freely Negotiation Credit)又称公开议付信用证,即开证行开立信用证时,授权出口地的任意银行议付买单,受益人可以随意选择。此类信用证一般注明:"Available with Any Bank by Negotiation."

需要注意的是,在议付信用证项下,议付行凭单向受益人付款,如果不是因为议付行的直接过错而使得信用证无法得到开证行的正当偿付,议付行有向受益人追索的权利。但如果由保兑行议付,则无追索权。

二、特殊类型的信用证

(一)预支信用证(Anticipatory Credit)

预支信用证即允许出口商在装货交单前支取部分货款的信用证。由于预支款是出口商收购及包装货物所用,所以预支信用证又叫打包放款信用证(Packing Credit)。另外,由于该类信用证中的预支条款在过去多采用红颜色打印,因而也称为红条款信用证(Red Clause L/C)。

预支信用证实际上是由进口商要求开证行在开立的信用证上加列条款,授权出口地银行(通知行、保兑行等)在收单以前,向出口商预支垫付全部或部分货款,出口商凭预支款组织货物,装船发运。发货后,受益人交单,预支行审单无误后议付或付款,并扣除贷款本息,向开证行寄单索偿。由于预支信用证项下可能出现受益人预支了货款却不发货或交单的情况,因此一般进口商只有在对出口商充分信任的情况下才开立预支信用证。

预支信用证中的预支条款通常应列明如下内容:

(1)预支的最高金额或百分比(一般为信用证金额的30%~40%)和预支款利息由何方负担;

(2)预支的依据,如受益人出具的书面保证、书面确认或收据等;

(3)如在信用证有效期内受益人未交单或未发货,开证行对预支行所需承担的担保责任,即开证行向预支行偿付预支款、利息及有关费用等。

预支信用证的业务流程如图5-1所示。

(二)可转让信用证(Transferable L/C)

可转让信用证是指第一受益人有权委托或授权转让行把来证的全部或部分转让给另一个或两个以上的人(第二受益人)使用的信用证。不可转让信用证是指受益人不能将信用证的权利转让给他人的信用证。但需注意:凡是可转让信用证,证内必须明确注明"可转让"(Transferable)字样,其他如"可分割"、"可分开"、"可让渡"和"可转移"之类词语并不意味着

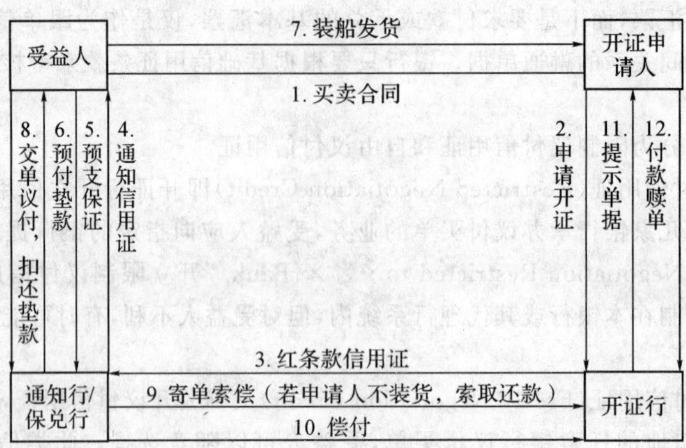

图 5-1　预支信用证业务流程

"可转让"。一旦使用这些词语，可以不予理睬。

在国际贸易实务中，可转让信用证的第一受益人通常是中间商，他们利用其国际交往关系向国外进口商出售商品，自己并非实际供货人。中间商与国外进口商成交后，将信用证转让给实际供货人办理装运交货，以便从中赚取差价利润。中间商要求国外进口商开立可转让信用证，是为了转让给实际供货人。但是，信用证的此类转让并不等于销售合同的转让，倘若信用证的受让人（即第二受益人）不能按时发货，或提交的单据有不符点，第一受益人（即合同的卖方）仍应对销售合同规定的卖方义务负连带责任。

1. 新证与原证的区别

一般情况下，办理转让的银行，即转让行（Transferring Bank）都会重新缮订一份"新证"，以便将某些内容作适当调整。新证的大部分内容与原证是相同的，尤其是两份信用证的终结付款银行都为原证的开证行，因此两份信用证实际上可以看做是一证。但在以下几个方面可以有变化：

(1)第一受益人可以用自己的名字换下原证的申请人，这样做可以防止第二受益人与进口商直接交易。

(2)货物单价和信用证金额可以被减少。新证与原证的差额实际上是中间商的利润。

(3)新证的投保比例可以有所增加。由于信用证金额减少了，要达到原证的保险金额要求，就要提高新证的投保比例。

(4)货物的装运期与有效期可以提前，交单期可以缩短。这样做是为了在第二受益人交单后，第一受益人有足够的时间替换发票和汇票。

2. 可转让信用证的规则

可转让信用证只能转让一次（原证注明可无限制转让除外）。在货物允许分批装运时，受益人可以把信用证分成几部分转让给数人，也可以只转让其中的一部分，其余的由中间商自己使用。但货物禁止分批装运时，信用证只能作一次性的全额转让，当然其中要扣减中间商的利润部分。另外，如果没有特意作出规定，信用证还可以作跨国转让。

第一受益人在提出转让申请时，应不可撤销地指示转让行说明自己是否保留拒绝允许转让行将原始信用证的修改通知给第二受益人的权利。如第一受益人保留该项权利，则转让行在将修改内容通知给第二受益人之前，必须征得第一受益人的同意；如放弃该项权利，转让行则可以直接进行通知；如部分放弃该项权利，则某些内容的修改通知（如信用证的展期、信用证金额的增加等），须征得第一受益人的同意，其他修改可以直接通知给第二受益人（见图 5-2）。

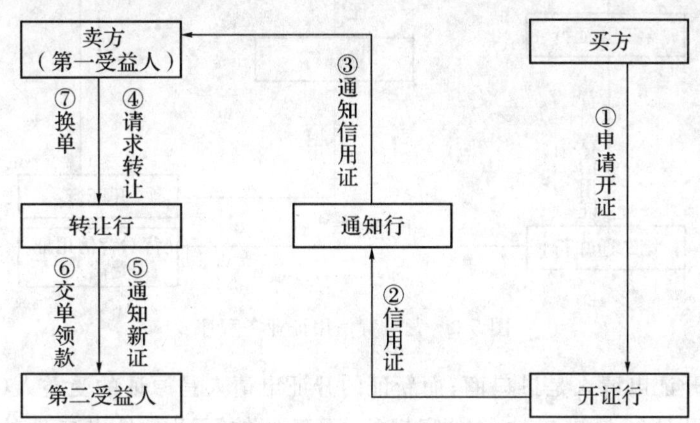

图 5-2　可转让信用证业务程序

3. 第一受益人的权利

当第二受益人向转让行提示单据时，转让行应及时通知第一受益人，用自己的发票和汇票替换由第二受益人提供的发票和汇票，以便向开证行提交合格单据；在作单据的替换时，第一受益人可以取得两份发票的差额，实际上就是中间商的利润。但转让行只有通知一次的义务，如果第一受益人没有及时替换单据，转让行可将第二受益人提交的单据直接寄开证行索偿。为了避免此类事件发生，第一受益人往往在提出转让申请时，就将自己的空白发票和汇票交到转让行，由转让行代为替换单据，以便转让行能够及时向开证行寄单索偿。

除非信用证作了明确规定，否则第一受益人可以请求将信用证的有效地点改在信用证的受让地，即第二受益人所在地，并在那里对第二受益人履行付款。

（三）背对背信用证（Back-to-back Credit）

背对背信用证是指信用证的受益人以自己为申请人，以该证作为保证，要求一家银行以开证行身份开立的以实际供货人为受益人的信用证。

背对背信用证的产生，同样是基于中间商的需要。当中间商向国外进口商售出某种商品时，进口商向银行申请开立以中间商为受益人的不可转让信用证。由于中间商不是实际供货人，信用证又不可转让，因此，中间商请求该证通知行或其他银行以原证作为基础和保证，另开一张以实际供货人为受益人的新证，这张新证就是背对背信用证。这样进口商与实际供货人是相互隔绝的，从而使中间商保守住了商业秘密。

1. 背对背信用证的业务程序

背对背信用证的业务程序如图 5-3 所示。

2. 背对背信用证和原始信用证的比较

(1)原证的受益人是与进口商订立贸易合同的出口商（中间商），称作第一受益人；而新证的受益人是当地或第三国的实际供货人，称作第二受益人。

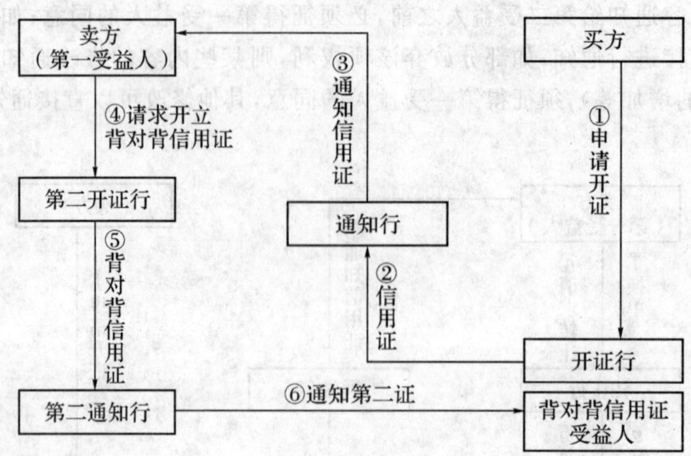

图 5-3　背对背信用证业务程序

(2)原证的开证申请人是进口商;而新证的开证申请人是原证的受益人(中间商)。

(3)原证的开证行是进口地的一家银行;而新证的开证行是出口地的通知行或其他银行。

(4)新证较原证金额单价减少,有效期缩短。

3. 背对背信用证与可转让信用证的比较(见表 5-3)

表 5-3　背对背信用证与可转让信用证的比较

背对背信用证	可转让信用证
1. 背对背信用证的开立,并非原始信用证申请人和开证行的意旨,而是受益人的意旨,申请人和开证行与背对背信用证无关	1. 可转让信用证的开立是申请人的意旨,开证行同意,并在信用证上加列 Transferable 字样,方可开出可转让信用证
2. 凭着原始信用证开立背对背信用证,两证同时存在	2. 如果可转让信用证的全部或部分金额被转让出去,该证就失去那部分金额
3. 背对背信用证的第二受益人得不到原始信用证开证行的付款保证	3. 可转让信用证的第二受益人可得到原始信用证开证行的付款保证
4. 开立背对背信用证的银行就是该证的开证银行	4. 转让行按照第一受益人的指示开立变更条款的立等可取的可转让信用证,通知第二受益人,该转让行地位不变,仍是转让行

(四)对开信用证(Reciprocal Credit)

对开信用证是用在易货贸易、补偿贸易和来料加工中的一种结算方式。在易货贸易时,要求进出口基本平衡,一方用其出口收入来支付从对方的进口,在双方互不了解或互不信任的情况下,采取相互开立信用证的做法可以把出口和进口联系起来。甲开出以乙为受益人的信用证,同时乙开出以甲为受益人的信用证,后开的信用证(第二张信用证)称为回头证,与先开的信用证金额上大致相等。

对开信用证上一般加列如下对开条款:

This is a reciprocal credit against ________ Bank credit No. ________ Favoring

_________ covering shipment of ____________.

对开信用证的生效办法可以是两证同时生效，即第一证先开但暂不生效，待对方开来回头证，经受益人接受后，通知对方银行，两证同时生效；或者两证先后开立，分别生效。第一证开出后立即生效，第一证受益人在交单议付时，附一担保书，保证在约定时间内开出以第一证开证申请人为受益人的回头证。一般来说，对开信用证应以同时生效为妥。

对开信用证的运作程序如图 5-4 所示。

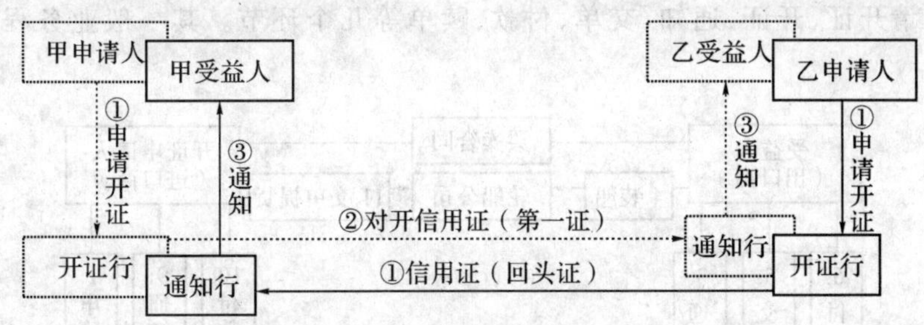

图 5-4　对开信用证运行程序

（五）循环信用证（Revolving Credit）

循环信用证是在信用证的部分金额或全部金额被使用之后能恢复原金额再被使用的信用证。与一般信用证相比它多了一个循环条款，用以说明循环方法、次数及总金额。它适用于大额的、长期的分批交货。

循环信用证在信用证上必须明确注明“REVOLVING”字样。具体做法有三种：

(1)自动式循环使用。出口商可按规定时期装运货物交单支取信用证的金额后，不需要等待开证行的通知，信用证就自动恢复到原金额再次使用。例如：

This Credit shall be renewable automatically twice for a period of one month each for an amount of ＄50000.00 for each period making a total of ＄150000.00.

(2)非自动式循环使用。出口商每次装货交单后，必须等待开证行的通知，才能使信用证恢复至原金额。例如：

The amount shall be renew abler each negotiation only upon receipt of Issuing Bank's advising that the credit may be renewable.

(3)半自动式循环使用。出口商每次装货交单后在若干天内开证行未提出中止循环的通知，信用证即自动恢复至原金额。

Should the Negotiating Bank not be advised of stopping renewed within 7 days, the unused balance of this credit shall be increase to the original amount on the 8th day after each negotiation.

循环信用证又可从另一角度分为可积累使用(Cumulative)和不可积累使用(Non-Cumulative)。前者是信用证允许原规定期限内应出口的货物因故未装出时，可在下一期补出，并可在下一期支款时一并支取。如信用证未明确允许可以积累使用者，则不能积累使用，因故未及时装出的部分以及从原来规定的以后的各批，未经开证行修改信用证，都不能再出运。

第四节 信用证实务

在国际贸易结算中使用的跟单信用证有不同的类型,其业务程序也各有特点。大体来说要经过申请开证、开证、通知、交单、付款、赎单等几个环节。其一般业务程序如图 5-5 所示。

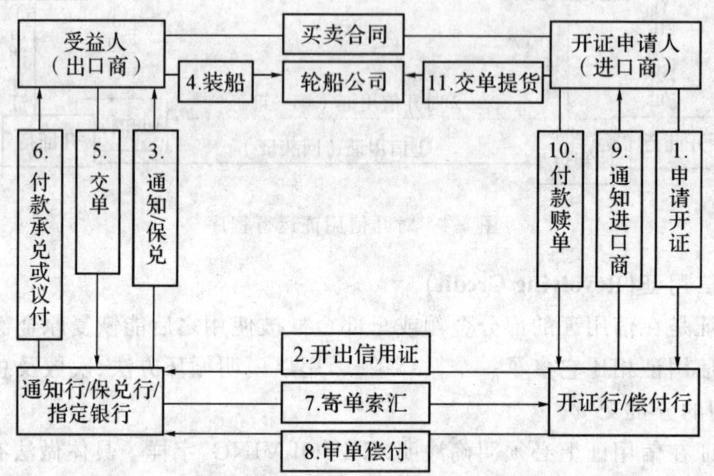

图 5-5　跟单信用证的一般业务程序

以上业务程序是环环相扣的,顺利进行结算必须把好每一环节。在图 5-5 中,各环节的具体内容是:

(1)进口商向所在地银行申请开立信用证。

(2)开证行开出信用证。

(3)通知行将信用证通知给受益人(出口商)。

(4)出口商接受信用证后,将货物交于承运人,取得相关单据。

(5)出口商备齐信用证规定的单据和汇票向指定银行交单支款。

(6)指定银行付款、承兑或议付。

(7)指定银行将单据和汇票寄往开证行索汇。

(8)开证行或偿付行提供偿付。

(9)开证行通知开证申请人付款赎单。

(10)进口商审核单证相符后,付清所欠款项(申请开证时已交保证金),赎回单据。

(11)开证申请人凭单向承运人提货。

一、开证申请

如果进出口双方在国际货物买卖合同中约定以跟单信用证方式进行货款的结算，则进口商必须在合同规定的时间或在装船期以前及时向银行提出开证申请，这一环节是整个信用证业务处理程序的开端。

(一)申请开立信用证应符合的条件

首先应符合国家有关对外贸易管理的规定，在国家批准的进口计划或进口许可证的范围之内；其次应符合国家外汇管理的规定，在有足够的现汇资金或有经批准的外汇用汇计划。因此，在申请开证之时，进口商往往被要求提供进口许可证、外汇额度证明以及合同文本等相关文件。

(二)选择开证银行

如果进出口合同中对开证行没有具体规定，那么开证行的选择一般可由进口方自行确定，如合同中指定某行开证，则进口方必须按规定向有关银行申请开证。

在由进口方自行选择开证行的情况下，通常应选择与进口方有关系的往来银行或是进口方的开户银行。因为开证行的资信关系到出口方的收款保障，出口方为保证安全收汇，一般常在合同中对开证行的资信地位作出规定，如规定"Issue through a bank acceptable to the seller"(信用证通过一家为卖方所接受的银行开立)。

当出口商指定某银行开证，而进口方又与该指定银行无往来关系时，则往往请与其有关系的往来银行代其向指定银行申请开证。

(三)填制开证申请书

申请开证时，申请人应填写并向银行递交开证申请书(Documentary Credit Application)，其格式由开证行提供。它是开证申请人对开证行的付款指示，也是开证申请人与开证行之间的一种书面契约，规定了开证申请人和开证行的责任和义务。

开证申请书的内容包括两个方面：一是指示银行开立信用证的具体内容，该内容应与合同条款相一致，是开证行凭以向受益人或议付行付款的依据；二是关于信用证业务中申请人和开证行之间权利和义务关系的声明，一般称为偿付协议。开证申请书应尽量简洁、明确、完整，避免加注过多细节以及内容上的前后矛盾。

表 5-4 开证申请书样本

☐ by full cable ☐ by brief cable ☐ by airmail   Date ________

L/C NO. ________

APPLICATION FOR IRREBOCABLE CREDIT	Expiry Date and Place:
Advising Bank:	Applicant
Beneficiary:	Amount (in figures and words):

Credit available by ☐ NEGOTIATION ☐ PAYMENT ☐ DEFERRED PAYMENT against presentation of the documents detailed herein and of beneficiary's draft(s) at ________ sight drawn on you for ________% of invoice value.

List of documents to be presented:

1( ) Full set (including original and ________ non-negotiable copies) of Clean On Board "Freight ________" Ocean Bills of Lading made out to order and blank endorsed, marked "Notifying ________"

2( ) Air Way bills showing "Freight ________" and consigned to ________

3( ) RailWay bills showing "Freight ________" and consigned to ________

4( ) Memorandum issued by ________ and consigned to ________

5( ) Full set (including ________ orginal and ________ copies) of Insurance Policy for 110% of the invoice value, showing claims payable in China, in currency of the draft, blank endorsed, coving ( ) ocean marine transportation/( ) air transportation/( ) overland transportation All Risks and War Risks.

6( ) Manually Signed Commercial Invoice in ________ original and ________ copies indicating this L/C No. and Contract No.

7( ) Weight Memo/Packing List in ________ copies issued by ________ indicating quantity/gross and net weights of each package and packing conditions as called for by the L/C.

8( ) Certificate of Quantity/Weight in ________ copies issued by ________ indicating the actual surveyed quantity/weight of shipped goods as well as the packing condition

9( ) Certificate of Origin in ________ copies issued by ________

10( ) Certificate of Quality in ________ copies issued by ________

11( ) Beneficiary's certified copy of cable/telex dispatched to the applicant within ________ Days after shipment date advising ( ) name of vessel/flight No. ( ) wagon No. shipment date, quantity, eight and value of Shipment Goods.

12( ) Beneficiary's certified certifying that extra copies of documents have been dispatched according to the contract terms.

13( ) Shipping Co's Certificate attesting that the carrying vessel is chartered or booked by Applicant or their shipping agents.

☐ other Documents required

<table>
<tr><td colspan="3">Description of Goods:
Addinonal instruction:
1. (　　)All banking charges outside the opening bank are for the Beneficiary's account.
2. (　　)Documents must be presented within 15 days after the date of issuance of the transport documents but within the validity of this credit.
3. (　　)Third party as shipper is not acceptable. Short Form/Blank Back B/L is not acceptable.
4. (　　)Both Credit Amount and Shipment Quantity 10% more or less allowed.
5. (　　)Prepaid freight drawn in excess of L/C amount is acceptable against presentation of original charges voucher issued by shipping Co. Air Line or it's agent.
6. (　　)All documents to be forwarded in one cover, unless otherwise stated above.
7. (　　)Other terms if any.</td></tr>
<tr><td>Price terms
□FOB □CFR □CIF</td><td colspan="2">Country origin and manufacturer</td></tr>
<tr><td>Shipment from
Latest
To</td><td>Partial shipments
□ allowed □ not allowed</td><td>Transhipment
□ allowed □ not allowed</td></tr>
<tr><td rowspan="2">Signature of Applicant
In case of queries, please contract
TelNo. FAX No.</td><td colspan="2">FOR BANK USE ONLY</td></tr>
<tr><td colspan="2">Approval of the funds for L/C:</td></tr>
</table>

(四)开证抵押

在信用证业务中,银行承担第一性的付款责任,因此其必须采取一定的措施保证自身的资金安全。通常有以下几种形式。

1. 收取押金或其他担保品

开立信用证时,是否收取以及收取多少押金,取决于客户的资信状况和业务表现以及开证行的习惯做法和有关当局的规定,为信用证金额的百分之几到几十不等。一般来说,对于资信良好的客户或拥有开证行授信额度的申请人可以免交或少交押金。

2. 以出口信用证为抵押品

如果申请人同时也是另一份信用证的受益人,则可以要求用出口信用证项下的权益代替押金。但应注意的是出口信用证的金额应大于需支付的进口金额,且收款时间即信用证的有效期也必须早于付款时间。

3. 凭其他银行保函

如果申请人提供其他银行的有效保函,保证承担因开证引起的各项义务,则开证行也可以免除押金的要求。

二、开证行开出信用证

开证行接受申请人的开立申请后,应严格按照开证申请书的指示拟定信用证条款,有时草拟完信用证后,还应送交开证申请人确认。

(一)信用证的开立

信用证的开证方式有信开(Open by Airmail)和电开(Open by Telecommunication)两种。前者以信函方式开立,通常缮制正本一份,副本若干份,其中正副本各一份寄通知行,由通知行转交受益人，开证行和申请人各得副本存档。后者是以电报、电传以及 SWIFT 系统开立，又可分为全电本和简电本，“全电开证”是将信用证的全部内容加注密押后发出，该电讯文本为有效的信用证正本；“简电开证”是将信用证主要内容发出预先通知受益人，银行承担必须使其生效的责任，但简电本身并非信用证的有效文本，不能凭以议付或付款，银行随后寄出的“证实书”才是正式的信用证。以何种方式开立，根据开证申请人视时间缓急、付费高低而定。目前银行大多以全电方式开立信用证。

(二)信用证的通知途径

信用证的通知途径通常有三种：

(1)由开证行将信用证直接发给受益人，受益人向开证行的代理行或联行进行印鉴核对，以证实信用证的表面真实性。此种方法在实务中较少见，一般是开证申请人应受益人的要求，为使其尽早收到信用证而请开证行这样做的。

(2)由开证行将信用证交给开证申请人，开证申请人再将信用证发送给受益人，受益人向开证行的代理行或联行核对信用证印鉴。此种方法在实务中也较少见。

(3)开证行将信用证发送给出口地的联行或代理行，即通知行，请其通知信用证，通知行通过核对印鉴或密押，证实信用证的真伪。在实务中，绝大部分信用证是通过此途径通知或传递至受益人的。

三、信用证的受理与通知

(一)信用证的受理

通知行的责任即：“a.信用证可经另一家银行(通知行)通知受益人，而通知行无需承担责任。如通知行决定通知信用证，它应合理审慎地核验所通知信用证的表面真实性。如通知行决定不通知信用证，它必须不延误地通知开证行。b.如通知行不能确定信用证的表面真实性，它必须不延误地告知从其收到指示的银行，说明它不能确定该信用证的真实性。如通知行仍决定通知该信用证，则必须告知受益人它不能确定信用证的真实性。”这一规定赋予通知行对国外来证通知与否的决定权，并且明确了对真实性不明确的信用证的处理原则。

(二)信用证的通知

通知行受理国外来证后，应在1～2个工作日内对信用证审核完毕并通知出口商，不得随便延误，以利于出口商提前备货，在信用证有效期内完成规定工作。如是信开本信用证，通知行一般以正本通知受益人，副本存档；如是电开本信用证，则由通知行核对密押无误后以信用证通知书的形式转告受益人。

(三)信用证的保兑

通常在受益人对开证行的资信不满意时，或在开证行主动要求之下，开证行会指示另一家银行对信用证加具保兑。一旦作出保兑，保兑行就无追索权地承担和开证行相同的首要的付款责任。因此，保兑行应根据开证行的资信状况以及与本银行的关系慎重决定是否加具保兑，否则一旦无法从开证行获得偿付，就会处于被动、不利的局面。

四、受益人审证，并装船出运，取得相应单据

(一)信用证的审核及修改

受益人收到信用证后，应立即进行审核。审核的目的，一是要判断开证行的资信状况，

以决定是否要求其他银行加以保兑，二是审核信用证中有无条款内容与买卖合同不相符合，或者不符合有关国际惯例（主要是《国际贸易术语解释通则》和《跟单信用证统一惯例》）中的规定，以及有无无法办到的条款和是否存在软条款。如有上述情况，应决定是否通知申请人要求修改。

需要注意的是，在不可撤销信用证项下，信用证条款的修改直接涉及信用证有关当事人的权利、义务和责任的改变。《UCP600》规定："未经开证行、保兑行（如有）以及受益人同意，不可撤销信用证既不能修改也不能撤销。"即，如修改不可撤销信用证的有关条款，须经申请人、开证行、保兑行（如有）以及受益人这四者同意，修改才能最终成立和生效。而可撤销信用证则无需经受益人同意，开证行可随时撤销和修改，因而可撤销信用证通常是不被受益人接受的。

另外，对信用证的修改，受益人可以不作明确表示接受与否，而修改的生效时间也被放宽到受益人提交单据为止。即，截至交单日，若受益人提交的单据包括修改书的内容，则表明接受了该修改；而若提交的单据仅与原信用证条款相一致，则受益人拒绝该修改，原信用证的条款对受益人仍然有效。《UCP600》对于改证的规定更有利于受益人保护自己的权益。但受益人对于同一份修改书中的多项修改应全部接受或全部拒绝，不能部分接受部分拒绝，否则当属无效。

办理信用证的修改应由开证申请人向原信用证的开证行提交信用证修改申请书，提出改证申请，在开证行审核同意后向信用证原通知行发出修改通知书，通知行在验明修改通知书的表面真实性后将其传递给受益人，受益人审核后决定接受与否。由于信用证是受益人获得付款的保证，因此在未收到合格的信用证以及未将信用证修改到满意的情况之前，暂不能发货，否则会丧失主动权。

（二）单据的缮制和取得

在受益人接受信用证后，则应严格按照信用证的指示办事，包括租船订舱、货物出运、商检、投保等事宜，并取得符合信用证规定的合格单据。另外，还需自行缮制诸如发票、装箱单、汇票等必要单据，为下一步的交单结汇做好准备。

五、受益人交单支款

受益人备妥全部单据后，应立即到银行交单，并要保证所提交单据与信用证一致。交单应在合理时间内为之，合理时间的截止日期为信用证到期日与最迟交单日中先到的日期，如果该日期恰好为银行的非营业日，则可顺延至下一个营业日。但接受单据提示的银行应证明这一顺延。如果交单银行因不可抗力使营业中断，而营业恢复后已超过最迟交单日或信用证的有效期，则银行没有义务再接受单据的提示或再承担付款责任，除非申请人授权银行这样做。

除自由议付信用证外，受益人必须到信用证指定的银行交单，也可到保兑行或直接到开证行柜台交单，但此时开证行或保兑行应采取措施防止第二套相同的单据向指定银行提示，避免发生重复付款、承兑或议付。

六、指定银行付款、承兑或议付

指定银行或保兑行在收到受益人或其委托银行交来的单据后，应及时地以合理谨慎的态度审核信用证所要求的单据。

(一)出口单据的审核

出口单据的审核应以信用证为依据,做到"单证一致"和"单单一致"。"单证一致"指受益人提交的信用证项下的单据必须与信用证规定的内容完全一致;"单单一致"指受益人提交的信用证项下的单据与单据之间相同或相关内容必须完全一致。

《UCP600》对审单作了如下规定:(1)银行必须合理谨慎地审核信用证规定的一切单据,以确定其表面上是否与信用证条款相符。若单据表面之间互不一致,即视为单据表面与信用证条款不符。(2)银行将不审核信用证中没有规定的单据,如果银行收到此类单据,应退还给交单人或将其照转,并对此不承担责任。(3)如信用证含有某些条件而未列明需提交与之相符的单据,则银行将此条件视同未列明,且对此不予理会。(4)银行对于任何单据的形式、完整性、准确性、真伪性或法律效力,或单据上规定的或附加的一般性及/或特殊性条件概不负责。(5)银行对于任何单据中有关的货物描述、数量、重量、品质、状况、包装、交货、价值或存在,对于货物的发货人、承运人、运输行、收货人或保险人,或其他任何人的诚信、行为及/或人为疏忽、清偿能力、履约能力或资信也概不负责。

当信用证的规定与《UCP600》有抵触时,则应遵循信用证优先于《UCP600》的原则,按照信用证的具体要求审核单据。这其中又包括了表面一致性和内容相符性两条原则:①表面一致性原则。即受益人提交的单据名称及其内容等表面上必须与信用证规定完全一致。如,某信用证将货物描述为Medical Instruments(医用器械),而出口商(受益人)的具体货物为Rubber Gloves(橡皮手套),此时,有关单据中的货物描述仍必须与信用证规定相一致。有些单据会因为特殊作用如报检或报关等需显示具体货名时,就必须将信用证规定的"Medical Instruments"显示其上,而在其后加注具体货物名称"Rubber Gloves"即可。②内容相符性原则。即在制单、审单时应注意避免照搬照抄信用证的原话,只要内容相符即可。如,信用证中的有关人称为指向、时态、语态等,在制单时即应作相应的调整,以免误会、混淆。

如经审核为合格单据,则银行应根据信用证规定作出即期付款、延期付款、承兑或议付;如果单据不合格,则银行有权拒收单据,拒绝安排付款。

(二)出口单据的议付

议付意指被授权议付的银行对汇票及/或单据付出对价,仅审核单据而未付出对价并不构成议付。议付时银行应遵循一定的程序。首先,出口方交单。由出口方(受益人)向银行提交全套单据、正本信用证及《出口议付申请书》,议付行接单后认真清点单据的正、副本份数,并在《出口议付申请书》上签字之后进行业务编号和登记。其次,银行审核单据。在审核时有关人员先将出口方提交的信用证正本与银行留存的副本相核对,以保证正副本一致,修改书面函、附件齐全,然后再按事先列好的审单程序,依据单证一致、单单一致的原则,认真、仔细地进行审核工作。第三,计算费用。经办人员按照银行的费率表计算出应向开证行收取的费用,以便一并向外收取。第四,缮制议付通知书。银行审单计算完毕,经办人员须缮制议付通知书,议付通知书一般已印就一定的格式,填制时逐项填入有关内容即可。第五,复核、付款买单。经过上述程序,审单工作基本完成,但仍须对单据进行一次复核审查,并对议付通知书和电稿进行复核,以避免一切可能的错漏,保证安全及时地收汇。如复核无误,即可从汇票或发票金额中扣除有关费用,向受益人付款买单。

七、指定银行向开证行寄单索偿

指定银行在向受益人“付款买单”后，即可根据信用证的规定将单据寄往国外开证行或偿付行，要求偿付并收取有关费用。索汇工作的高质量与高效率是保证安全及时收汇的关键。

当开证行授权另一家银行依据表面符合信用证条款的单据付款，承担延期付款责任、承兑汇票或议付时，开证行和保兑行(如有)承担下列责任：

(1)对已付款、已承担延期付款责任、已承兑汇票或已议付的指定银行予以偿付。

(2)接受单据。

信用证项下的寄单路线一般有两种情况：

(1)汇票寄偿付行，其余单据寄开证行。国外开证行在信用证中授权另一家银行作为信用证的偿付行时，往往要求将汇票寄往该偿付行。寄单索偿的时候，应根据信用证要求将汇票寄往偿付行，其余单据寄往开证行。

(2)全部单据寄往开证行。如果信用证规定将全部议付单据寄往开证行，则应根据规定照办无误。通常在信用证项下的寄单方式有两种：①一次寄单，即将全套议付单据放入一个信封一次性寄出。②二次寄单，即将全套议付单据分为两部分分别寄出，其好处是万一一批单据被耽误或遗失，另一批单据仍能安全寄达。

八、开证行或偿付行提供偿付

开证行接到议付行寄来的单据后，应立即审核单据，并在合理的时间内(从收到单据的翌日起算 7 个工作日)付款或提出拒付。

根据《UCP600》的规定，对于表面上不符合信用证规定条款的不符单据，开证行可以自行联系开证申请人(进口方)对不符单据予以接受，也可以决定拒绝接受单据，但必须在 7 个工作日内作出。根据惯例规定，开证行在拒付时应做到以下几点：

(1)以快捷的方式通知。如果开证行决定拒收单据，它必须毫不延迟地以电讯或其他快捷方式通知，将拒付意见迅速传达至寄单行，如单据由受益人寄送时，则通知受益人。

(2)说明原因。开证行在拒付通知中必须说明拒付理由或原因，即提出单证不符的“不符点”，开证行必须在 7 天的合理时间内处理单据，并且所有的不符点必须一次性提出方为有效，开证行不得在认为第一次提出的不符理由不充分时再提出其他不符点。

(3)妥善处理单据。开证行在拒付通知中必须说明拒收单据的处理方式，究竟是代为保存听候处理，还是直接将单据退还给交单者(寄单行或受益人)。通常情况下，开证行多采取代为保管单据这一处理方式。

九、开证行通知申请人赎单

开证行对议付行付款之后，马上通知申请人赎单。开证行的赎单通知称为 AB 单(Accepted Bill)。申请人在接到开证行的赎单通知后，必须立即到开证行付款赎单，当然在赎单之前他要审查单据，如果发现不符点，也可以提出拒付，但拒付理由一定是单单之间或单证之间的问题，而且要根据国际商会《UCP500》条款提出拒付。

实务中有时尽管存在不符点，但申请人也愿接受单据。但只要接受单据，就不能是有条件的,而且必须在合理时间内付款。

十、进口商审核单证

进口商审核单证相符后,付清所欠款项,赎回单据。

十一、申请人提货

申请人赎单后就可以安排提货、验货、仓储、运输、索赔等事宜。一笔以信用证为结算方式的交易即告终了。

第五节 信用证的格式

一、国际商会信用证格式的演进

由于国际商会关于信用证的惯例不断修改,信用证的格式也随之不断变化,加上各银行又根据自身的具体情况进行修改和完善,迄今为止,信用证的格式未能统一。国际商会信用证格式的演变大致经历了以下过程:

(1)1922 年,美国"纽约银行信用证会议"制定了一套标准格式,称为 Commercial Credit Conference Form。

(2)1951 年,国际商会"银行与技术委员会"(Commission on Banking Technique and Practice)第 13 次大会通过了该委员会拟定的标准信用证格式(国际商会第 159 号出版物),该格式着重统一银行间函电用语,对信用证本身没有具体规定,但为信用证格式奠定了基础。

(3)1962 年,国际商会修订的"跟单信用证统一惯例"第 222 号出版物为世界上大部分国家的银行所采用,根据"222"的原则,银行委员会制定了"跟单信用证开立的标准格式"(Standard Forms for the Issuing of Documentary Credit)(国际商会第 268 号出版物),它是 20 世纪 70 年代的标准格式,当时已被许多国家采用。

(4)1978 年,国际商会为配合重新修订的"跟单信用证统一惯例"第 290 号出版物,又制定了新的"标准跟单信用证格式"(国际商会第 323 号出版物),该格式多以填空格的方法来表达信用证功能,文字简练,内容明确,一目了然。

(5)1986 年,国际商会为配合 1983 年第 4 次修订的"跟单信用证统一惯例"第 400 号出版物,又制定了新的"标准跟单信用证格式"(国际商会第 416 号出版物),简称"416 格式"。此时,大多数银行开出的信用证均注明"本证根据跟单信用证统一惯例第 400 号出版物开立"(Subject to UCP No. 400 of ICC Publication),不注明类似文句的信用证,已不容易被有关当事人接受。

416 号出版物公布了四种标准格式,即致受益人的开立不可撤销跟单信用证格式、致通知行的开立不可撤销跟单信用证格式、不可撤销跟单信用证通知书标准格式和跟单信用证修改书标准格式。

(6)1994 年,国际商会为配合第 5 次修订的"跟单信用证统一惯例"第 500 号出版物,又制定了适应新惯例的"最新国际商会标准跟单信用证格式"(国际商会第 516 号出版物),简称"516 格式",是目前最新的格式。它与"416 格式"相比,新增加了三项内容:①在信用证的运输条款后,加列了"保险由买方负责"(Insurance to be covered by the buyer)。②在货物起运港、目的港及最迟装船期一栏中,加注了运输符合 UCP500 第 46 条规定(Shipment as defined in UCP500 Article 46)。③在信用证的末尾增加了"开证行的签名"(Signature of The Opening Bank)。

二、信开信用证、简电开证和电开信用证

根据信用证开立的方法,信用证格式可以分为信开信用证、简电开证和电开信用证。

(一)信开信用证

信开信用证是指开证行用信函格式开立的信用证,并以航邮方式将信用证传递给通知行或受益人的方式。

信开信用证如表 5-5 所示。

表 5-5 信开信用证格式

Name of Issuing Bank: 开证行	**Irrevocable** **Documentary Credit** 不可撤销跟单信用证 **Number**: 号码
Place and Date of Issue: 开证地点、日期	**Expiry Date and Place for Presentation of documents** Expiry Date: 到期日 Place for Presentation: 到期地点
Applicant: 申请人	
Advising Bank: **Reference No.**: 通知行	**Bneficiary**: 受益人
	Amount: 金额
Partial shipments □allowed 分运 □not allowed	**Credit available with Nominated Bank**:付款方式 □by payment as sight □by deferred payment at □by acceptance of drafts at □by negotiation
Transshipments □allowed 转运 □allowed	
□**Insurance will be covered by buyers** 投保人	Against the documents detailed herein:汇票 □and Beneficiary's draft(s) drawn on:
Shipment as defined in UCP500 Article 46 From: 起运港 For transportation to: 目的港 Not later than: 最迟交单期	

<table>
<tr><td>Goods (Brief description without excessive details-see UCP500 Article 5)
货物描述</td><td>Terms:
贸易条件
□FAS □CIP
□FOB □Other terms
□CFR □as per INCOTERMS</td></tr>
<tr><td colspan="2">Documents required:
单据要求
Commercial invoice□signed original and□copies
Transport Document:
运输单据
□Multimodal Transport Document covering at least two different modes of transport
□Marine/Ocean Bill of Lading covering a port-to-port shipment
□Non-Negotiable Sea Waybill covering a port-to-port shipment
□Air Waybill original for the consignor
□Other transport document
□to the order of
□endorsed in blank
□marked freight □prepaid □payable at destination
□notify

Insurance Document:
保险单
□Policy □Certificate □Declaration under an open cover. Covering the following risks
Certificates:
产地证
□Origin
□Analysis
□Health
□Other

Other Documents:
其他单据
□Packing List
□Weight List</td></tr>
<tr><td colspan="2">Documents to be presented within□days after the date of shipment but within the validity of the Credit. 交单期</td></tr>
<tr><td>Additional Instructions:
附加指示</td><td>We hereby issue the Irrevocable Documentary Credit in your favour. It is subject to the Uniform Customs and Practice for Documentary Credit (1993 Revision, International Chamber of Commerce, Paris, France, Publication No. 500) and engages us in accordance with the terms thereof. The number and the date of the Credit and the name of our bank must be quoted on all drafts required. If the Credit is available by negotiation, each presentation must be noted on the reverse side of this advice by the bank where the Credit is available.
开证行保证付款条款;议付金额背批条款

开证行签名
Name and Signature of the Issuing Bank

This document consists of□signed page(s)</td></tr>
</table>

(二)简电开证

简电开证(Brief cable L/C)是将信用证的主要内容以电讯方式传递给通知行或受益人,同时将内容全面的信用证证实书(Confirmation)以邮寄方式传递给通知行或受益人。通常也被称为"预通知信用证"(Pre-Advice L/C)。这种信用证就传递方式而言,它既有邮寄方式又有电讯方式,实质上是"电+信"方式开立的信用证,日本使用较多,其他国家或地区较为少见。使用这种方式,主要是申请人考虑到使用电讯方式传递信用证的费用较邮寄高,但电信传递速度快。另外,日本与我国的贸易许多属于来料加工、来件装配贸易,规定的装船期较短,需要用传递较快的方式开立信用证。因此,为了使费用和速度达到最佳的结合,遂出现了这种介于信开和电开的简电开立的信用证。

(三)电开信用证

电开信用证是指开证行用电信方式传递信用证内容的开证方式。相对于简电开证,有时也被称为"全电开证"(见表 5-6)。常见的电开信用证有 SWIFT 或电传开证。由于电传开立的费用高,安全性差,故目前已被逐渐淘汰。而以 SWIFT 等专用通讯系统方式发送电文的成本特别低廉,又非常安全,故被广泛使用。SWIFT 信用证格式开证如表 5-7 所示。

表 5-6 信用证全电开证

TO (TELEX No.) ________ PLEASE RELAY THE FOLLOWING FULL TELEX L/C TO ________ ADDING YOUR TEST QUOTE FROM: THE INDUSTRIAL AND COMMERCIAL BANK OF CHINA, SHENZHEN BRANCH. ADDRESS: 1 NANHUA STREET, SHENNANDONG ROAD, SHENZHEN, CHINA TELEX:42249 ICBC CN DATE ________ TEST ________ PLEASE ADVISE BENEFICIARY ________ ADDRESS ________ WE ISSUE IRREVOCABLE DOCUMENTABY CREDIT NO. ________ EXPIRY DATE ________ IN ________ APPLICANT ________ BENEFICIARY ________ CURR/AMOUNT ________ AVAILABLE WITH ________ BY NEGOTIATION AGAINST BENEFICIARY'S DRAFT (S) DRAWN ON US AT SIGHT FOR ________ PCT OF INVOICE VALUE. DOCUMENTS REQUIRED: □SIGHT COMMERCIAL INVOICE IN ________ □FULL SET OF CLEAN ON BOARD OCEAN/COMBINED TRANSPORT BILLS OF LADING MADE OUT TO ORDER AND BLANK ENDORSED MARKED FREIGHT ________ NOTIFYING ________ □INSURANCE POLICY/CERTIFICATE COVERING ________ FOR 110% PERCENT OF THE INVOICE VALUE □PACKING LIST IN ________ □WEIGHT LIST IN ________ □CERTIFICATE OF ORIGIN IN ________ EVIDENCING SHIPMENT OF: CIF/CFR/FOB ________ SHIPMENT FROM ________ TO ________

LATEST DATE OF SHIPMENT, ________ PARTIAL SHIPMENT ________ ALLOWED, TRANSSHIPMENT ________ ALLOWED.
SPECIAL INSTRUCTIONS:
ALL BANKING CHARGES OUTSIDE CHINA/SHENZHEN ARE FOR ACCOUNT OF BENEFICIARY.
INSTRUCTIONS TO THE NEGOTIATING BANK:
WE SHALL REMIT THE PROCEEDS TO YOU AS PER YOUR INSTRUCTIONS UPON RECEIPT OF DOCUMENTS IN OPDER.
WE HEREBY UNDERTAKE THAT ALL DRAFTS DRAWN UNDER AND IN COMPLIANCE WITH THE TERMS OF THIS CREDIT WILL BE DULY HONOURED ON PRESENTATION AT THIS OFFICE.
THIS CREDIT IS AN OPERATIVE INSTRUMENT AND NO MAIL CONFIRMATION WILL FOLLOW.
IT IS SUBJECT TO UCP500.
UNQUOTE

表 5-7 SWIFT 格式开证

Aug. 8th,2003 14:10:38 LOGICAL TERMINAL P005
MT S701

ISSUE OF DOCUMENTARY CREDIT

PAGE 00001
FUNC SWPR3

MSGACK DWS765I AUTHENTICATION SUCCESSFUL WITH PRIMARY KEY
BASIC HEADER F 01 BKCHCNBJA300 5976 662401
APPLICATION HEADER O 700 1530 030807 MITKJPJTA ×××1368 960990 030808

	* SAKURA BANK, LTD. * (FORMERLY MITSUI TAIYO KOBE) * TOKYO	
USER HEADER	BANK, PRIORITY	113:
	MSG USER REF	108:
SEQUENCE OF TOTAL	* 27: 1/3	
FORM OF DOC. CREDIT	* 40A: IRREVOCABLE	
DOC. CREDIT NUMBER	* 20: 090—3001573	
DATE OF ISSUE	* 31C: 030804	
DATE AND PLACE OF EXPIRY	* 31D: DATE 030915 PLACE IN THE COUNTRY OF BENEFICIARY	
APPLICANT	* 50: TIANJIN-DAIAI CO., LTD., SHIBADAIMON MF BLDG.,2—1—16, SHIBADAIMON MINATO—KU, TOKYO, 105 JAPAN	
BENEFICIARY	* 59: SHANGHAI GARMENT CORP., NO. 567 MAOTAI RD., SHANGHAI, CHINA	
CURRENCY CODE, AMOUNT	* 32B: CURRENCY USD AMOUNT 74 157	
ADD. AMOUNT COVERED	39C: FULL CIF INVOICE VALUE	
AVAILABLE WITH/BY	* 41D: BANK OF CHINA BY NEGOTIATION	
DRAFTS AT...	42C: DRAFT(S) AT SIGHT	
DRAWEE	42A: CHEMUS33 CHEMICAL BANK, NEW YORK	
PARTIAL SHIPMENTS	43P: PARTIAL SHIPMENTS ARE ALLOWED	
TRANSSHIPMENT	43T: TRANSSHIPMENT IS NOT ALLOWED	
LOADING IN CHARGE	44A: SHANGHAI	

FOR TRANSPORTATION TO...	44B：OKBE, JAPAN
LATEST DATE OF SHIP.	44C：030831
DESCRIPTION OF GOODS	45A：GIRL'S T/R VEST SUITS
ST/NO. 353713　6 000 SETS.	USD6.27/SET　USD37 620.00
353714　5 700 SETS.	USD6.41/SET　USD36 537.00
TOTAL：　11 700 SETS.	USD74 157.00
PRESENTATION PERIOD	48：DOCUMENTS MUST BE PRESENTED WITHIN 15 DAYS AFTER THE DATE OF SHIPMENT
CONFIRMATION	*49：WITHOUT
REIMBURSEMENT BANK	53A：CHEMUS33 *CHEMICAL BANK, NEW YORK

SWIFT 电文是格式化的，用 0～9 的数字区别电文业务性质。0 代表 SWIFT 系统电报、1 代表客户汇款与支票(Customer Payment&Cheques)、2 代表银行头寸调拨(Financial Institution Transfers)、3 代表外汇买卖、货币市场及衍生工具(Foreign Exchange, Money Markets&Derivatives)、4 代表托收业务(Collections&Cash Letters)、5 代表证券业务(Securities Markets)、6 代表贵金属和银团贷款业务(Precious Metals and Syndications)、7 代表跟单信用证和保函(Documentary Creditsand Guarantees)、8 代表旅行支票(Travellers Cheques)、9 代表银行和客户账务(Cash Management&Customers Status)。每一类包含若干组(Group)，每一组又包含若干格式(Type)，每个电报格式代号由三位数字构成。如 MT 700 代表信用证业务，其中，电文第一位数字代表业务，第二、第三位也分别代表不同的意思。如 N99 代表自由格式，N95 代表查询，N96 代表查询答复等。N 代表 Numbers，可以换成 0～9 中的任何数字，如 799 就是有关信用证业务的特殊电文。关于信用证，大致可由以下几种电文来完成：

MT 700/701　开立信用证

MT 705　跟单信用证预先通知

MT 707　跟单信用证的修改

MT 710/711　通知由第三家银行开立的跟单信用证

MT 720/721　跟单信用证的转让

MT 730　确认

MT 732　单据已被接受的通知

MT 734　拒付通知

MT 740　偿付授权

MT 742　索偿

MT 747　修改偿付授权

MT 750　通知不符点

MT 752　授权付款、承兑或议付

MT 754　已付款、承兑或议论的通知

MT 765　通知已偿付或付款

SWIFT 信用证主要是指以 MT 700 或 MT 701 开立的信用证，以下是 MT 700 和 MT 701 两种格式中的代号和栏位名称对照表。如表 5-8、表 5-9 所示。

表 5-8 MT 700 格式中的代号和栏位名称

M/O	代号(Tag)	栏位名称(Field Name)
M	27	报文页次(Sequence of Total)
M	40A	跟单信用证类别(Form of Documentary Credit)
M	20	信用证编号(Documentary Credit Number)
O	23	预先通知编号(Reference to Pre—Advice)
O	31C	开证日期(Date of Issue)
M	31D	到期日及到期地点(Date and Place of Expiry)
0	51A	开证申请人的银行(Applicant Bank)
M	50	申请人(Applicant)
M	59	受益人(Beneficiary)
M	32B	信用证的货币及金额(Currency Code,Amount)
O	39A	信用证金额允许浮动的范围(Percentage Credit Amount Tolerance)
O	39B	信用证金额最高限额(MaxImum Credit Amount)
O	39C	附加金额(Additional Amounts Covered)
M	41A	指定的有关银行及信用证的兑付方式(Available with... by...)
O	42C	汇票付款期限(Draft at)
O	42A	汇票付款人(Drawee)
O	42M	混合付款条款(Mixed Payment Details)
O	42P	迟期付款条款(Deferred Payment Details)
O	43P	分批装运条款(Partial Shipments)
O	43T	转运条款(Transhipment)
O	44A	装船、发运和接受监管地点(Loading on Board/Dispatch/TakIng in Charge at/from)
O	44B	货物发送最终目的地(For Transportation to...)
O	44C	最迟装运日期(Latest Date of Shipment)
O	44D	装运期(Shipment Period)
O	45A	货物/劳务描述(Description of Goods and/or Services)
O	46A	单据要求(Documents Required)
O	47A	附加条款(Additional Conditions)
O	71B	费用负担(Charges)
O	48	交单期限(Period for Presentation)
M	49	保兑指示(Confirmation Instructions)
O	53A	偿付行(Reimbursing Bank)
O	78	给付款行、承兑行或议付行的指示(Instructions to the Paying/Accepting/Negotiating Bank)
O	57A	通知行(Advise Through Bank)
O	72	附言(Sender to Receiver Infomation)

表 5-9 MT 701 格式中的代号和栏位名称

M/O	代号(Tag)	栏位名称(Field Name)
M	27	报文页次(Sequence of Total)
M	20	信用证编号(Documentary Credit Number)
O	45B	货物/劳务描述(Description of Goods and/or Services)
O	46B	单据要求(Documents Required)
O	47B	附加条款(Additional Conditions)

注:以上表格中的“M”为“Mandatory”,指电文中该项目内容必须填写;“O”为“Optional”,指电文中该项目可以选择填写或不填。
当跟单信用证内容超过 MT 700 报文格式的容量时,可以使用一个或几个(最多 3 个)MT 701 报文格式传送有关跟单信用证条款。

【思考题】

1. 信用证有哪些特点?
2. 信用证的基本当事人有哪几个? 各承担什么责任?
3. 简述信用证的业务程序。
4. 背对背信用证与可转让信用证有何不同?
5. 信用证的格式和主要内容有哪些?

第六章 银行保函与备用信用证

在国际贸易中，由于交易双方缺乏必要的了解和信任，因此希望银行这一中介机构能够更多地介入到买卖双方的交易中，并提供相应的保证。银行保函和备用信用证作为银行机构提供的信用保证工具之一，很好地满足了客户的这一需求。

第一节 银行保函

一、银行保函的概念

银行保函(Letter of Guarantee，L/G)是指银行或者其他金融机构应交易当事人的要求，向另一方开具的、保证该当事人责任或义务履行的书面付款保证承诺。当然，这一保证承诺是在一定期限内针对一定的金额而进行的。

银行保函作为一种信用工具，在国际经济交易中发挥着非常重要的作用。它的主要功能表现在：利用银行信用来保证申请人履行某种合约义务，进而维护保函项下受益人的利益，促使交易活动顺利进行。具体来讲，保函作为一种银行信用工具，具有两大功能：一是对合同价款支付的保证作用，如付款保函、延期付款保函、补偿贸易保函、租赁保函等；二是对合同义务履行的担保作用，如投标保函、履约保函、预付款保函、质量保函、维修保函等。

二、银行保函涉及的当事人

银行保函业务涉及的当事人或当事方主要有以下几个。

1. 委托人

委托人(Principal)即为保函的申请人(Applicant)，是指向银行申请开立保函的当事人。委托人在委托银行开立保函时，除了要填写保函申请书之外，还应向担保银行提供一定的资金抵押，或者由第三者出具反担保。此外，委托人还有义务向银行支付开立保函的各种相关费用。

2. 受益人

受益人(Beneficiary)是指保函业务项下担保权利的受益者，它通常依据保函的相关条款向开立保函的银行提出索赔。受益人有权在委托人不履行或不能完全履行基础合同规定的义务时，根据保函中的相关条款向保函开立银行提出索赔。

3. 担保人

担保人(Guarantor)是指接受委托人的申请而开立保函的银行。通常情况下，担保人一旦开出保函，即向保函的受益人承担了有条件或无条件支付款项的担保责任。担保人开立保函后，在同受益人构成一种或有负债的同时，也从委托人那里获得了一种或有债权。在收到受益人符合保函条款的索赔要求时，应立即履行付款，同时也可立即向委托人要求补偿。如果委托人不能立即偿还担保人的付款，担保人有权处置委托人提交的押金、抵押品等。

4. 通知行

通知行(Advising Bank)也称转递行，是接受担保人的委托办理保函通知或转递业务的银行。在国际经济交易中，由于担保人和受益人通常位于不同的国家或地区，担保银行在开出保函后通常选择受益人所在地的一家银行代为通知或转递，这家银行即为通知行。通知行的责任在于通过核对担保人的签字或密押来证实保函的表面真实性，并严格按照担保人的要求和指示及时、准确地将保函通知给受益人。通知行对保函内容正确与否，对保函在邮递过程中可能出现的延误、遗失等均不负责任。如因种种原因通知行不能通知受益人时，应及时告知担保人，使之能立即采取措施。当发生索赔时通知行除代受益人向担保银行提交索赔文件及其他有关单据外，本身并不承担赔付责任。通知行在通知保函后，有权按规定向担保人或申请人或受益人收取一定的费用。

5. 保兑行

保兑行(Confirming Bank)是指应保函担保人的要求或授权而对其向受益人开出的保函承担担保责任的银行。在保函业务中，有时受益人可能因担心担保银行的清偿能力不足或由于受益人所在国法律的规定，要求担保人对其所开立的保函而邀请其他银行加具保兑，保证在担保人拒绝履行赔付责任时由其承担付款责任，这个为保函加具保兑并承担付款责任的银行即为保兑行。保兑行付款后有权凭担保函向担保行进行索赔。保兑行通常为受益人所在地的大银行。

6. 反担保人

反担保人(Counter Guarantor)是指应委托人的要求，通过反担保的形式指示银行向受益人开立保函的人。在国际经济交易中，委托人和受益人通常位于不同的国家或地区，由于受益人所在国法律的限制或其他原因，受益人只接受本国银行所开立的保函。这样，委托人为达成交易而不得不请求当地的一家银行转托受益人所在国的一家银行开出保函。在这种情况下，受益人所在国的这家银行为担保人，而接受委托人的请求向受益人所在国的银行发出开立保函委托指示，同时保证在担保人遭到索赔时立即予以偿付的银行则为反担保人。反担保人通常不与受益人直接发生关系，也不受理受益人所提出的任何索赔要求，而只是向担保人负责，凭担保人提出的要求予以偿付，并享有对委托人进行追偿的权利。

三、银行保函的开立方式

在银行保函业务中，保函的开立通常采用两种方式。

1. 直开

直开是指担保银行应合同一方当事人的申请，直接向合同的另一方当事人开立以其为受益人的保函。在这种开立方式下，由于担保银行直接向受益人承担担保责任，所以通常称为直接担保。担保银行开出保函后，可采取直交或转递两种传递方式。直交即担保银行直接交给受益人或由申请人交给受益人，转递是通过受益人所在地的一家银行即通知行转交给受益人。在实际运作中，有些国家还要求对外国银行所开立的保函必须经由受益人所在国的银行加保、加签或背签。

2. 转开

转开是指申请人所在地的银行应其客户的要求委托另一家银行(通常为受益人所在地的一家银行)开立保函,并由后者对受益人承担付款责任的一种行为。在这种开立方式下,真正的担保人是受益人所在地的银行,而委托人所在地的银行只是反担保人。担保人凭借反担保人的反担保向受益人开立保函,受益人只能向担保人提出索赔,而不能越过担保人向反担保人提出索赔。反担保人只对担保人负责,而不向受益人承担任何直接责任。

四、银行保函的业务程序

一笔银行保函业务从开立到结束一般需经过以下几个环节。

1. 委托人申请开立保函

委托人向银行申请开立保函时,需填写保函申请书和与担保行签订委托担保协议书,提交保证金或其他反担保及有关的业务参考文件。

2. 担保行开出保函

银行在开出保函前通常要认真审查申请人的资格、保函申请书及委托担保协议书、有关的业务文件,如合同标书、抵押或其他反担保形式等内容。

3. 保函的通知或转开

银行开出保函后通常可委托受益人所在地的银行通知保函的受益人。

4. 保函的索赔和理赔

5. 担保行对委托人进行追偿也可由委托人直接通知

担保行在向受益人付款后可向委托人追偿,如委托人无力支付,担保行可变现委托人事先抵押的财物、票据或其他反担保物。

6. 保函的注销

一般来讲,保函一到期即可注销,担保行将不再对任何索赔承担责任,担保行的担保责任即可解除,保函业务宣告结束。

五、银行保函的种类

在实际业务中,银行保函涉及的种类繁多,有项目招标时的投标保函,有项目履约时的履约保函,也有项目付款时的付款保函等。

(一)投标保函

1. 投标保函的定义

投标保函(Tender Guarantee, Bid Guarantee, Bid Security)是指在以招标方式成交的工程建造和物资采购等项目中,银行应招标方的要求出具的、保证投标人中标后在规定时间内签订合同或提交履约保函的书面文件(见表 6-1)。

在投标保函中,担保银行保证投标人履行下列责任和义务:

(1)保证在其报价的有效期内不修改原报价、不撤标、不改标。

(2)保证中标后按招标文件的规定在一定时间内与招标人签订合同,并按招标人规定的日期提交履约保函。

如投标人未履行上述责任和义务,在开标前撤回投标,或中标后不履约,招标人有权凭保函向担保银行索赔，索赔金额通常为投标人报价总额的1%～5%。

投标保函的有效期一般从开立保函日到开标日期后的一段时间，有时再加一定天数的索偿期。如投标人中标，则有效期自动延长到投标人与招标人签订合同并交付合同和履约保函为止。

2. 投标保函的适用范围

投标保函适用于所有公开招标、议标时，业主要求投标人缴纳投标保证金的情况。

招标人为避免投标人在评标过程中改标、撤标，或中标后拒签合同而给自身造成损失，通常都要求投标人缴纳投标保证金，以制约对方行为。投标保函是现金保证金的一种良好替代形式。

3. 投标保函为客户提供的便利

对投标人而言，投标保函可以减少缴纳现金保证金引起的资金占用，获得资金收益；与缴纳现金保证金相比，它也可以使客户有限的资金得到优化配置；同时，有利于维护客户的正当权益。

对招标人而言，投标保函可以良好地维护自身利益。此外，也可以避免收取、退回保证金的繁琐，进而提高工作效率。

表 6-1 投标保函

BID SECURITY

BENEFICIARY：ABC Co.

DATE：20070810

BID GUARANTEE No.：×××××××××××

WE HAVE BEEN INFROMED THAT ________ (NAME OF THE BIDDER) (HEREINAFTER CALLED "THE BIDDER") HAS SUBMITTED TO YOU ITS BID DATED (HEREINAFTER CALLED "THE BID") FOR THE EXECUTION OF ________(NAME OF CONTRACT) UNDER INVITATION FOR BIDS NO. ________ (THE "IFB").

FURTHERMORE, WE UNDERSTAND THAT, ACCORDING TO YOUR CONDITIONS, BIDS MUST BE SUPPORTED BY A BID GUARANTEE.

AT THE REQUEST OF THE BIDDER, WE ________ NAME OF BANK HERBY IRREVOCABLY UNDERTAKE TO PAY YOU ANY SUM OR SUMS NOT EXCEEDING IN TOTAL AMOUNT OF ________ (AMOUNT IN FIGURES) (________) (AMOUNT IN WORDS) UPON RECEIPT BY US OF YOUR FIRST DEMAND IN WRITING ACCOMPANIED BY A WRITTED STATEMENT STATING THAT THE BIDDER IS IN BREACH OF ITS OBLIGATION(S) UNDER THE BID CONDTIONS, BECAUSE THE BIDDER.

(A) HAS WITH DRA WNITS BID DURING THE PERIOD OF BID VALIDITY

SPECIFIED BY THE BIDDER IN THE FORM OF BID; OR

(B)DOES NOT ACCEPT THE CORRECTION OF ERRORS IN ACCORDANCE WITH THE INSTRUCTIONS TO BIDDERS (HEREINAFTER "THE FIB") OF THE IFB; OR

(C)HAVING BEEN NOTIFIED OF THE ACCEPTANCE OF ITS BID BY THE EMPOLYER DURING THE PERIOD OF BID VALIDITY, (Ⅰ) FALLS OR REFUSES TO EXECUTE THE CONTRACT FORM, IF REQUIRED, OR (Ⅱ) FAILS OR REFUSES TO FURNISH THE PREFORMANCE SECURITY, IN A CCORDANCE WITH ITB.

THIS GUARANTEE WILL EXPIRE: (A) IF THE BIDDER IS THE SUCCESSFUL BIDDER, UPON OUR RECEIPT OF COPIES OF THE CONTRACT SIGNED BY THE BIDDER AND THE PERFORMACE SECURITY ISSUED TO YOU UPON THE INSTRUCTION OF THE BIDDER, OR(B) IF THE BIDDER IS NOT THE SUCCESSFUL BIDDER, UPON THE EARLIER OF(Ⅰ) OUR RECEIPT OF A COPY OF YOUR NOTIFICA TION TO THE BIDDER OF THE NAME OF THE SUCCESSFUL BIDDER, OR (Ⅱ) TWENTY-EIGHT DAYS AFTER THE EXPIRATION OF THE BIDDER'S BID.

CONSEQUENTLY, ANY DEMAND FOR PAYMENT UNDER THIS GUARANTEE MUST BE RECEIVED BY US AT THE OFFICE ON OR BEEORE THAT DATE.

THIS GUARANTEE IS SUBJECT TO THE UNIFORM RULES FOR DEMAND GUARANTEES, ICC PUBLICAION No. 458.

(二)履约保函

1.履约保函的定义

履约保函(Performance Guarantee)是指担保银行应工程承包方或商品供货方的申请而向业主或买方出具的、保证承包方或供货方严格履行合同义务的书面文件(见表 6-2)。

如果在保函的有效期内委托人未能按合约的规定发运货物、提供劳务或完成工程及其他义务,则受益人有权要求担保行给予赔偿。在进出口业务中,履约保函通常用来保证出口方(保函的委托人)履行贸易合同项下的交货义务。

在国际招标中,招标人通常要求中标人签订合同后,还要求提供一份履约保函,以保证中标人能履行合同规定的责任和义务。履约保函的金额由招标人确定,一般为合同总价的10%左右。履约保函也广泛地运用于其他国际经济交易中,可以说履约保函是使用最广泛的一种保函。

2.履约保函的适用范围

履约保函的适用范围非常广泛,可用于任何项目中对当事人履行合同义务提供担保的情况，常用于工程承包、物资采购等项目。

在工程承包、物资采购等项目中，业主或买方为避免承包方或供货方不履行合同义务而给自身造成损失，通常都要求承包方或供货方缴纳履约保证金，以制约对方行为。履约保函是现金保证金的一种良好的替代形式。

3. 产品为客户提供的便利

对承包方或供货方而言，第一，履约保函可以减少客户由于缴纳现金保证金引起的长时间资金占压，进而获得资金收益；第二，它可以使客户有限的资金得到优化配置；第三，确保客户权益得到很好的维护。

对业主或买方而言，履约保函可以合理制约承包人、供货方行为，良好地维护自身利益。此外，还可以避免收取、退回保证金的繁琐，提高工作效率。

表 6-2 履约保函

PERFORMANCE GUARANTEE

To: ________(Beneficiary)

WHERE AS A CONTRACT NO. ××××× HAS BEEN CONCLUDED BETWEEN XX CO. (HEREINAFTER CALLED "THE SELLER") AND YY CO. (HEREINAFTER CALLED "THE BUYER") FOR SUPPLY ________ (THE GOODS) WHICH AMT IS ________ AT THE REQUEST OF THE SELLER. WE, ________ BANK HEREBY IRREVOCABLY UNDERTAKE TO PAY YOU WITHOUT DELAY NOT MORE THAN ________ (SAY ________) ON YOUR FIRST WRITTEN DEMAND, STATING THE SELLER'S FAILURE OF FAITHFUL PERFORMANCE OF THE CONTRACT. THIS GUARANTEE SHALL BECOME EFFECTIVE FROM ISSUING DATE AND REMAIN VALID UNTIL FULFILL THE CONTRACT BUT NOT LATER THAN ________ (DATE). ANY CLAIM UNDER THIS GUARANTEE SHALL REACH US WITHIN THE VALIDITY PERIOD OF THIS GUARANTEE. UPON EXPIRY, THIS GUARANTEE SHALL AUTO MATICALLY BECOME NULL AND VOID WHEATHER IT IS RETURNED TO US OR NOT.

For ________ Bank

(三)预付款保函

1. 预付款保函的定义

预付款保函(Advance Payment Guarantee)又称为还款保函(Repayment Guarantee)或定金保函(Down-Payment Guarantee)，是指担保银行应工程承包方或商品供货方的申请向业主或买方出具的、保证承包方或供货方在业主或买方支付预付款后履行合同义务的书面文件(见表 6-3)。

在金额较大的国际承包工程项目中，一般在签订项目承包合同后，承包商通常要求工程业主按合同规定预付部分款项，用于购买有关的物资。工程业主为防止承包商收取款项后不履行合同的义务，要求承包商提交由银行出具的保函，目的在于保证一旦承包商违约或未按规定使用预付款，担保银行将给予赔偿。这种保函就是预付款保函。目前，国际劳务承包市场上常见的工程预付款金额一般为合同总金额的10%～25%，预付款保函的担保金额不应超过承包商收到的工程预付款总额。保函中应规定，在承包商收到有关的预付款后保函才生效。此类保函的有效期一般为业主从支付给承包商的工程款中扣完该笔预付款为止。

预付款保函不仅使用在承包工程项目中，还广泛用于一般性的进出口交易。在进出口贸易中，买卖双方签订合同之后，出口商为了确保进口商一定买他的货物，经常要求进口商支付合同金额一定比例的货款作为定金。而进口商担心在支付了定金后不能收到符合合同的货物，因此在支付该笔定金时要求出口商提供一份由银行出具的保函，保证一旦出口商不履行合约或未能按合约的规定发货时，出口商或担保银行一定将这部分定金及相应利息退还给进口商。

2. 预付款保函的适用范围

预付款保函适用于所有支付方式中包含预付款的项目，常用于工程承包、物资采购等项目。

在工程承包、物资采购等项目中，业主或买方为避免承包方或供货方拿到预付款后不履行合同义务而损失预付款，要求承包方或供货方银行对承包方或供货方偿还预付款做出担保。

3. 产品为客户提供的便利

对业主或买方而言，它首先保障了预付款顺利地收回；其次，加强了对承包人或供货方按规定履行合同的制约。

对承包人或供货方而言，它便利了预付款资金的及时到位；同时，有利于加快工程建设或备货等环节的资金周转。

表 6-3　预付款保函

ADVANCE PAYMENT GUARANTEE

No.:

DATE:

WE HAVE BEEN INFORMED THAT ________ (HEREINAFTER CALLED "THE PRINCIPAL"), HAS ENTERED INTO CONTRACT NO. ________ DATED ________ WITH YOU, FOR THE SUPPLY OF (DESCRIPTION OF GOODS AND/OR SERVICES).

FURTHERMORE WE UNDERSTAND THAT, ACCORDING TO THE CONDITIONS OF THE CONTRACT, AN ADVACE PAYMENT IN THE SUM OF ________ IS BE MADE AGAINST AN ADVANCE PAYMENT GUARANTEE.

AT THE REQUEST OF THE PRINICIPAL, WE (NAME OF BANK) HEREBY IRREVOCABLY UNDERTAKE TO PAY YOU ANY SUM OR SUMS NOT EXCEEDING IN TOTAL AN AMOUNT OF ________ (SAY: ________) UPON RECEIPT BY US OF YOUR FIRST DEMAND IN WRITING AND YOUR WRITTEN STATEMENT STATING:

1)THAT THE PRINCIPAL IS IN BREACH OF HIS OBLIGATION (S) UNDER THE UNDERLYING CONDITIONS; AND

2)THE RESPECT IN WHICH THE PRINCIPAL IS IN BREACH

YOUR DEMAND FOR PAYMENT MUST ALSO BE ACCOMPANIED BY THE POLLOWING DOCUMENT(S): (SPECIFY DOCUMENT(S) IF ANY, OR DELETER)

IT IS A CONDITION FOR ANY CLAIM AND PAYMENT UNDER THIS GUARANTEE TO BE MADE THAT THE ADVANCE PAYMENT REFERRED TO ABOVE MUST HAVE BEEN RECEIVED BY THE PRINCIPAL ON HIS ACCOUNT NUMAER ________ AT (NAME AND ADDRESS OF BANK).

THIS GUARANTEE SHALL BECOME EFFECTIVE FROM ISSUING DATE AND REMAIN VALID UNTIL FULFILL THE CONTRACT BUT NOT LATER THAN ________ (DATE). ANY CLAIM UNDER THIS GUARANTEE SHALL REACH US WITHIN THE VALIDITY PERIOD OF THIS GUARANTEE. UPON EXPIRY, THIS GUARANTEE SHALL AUTO MATICALLY BECOME NULL AND VOID WHETHER IT IS RETURNED TO US OR NOT.

For ________ Bank

(四)质量保函

1.质量保函的定义

质量保函(Quality Guarantee)类似“维修保函”,经常混称,都是指担保银行应工程承包方、供货方的申请而向业主或买方出具的、保证承包方和供货方履行在保修期或维修期内的合同义务的书面文件。

质量保函旨在保证供货方所提供的货物和承包方所承建的工程项目在规定的时间内符合合同所规定的规格和质量标准。如果在规定的时期内发现货物的质量或工程的质量与合同规定不符,而供货方或承建人又不愿或不予更换、维修或补偿损失,则买方或业主有权依据保函向担保行要求赔偿。这种保函都是对履约责任者在合同标的物的质量保证期内合同义务的履行所做的担保,其数额通常也皆与履约保函的金额相同,为合同总价的5%~10%不等。但两者也有一些微小的差别。质量保函主要是对货物的质量所做的担保,通常运用在大型机械设备、飞机、船舶等交易中;而维修保函则往往是对工程项目的质量所作的担保,主要用于国际工程承包项目中。

2.质量保函的适用范围

质量保函适用于工程承包、供货安装等合同执行进入保修期或维修期,业主或买方要求承包方、供货方良好履行保修义务的情况。

在工程承包、供货安装等项目进入保修期或维修期后,业主、买方为避免工程、货物的质量与合同规定不符,而承包方、供货方不愿或不予修理、更换和维修,造成自身损失,往往要求承包方或供货方在履约保函期限届满前提供质量保函,对其在保修期内的行为进行约束。

3.产品为客户提供的便利

对业主、买方而言,其权益可以得到充分保障;对承包方、供货方而言,提高了承包方、供货方的市场竞争力。

(五)付款保函

1. 付款保函的定义

付款保函(Payment Guarantee)是指担保银行应买方的申请、保证买方履行因购买商品、技术、专利或劳务合同项下的付款义务而向卖方出具的书面文件。

付款保函的作用就是要保证进口商或业主履行其对合同价款的支付义务。付款保函是对合同价款的支付保证,而不是一般的违约赔偿金的支付保证。因此,它既可以作为一种单独的支付方式使用,即由卖方或承包方凭货运单据和工程结算单据直接向担保银行索取款项;也可以作为商业信用结算方式的补充和额外保证工具,即由卖方或承包方先向买方或工程业主索要款项未果时凭付款保函向担保银行索赔,获得赔付。

2. 产品的适用范围

付款保函适用于一切存在付款行为的商品贸易、技术劳务贸易、工程项目等。

在商品贸易中,它可以作为买方在卖方按照合同约定发货后及时支付货款的付款保证。

在工程项目中,它可以作为工程承包项下业主向承包方按期足额支付工程进度款的付款保证。

3. 付款保函的特点

(1)在商品贸易中,付款保函与信用证作用相似,但办理手续简便。

(2)格式灵活多样,适应不同需求。信用证遵循固定的格式、惯例,保函格式则因项目而异,可为客户度身定做。

(3)适用范围广。付款保函不仅可以用于商品贸易,相对信用证来说更为广泛。

4. 付款保函为客户提供的便利

对卖方或承包方而言,它使得其获得了充分的收回货款、工程款的保证,以利其发货、施工,便利了贸易的顺利进行。

对买方、业主而言,它的付款条件可以在一定程度上制约卖方、承包方的行为,并保证货物、工程质量表面上达到买方、业主的要求,从而维护买方的利益。

(六)借款保函

1. 借款保函的定义

借款保函(Loan Guarantee)是指担保银行应借款人的申请而向贷款人出具的保证借款人履行借贷资金偿还义务的书面文件。

在国际借贷中,贷款人在放款前都要对借款人的资信和偿还能力等方面进行调查,并且为了确保贷款能按时被偿还,还常常要求借款人提供由银行出具的保函作为偿还贷款的保证。若借款人因破产、倒闭、资金周转困难等原因违约,未能偿还本金或利息等,担保行即代借款人向贷款人偿还应还而未还的借款和利息。借款保函金额一般为借款总额加上贷款期间所产生的利息。保函自开出之日起生效,在借款人全部还清借款本息之日失效。担保人在保函项下的付款责任随贷款的部分偿还相应递减。

2. 借款保函的适用范围

(1)借款人向银行等金融机构取得各种形式的融资。

(2)借款人在金融市场上发行有价证券融资。

3. 借款保函为客户提供的便利

对借款人而言，它可以提高借款人的信用评价，有利于借款人取得融资。此外，在有价证券发行中，可以降低有价证券无力偿还的风险，有利于有价证券的销售。

对贷款人或有价证券购买方而言，它可以分散融资风险，进而保证贷款资金的安全。此外，还可以获得有价证券偿付的充分保障。

(七)补偿贸易保函

在补偿贸易交易中，提供设备、技术一方为了防止因对方不能按期、如数地补偿其设备、技术价款及其利息，自己可能遭受经济损失的风险，往往会要求引进设备、技术方提供银行保函。

补偿贸易保函(Guarantee for Compensation Trade)是银行应进口设备(或技术)方的请求，向供应设备(或技术)方开具的书面履行合同保证，保证委托人在收到与合同相符的设备或技术后，在一定时期内将以其所生产的产品或其他产品来抵偿所引进设备或技术的价值，或以产品出售后所得款项进行支付。如未能以设备生产的产品按合同规定返销出口给供应设备方或由其他指定的第三者以偿付进口设备的价款，又不能以现汇偿付设备款及补偿期产生的利息，担保银行将负责偿付全部应付款项及利息。因此，从根本上来说，补偿贸易保函仍属于货款保付性质的担保范畴，它实际上只是延期付款保函的一种延伸。但是，由于补偿贸易这种交易形式的特殊性，它又不同于延期贸易保函，最主要的区别在于：补偿贸易保函项下的支付行为的发生与否和设备或技术的提供方对补偿产品的回购义务的履行与否相挂钩，而不是像一般的进口合同项下的延付保函只是对产品卖断的支付提供保证而已。补偿贸易保函的有效期一般为补偿合同规定的进口方交货或付款之日，再加上半个月(具体时间视商定情况而定)。担保人的担保责任根据进口设备方向供应设备方提供产品(或付款)的金额而相应递减。

(八)留置金保函

1. 留置金保函的定义

留置金保函(Retention Money Guarantee)也称为“预留金保函”、“尾款保函”等，是指担保银行应工程承包方、供货方的申请而向业主或买方出具的，保证承包方、供货方在提前支取合同价款中的尾款部分后履行合同义务的书面文件。

在大型机械设备的进出口及国际承包工程中，进口方或工程业主在支付货款或工程款时，通常要留置一定比例的款项(通常为5%～10%)，待进口设备调试、验收并投入正常生产或者等工程完工一定时期后，再视具体情况将这部分款项支付给出口方或工程承包方。但由于项目涉及金额比较大，占压了资金，出口商或承包商希望提前收回这部分款项。留置金保函就是对这部分尾款的提前收回所做出的承诺担保，保证在提前收回尾款后，如果卖方提供的货物或承包工程达不到合同规定的质量标准时，出口商或承包商将把这部分留置款项退回给进口商或工程业主；否则，担保银行将给予赔偿。

2. 留置金保函的适用范围

留置金保函适用于合同执行后期业主或买方滞留尾款，取尾款的情况。即承包方、供货方欲提前取回尾款。

在工程承包、物资采购等项目中，业主通常在主要款项支付完毕后，滞留尾款直到质保期过后，工程或货物质量符合标准，承包方或供货方须凭银行出具保函提前支取尾款。

3. 留置金保函为客户提供的便利

对承包方、供货方而言，它可以提前收回尾款资金，解决了流动资金不足的问题。此外，还可以加快资金周转，获得资金收益。

对业主、买方而言，它可以使其获得合同后续义务得到履行的保障。此外，还可以达到与滞留尾款相同的目的。

第二节 备用信用证

一、备用信用证的概念

备用信用证(Standby Credit)是指银行根据合约当事人(申请人)的要求而向另一方当事人(受益人)出具的、确保申请人履行合约规定的某种义务，但在申请人未履约时，凭受益人提交的表面上符合信用证条款要求单据而向受益人支付一定金额的书面付款承诺。

国际商会第600号出版物《跟单信用证统一惯例》(UCP600)(2007年修订本)第一条指出，除非信用证明确排除，否则，本惯例适用于其文本中明确表明受本惯例约束的跟单信用证，其中在可适用的范围内包括备用信用证。实际上，备用信用证是一种银行所出具的独立性担保。备用信用证一经开出，就与其所依据的基础——合同相互独立。开证行在履行信用证规定的义务时，不能以合同为条件。

尽管备用信用证项下的银行不一定最终付款，但通常情况下，其付款的依据在于其在备用信用证中所要求的各种单据。与跟单信用证相类似，备用信用证下的开证行也是以信用证所要求的单据表面状况为条件。但同时，备用信用证和跟单信用证相比也存在着一定的差异。跟单信用证通常适用于商品交易，而备用信用证除了适用于商品交易之外，其更多的被用来进行工程承包和劳务项目等内容。同时，跟单信用证通常是在受益人履行了合同项下的义务后才要求开证行支付货款；但备用信用证是在开证申请人没有履约时，开证行承担付款责任。从这一点来看，备用信用证有着与保函相同的功效。由此可见，备用信用证应当是开证行对受益人出具的一项担保，旨在担保开证申请人不履行合同义务时，受益人可能遭受损失的情形。由于银行开立具有备用的性质，因而这种信用证常被称为备用信用证。

二、备用信用证的产生及其发展

备用信用证最早产生于20世纪五六十年代的美国银行界，当时美国联邦法律禁止银行参与担保业务，各项担保活动只能由担保公司出具，而世界其他国家的银行则通常无此限制。在实际业务中，客户常常要求银行出具保函。美国的银行机构为了避开法律的限制，进而同担保公司及其他国家的银行展开竞争，便进行了业务创新，从而开出备用信用证这种形式，以取代银行保函。

初期时，备用信用证的使用范围很窄，仅限于美国银行为其国内的客户提供担保。后来，随着国际贸易的迅速发展，国际经济交易的规模越来越大，交易的方式越来越多样化，有些交易如项目融资、国际工程招标等，不仅交易的金额大、交易的期限长，而且程序复杂，涉及的问题也多。为了能使交易顺利进行,有关当事人常常要求交易的另一方提供银行出具的担保。备用信用证的使用量逐渐增多,而且使用范围也越来越广,开展这项业务的银行也越来越多,现在世界上许多国家的银行都承办备用信用证业务。虽然在美国有关的法律限制已经被取消,但由于它具有单据性、独立性和见索即付等特点,备用信用证已成为一个重要的银行信用工具。现在备用信用证除应用于招投标、履约及一般商业用途外,还在很大程度上用于资金融通。

三、备用信用证的业务流程

备用信用证的业务流程与跟单信用证的流程大体相同。一般来讲主要经过如下几个步骤:

(1)开证申请人根据基础合同的规定向银行申请开立备用信用证。

(2)开证行在经过认真审查后,开出备用信用证,并通过通知行向受益人通知备用信用证。

(3)若开证申请人按基础合同履行了所承担的义务,开证行就不必因开出备用信用证而履行付款义务,其担保责任在备用信用证到期时解除。如开证申请人未能履约,受益人可根据备用信用证的规定提交有关单据和文件向开证行索赔。

(4)开证行在收到索赔文件后,经审查符合信用证的规定,应无条件地向受益人付款。

(5)开证行向受益人付款后,可向开证申请人索赔,开证申请人有义务偿还。

表 6-4 备用信用证

The Irrevocable Stand-by LC

From: Union Bank of Switzerland, Zurich

To: Bank of China, Lanzhou Branch, Lanzhou, China

Test for USD734.00

Attn. Your LC Dept.

Zurich, 24 Sept, 2007 Our Ref. KAUT/VOJ/301－57939

Irrevocable stand-by letter of credit no. 301－57939

Dear Sirs,

We hereby open our irrevocable standby letter of credit No. 301－57939 in favor of China National Chemicals Import & Export Corporation, Gansu Branch, Lanzhou, China on behalf of Welman Trading S. A Geneva, Switzerland up to the aggregate amount of USD 7340.00 available against:

Beneficiary's draft drawn on us at sight and bearing the clause drawn under Union Bank of Switzerland Irrevocable Standby Letter of Credit No. 301－57939 accompanied by beneficiary's duly signed statements:

1. That the goods have been delivered in accordance with the purchase order and

2. That the full set of following shipping documents have been airmailed direct to Messrs. Levimumessillik Ve Dis Ticaret A. S., Oney Hani Kat 5, Karakoy, Turkey by registered express letter;

—original invoice with 5 copies addressed to Welman Trading S. A. , Geneva.

—packing list with one copy.

—genalised certificate of origin with one copy.

—original insurance policy covering insurance against all risks from warehouse to warehouse.

—inspection certificate.

—full set of B/L issued to the order and indicating as "notify address: Levi Mumessillik Ve Dis Ticaret A. S. , Istanbul, turkey" and

3. That messrs. Welman Trading S. A. Geneva, Switzerland failed to pay the invoice amount on due date, I. I. 90 days following the date of respective bill of Lading.

Important:

This standby LC is not a documentary one and does not cover payment of documents nor documentary collection.

It may exclusively be utilized by the beneficiary in case the invoice should not be paid on due 90 days from date of B/L.

Such claim must be presented in conformity with above terms including the statements prescribed above.

Shipping documents may not be sent to us, nor handled as a documentary collection.

Validity: Until Jan. 16,2008 at your counter.

Covering: the due payment of the invoice relative to the supply of 1000 kgs Pathalocyanine Blue bags 4382 in accordance with contract No. 91 bgstrboo23 dated Sept. 9, 2007.

Special instructions:

1. Kindly advise beneficiary of this credit adding youg confirmation.

2. In the event of any drawing being made hereunder, we authorize negotiation of this credit at your counter, Payments will be affected by us 3 Zurich baking days after the date of your duly tested telex advice to us confirming that does. In conformity with the terms of this credit have been received and forwarded to us by registered airmail.

3. Your telex/negotiation advice as under 2. above must be in our hands not later than 31st Dec. , 2007.

This credit is subject to UCP 600.

We hereby agree with drawers, endorsers and bonafide holders of drafts drawn under and incompliance with the terms of this credit that they will be duly honored on due presentation of drawee.

This message presents the operative instrument. No mail confirmations will follow.

Yours Truly,

Union Bank of Switzerland, Zurich

第三节 银行保函、备用信用证及跟单信用证的比较

一、银行保函与备用信用证的比较

(一)相同点

(1)备用信用证与银行保函都是银行根据委托人的请求而向受益人做出的书面付款保证承诺,保证只要委托人未能按合同履行义务,开证行或担保行将凭受益人提交的规定单据或其他文件给予赔付,两者均属银行信用。

(2)备用信用证与银行保函一样,都是以基础合同为依据而开立的,但一经开出,两者均独立于基础交易合同,即使其中引用了基础合同的有关内容,也不受基础合同条款的约束。

(3)备用信用证与银行保函在业务上处理的都是备用信用证或银行保函所规定的单据,而对单据的真伪、转递中的遗失或延误以及受益人与委托人之间关于基础交易合同的纠纷等概不负责。《国际备用信用证惯例》(ISP98)中明确指出,开证行对受益人承担付款责任是以受益人提交的与备用信用证条款表面相符的单据为依据的,而非基础合同执行情况或开证申请人的授权。

(二)不同点

(1)两者适用的国际惯例或国际公约不同。1999 年 1 月 1 日起实施的《国际备用信用证惯例》(ISP98)使备用信用证有了自己的规则,而对于银行保函国际商会也制定有相应的规则和公约,如《见索即付保函统一规则》、《合约保函统一规则》等。

(2)在银行保函项下,根据索偿条件的不同,担保行可能承担第二性的付款责任,即只有在申请人拒付的前提下担保行才承担保函项下的支付;也可能承担第一性的付款责任,即只要受益人提出了索赔,满足了保函规定的索赔条件,担保行就必须立即付款而不得以任何理由拒付。而备用信用证一经开出,开证行所承担的就是第一性的付款责任。

(3)备用信用证是独立性的担保,而银行保函分为独立性保函和从属性保函两大类。

(4)银行保函与备用信用证的到期地点不同。保函的到期地点通常在担保行所在地,而备用信用证由于可以经第三者议付、承兑或付款,所以其到期地点可能在开证行所在地,也可能在受益人所在地或其他地点。

二、银行保函与跟单信用证的比较

(一)相同点

(1)跟单信用证与银行保函一样都属银行信用。

(2)独立性保函与跟单信用证一样,一经开立,就与作为其依据的基础合同相独立,即使其中引用了基础合同的有关内容,也不受基础合同条款的约束。

(3)跟单信用证业务和银行保函业务均具有单据化的特点,即不论是在信用证业务下还是在保函业务项下,各方当事人所处理的只是单据,而不是单据所涉及的货物、服务或其他行为。

（二）不同点

(1)就使用范围及用途看，跟单信用证主要应用于进出口贸易货款和其他相关款项的结算。而银行保函的应用范围远远大于跟单信用证，它不仅可用于国际货物买卖中，还广泛应用于国际工程承包、技术贸易、国际租赁、加工贸易等多种国际经济交易活动中；它不仅可以作为合同价款支付的担保工具，还可作为合同义务履行的担保手段。

(2)就所支付的款项的性质而言，跟单信用证项下所支付的款项通常属于货物的价款，而银行保函项下所支付的既可能是合同价款，也可能是某种履约赔款或退款。

(3)就付款责任而言，跟单信用证项下，开证行承担的是第一性付款责任，只要受益人提交符合信用证条款的单据，开证行或其指定行必须履行付款责任，而不管开证申请人是否履行付款义务。在银行保函项下，担保行可能承担第一性的付款责任，也可能承担第二性的付款责任，即只有申请人不付款或不履行基础合同规定的义务时，受益人才可凭保函向担保行要求付款。

(4)跟单信用证的到期地点可在开证行所在地，也可在受益人所在地或承兑行、付款行、议付行所在地，而银行保函的到期地点一般在担保人所在地。

(5)适用的国际惯例不同。跟单信用证适用的是国际商会制定的《跟单信用证统一惯例》，而银行保函适用的是《见索即付保函统一规则》。

【思考题】

1. 银行保函的含义与特点是什么？
2. 银行保函与信用证有哪些异同？
3. 备用信用证的含义与特点是什么？

第七章 国际保理

第一节 国际保理概述

一、国际保理的含义

国际保理(Factoring)在我国又称为承购应收账款业务,它是指保理商(Factor)从其客户(出口商)手中,购进通常以发票表示的对债务人的应收账款,并负责信用销售控制、销售分户账管理和债权回收业务。因此,它既是一种可供选择的国际结算方式,又是一种短期的贸易融资方式。

二、保理服务的起源

早在18世纪工业革命时期,英国纺织工业蓬勃发展,狭小的国内市场已经不能满足资本家追逐高额利润的需要,于是向海外倾销纺织品便成为资本主义初期经济扩张的必由之路。由于出口商对进口商的资信和当地市场的情况知之甚少,因而他们的纺织品多采用寄售方式(Consignment)向海外出口,由进口商所在地的商务代理负责货物的仓储、销售和收账,并在某些情况下提供坏账担保和融资服务。为了解决出口商的资金积压与扩大再生产的矛盾,这种采用寄售方式的商务代理制逐渐演变成为提供短期贸易融资的保理服务。出口商在商品出运后,可将有关单据售给经营保理业务的机构以及时收回销售货款,继续并扩大再生产。

三、国际保理服务在全球的发展

近年来,国际保理服务获得了巨大发展。根据国际保理商联合会的统计,1990年全世界有保理公司507家,全年营业额达137亿美元;到2000年全球保理公司增加到981家,营业额达到5890亿美元。10年间,保理公司数量增加了93.5%,营业额增长了4200%。

欧洲和北美的保理业务发展较早、较快、较普遍,美国的保理业务始终处于世界领先地位。但近年来欧洲各国的保理业务发展迅速,大有超过美国之势。保理业务发展最快的国家要数意大利,其保理业务总量约占欧洲业务总量的一半。

德国、比利时、丹麦等国以及东欧的匈牙利、捷克等国的保理业务发展也较迅速。

在大多数欧洲国家里,保理服务主要是提供有追索权的贸易融资和其他服务,提供坏账担保处于次要地位,这主要是因为这些国家的短期出口信用保险很普及。

进入20世纪70年代，保理业务在亚洲和拉美地区得到了较快的发展，亚洲一些国家和地区，东盟国家以及墨西哥、巴西、智利、厄瓜多尔、土耳其等国家和地区都设立了保理公司并开展了保理业务。

保理业务目前主要集中在西欧和亚太地区的经济发达国家和地区，绝大多数发展中国家和地区尚未开办这项业务。

20世纪90年代初，中国银行率先在国内开始推出国际保理服务，并与国外保理公司和保理商国际组织建立起密切联系。1993年，中国银行加入国际保理商联合会(FCI)，成为正式会员。目前，中国银行与20多个国家和地区的50多家保理公司签署了国际保理业务协议。

四、保理服务发展动因

现代国际保理业务产生于18世纪的欧洲工业革命，在第二次世界大战之后得到了较快的发展，尤其是在最近30年中，随着科学技术的进步，国际保理业务的服务手段也更加先进，保理商为客户提供的服务内容也不断丰富和完善。在当前的国际贸易结算领域，人们已经越来越重视对国际保理的运用。这主要有以下几个方面的原因。

(一)国际贸易中买方市场的普遍形成

各国出口商为了在贸易活动中扩大自己的出口份额，纷纷向客户提供更加优惠的贸易结算条件。国际保理业务因为可以为买方减少开立信用证的费用，并且在买方资金困难、不足以支付货款时获得保理商为其提供的信用担保，使买方提前获得贸易利益，因而备受买方青睐。而国际保理业务由于可以事前获得对方资信情况，使销售商可以放心大胆地采用这一付款方式。

(二)信息产业的进步和电子通信技术得到普遍应用

由于保理业务提供的服务内容大多需要先进的信息技术作为基础手段，从国外市场的需求，客户的资信调查，到贸易伙伴国的市场规则、法律法规、交易习惯以及瞬息万变的市场行情等调查内容，都需要保理商借助先进的技术手段来完成。而传统的国际贸易方式根本无法胜任这样大量、复杂的工作，所以也就无法适应国际贸易的新发展。

(三)国际保理相关惯例规则的制定与实施

伴随着经济全球化进程的加快，为了使本国经济更好地融入全球经济的发展中，各国在贸易管理法规以及习惯方面，都逐渐采用国际通行的惯例规则①。法律环境的建设为国际保理业务的倾力开展提供了有效的法律保证。

(四)经济的高速发展

经济的高速发展也要求金融业不断进行业务创新。一方面满足客户的需要，另一方面也可以拓展自身的服务领域，培育新的经济增长点。因此，各国金融业在巩固自身传统产业的同时，也在大力发展新的中间业务品种，其中保理业务就是各国金融机构争相占领的一个新的服务领域。

随着保理服务的发展，保理服务的产品范围不断拓展。保理商不仅对纺织品、食品和一

---

① 1998年5月，国际统一私法协会(International Institute for the Unification of Private Law)通过了《国际统一私法协会国际保理公约》；国际保理商联合会于1968年制定了《国际保理惯例规则》。

般日用品等出口应收账款提供短期融资，并且对家具、电子产品、机械产品等出口应收账款也给予资金融通，并提供其他有关服务。

五、保理服务的影响

保理服务之所以在国际结算和贸易融资中能得到迅速发展，是因为它能给进出口双方带来积极的影响。

(一)保理服务对出口商的影响

1.有利于出口商尽快收回资金，提高资金的使用效率

出口商将货物装运完毕，即可立即获得不超过 80%发票金额的有追索权贸易融资，缩短了资金回收的周期，保证了较为充足的营运资金，加速了资本的周转。在经济萧条时期，有助于出口商应付因资金周转缓慢而造成的资金困难等问题；在经济繁荣时期，充足的营运资金促使出口商发展业务，扩大经营。同时还可以有效地防止属于成长型的出口企业超营运资金经营(Overtrading)，即在市场看好、产品畅销时期，企业的生产经营规模迅速膨胀，以至于造成超过营运资金的承受能力，出现清偿能力不足的问题，影响企业的正常发展。保理服务可以帮助解决这类问题。

2.有利于出口商转移风险

只要出口商的商品品质和交货条件符合贸易合同的规定，在保理商无追索权地购买其出口债权后，出口商就可以将信用风险和汇价风险转嫁给保理商，潜在的坏账风险大大减小，债款回收率明显提高。

3.能节省非生产性费用

出口商把售后管理交给保理商代管后，可以集中力量进行生产、经营和销售，并可相应减少财务管理人员和办公设备，办公用房占用面积也可相应减少，从而减少日益昂贵的人头费用和房屋租金。而且由于保理商负责收取货款、寄送账单和查询催收工作，出口商不仅可以节省大量的账务管理费用，如邮电费和电话费等，还可以最大限度地减少因会计人员休假、生病等人为因素给工作带来的影响。

4.有利于出口商获取有关信息

由于保理商熟悉海外市场和商业活动的情况，在很大程度上保障了对进口商资信调查的准确性和真实性，为出口商决定是否向进口商提供商业信用提供了可靠依据。保理商还经常向中小出口商就海外市场情况和进口国的有关法规提出出口建议，替他们寻找买主和代理商，协助其打入国际市场，增强其竞争能力。

5.有利于维护和提高出口商的资信

由于出售应收账款的预收款计入出口商正常的销售收入，提高了企业的资产/负债比率，改善了其资产负债表(Balance Sheet)的状况，有助于出口商资信的提高，有利于出口商的有价证券上市和进一步采用其他融资方式，并且由于资金状况改善而带来了更佳的选购机遇。

6.增大出口成本

对出口商的不利之处是会提高出口成本并因此导致出口价格上升或出口利润下降。保理服务对出口商的影响是很直接、很明显的。

(二)保理服务对进口商的影响

保理服务对进口商的影响是间接的和不明显的。出口商采用保理服务使得进口商能以非信用证方式支付货款。

首先,保理服务使进口商避免积压和占用资金。保理服务适用赊销方式购买商品,进口商不需要向银行申请开立信用证,免去交付押金,从而减少资金积压,避免信用额度的减少,降低进口成本。其次,保理简化进口手续。通过保理业务,买方可迅速得到急需的进口物资,大大节省要求开证、催证等时间,简化了进口手续。

当然,出口商将办理保理业务有关的费用转移到出口货价中,增加了进口商的成本负担。但是,由于保理服务的费率较低,一般为业务量的 0.75%～2.5%,货价提高的金额一般仍低于因交付开证押金而蒙受的利息损失。

六、国际保理业务的服务项目

(一)销售分户账管理(Maintenance of the Sales Ledger)

对出口企业销售分户账的管理是指出口商发出货物后,将有关的售后账务管理交给保理商。销售分户账管理是确保出口企业正常生产、经营和销售的必要手段,是出口企业减少经营开支、提高经济效益的最基本的财务管理工作。

具体做法是:保理商收到其客户(出口商)交来的销售发票后,在电脑上开立分户账,输入必要的信息及参考数据,如债务人、金额、支付方式、付款期限等,然后由电脑进行自动处理,诸如记账、催收、清算、计息、收费、统计报表的打印等工作,保理商可根据客户的要求,随时或定期提供各种数字和资料。

(二)债款回收(Collection from Debtors)

债款回收是一种技术性、法律性较强的工作。一般出口商甚至包括畅销产品的卖主,也因缺乏这种回收债权的技术,常常导致营运资金周转不灵、应收账款不能及时收回、应付账款也不能按期偿付,给出口企业带来生产、经营、销售链条上的障碍。而保理商则拥有专门的收债技术和知识,能够正确适时地对不同债务人收回债务。如果产生争议和纠纷,保理商又有专门的法律部门,可提供有效的律师服务。

债款回收的具体做法是:客户先与保理商商议收债方式、程序和最后手续,然后双方签订保付代理协议,各自按照协议规定履行权利与义务。

(三)信用销售控制(Credit Control)

信用销售控制是通过对进口商的资信调查及评估核定信用额度,进而掌握进口商资信变化并调整其信用额度。

国际贸易渠道和网络错综复杂,国际市场行情千变万化。出口企业了解和掌握客户资信变化情况,制定出切实可行的信用销售限额和采取必要的防范措施,避免和减少潜在风险是至关重要的。然而,对于一般中小企业来讲很难做到这一点。保付代理商却以其独特的优势,利用保理商联合会广泛的代理网络和官方或民间的咨询机构,利用其母行在国外广泛的分支机构和代理网络,通过现代化手段获取最新动态资料,依据所掌握的客户资信情况的变化,为供应商(出口商)提供其客户的信用销售额度,从而将应收账款的风险降到最低限度。

(四)坏账担保(Full Protection against Bad Debts)

保理商对坏账担保的服务项目是有限制条件的。通常,保理商对其客户并非提供100%的坏账担保,而只对已核准的应收账款提供100%的坏账担保。这就是说,只要供应商对其每个客户的销售控制在保理商核定的信用销售额度之内,就能有效地消除因买方信用造成的坏账风险。但对因供应产品的质量、服务水平、交货期等引起的贸易纠纷而造成的坏账和呆账,保理商不负赔偿责任。

(五)贸易融资(Trade Financing)

保理商在促进企业改善经营管理、提高经济效益、提供贸易融资服务方面起着不可忽视的作用。保理商可以向供应商提供无追索权的贸易融资,而且手续方便,简单易行。它不像信用放款那样需要办理复杂的审批手续,也不像抵押放款那样需要办理抵押品的移交和过户手续。供应商在发货或提供技术服务后,将发票通知保理商,即可获得不超过80%发票金额和无追索权的预付款融资,基本解决了在途结算资金和信用销售商品的资金占用问题。

第二节　国际保理业务的运作

一、国际保理的当事人

国际保理有两种做法,即国际单保理和国际双保理。前者有三个当事人,后者则有四个当事人。

(一)卖方

卖方即出口商或称供应商,是指对提供货物或服务出具发票的,且其应收账款已被出口保理商叙做保理业务的一方。

(二)债务人

债务人即买方或称进口商,是指对由提供货物或服务所产生的应收账款负有付款责任的一方。

(三)出口保理商

出口保理商是指与卖方签订保付代理协议,对卖方的应收账款承做保理业务的一方。出口保理商通常在出口商的所在地。在国际单保理的情况下,无出口保理商。

(四)进口保理商

进口保理商是指同意代收卖方以发票表示的并过户给出口保理商的应收账款的一方。根据《国际保理业务惯例》,进口保理商对出口保理商过户给他的并已承担信用风险的应收账款必须付款。进口保理商对出口保理商承担担保付款的责任。

二、国际保付代理业务的具体做法

(一)国际单保理业务的具体做法

按照国际惯例,国际单保理的做法是:买卖双方经过谈判,决定采用保理结算方式时,由卖方向进口国的保理商申请资信调查,签订保付代理协议,提交需要确定信用额度的进口商名单。进口保理商对进口商进行资信调查,确定有关信用额度。出口商在信用额度内发货,将有关发票和货运单据直接寄交进口商,并将发票副本送交进口保理商。进口保理商负责应收账款的管理和催收,并提供100%的买方信用风险担保。进口商于应收账款到期日对进口保理商付款,进口保理商按保付代理协议规定的日期将全部款项扣除费用后,转入出口商账户。如果卖方有融资需求,进口保理商也可于收到发票副本后以预付款方式提供不超过发票金额80%的无追索权的短期贸易融资,剩余20%的发票金额在收到进口商(买方)付款之时,扣除有关费用及贴息后转入出口商的账户。具体操作如图7-1所示。

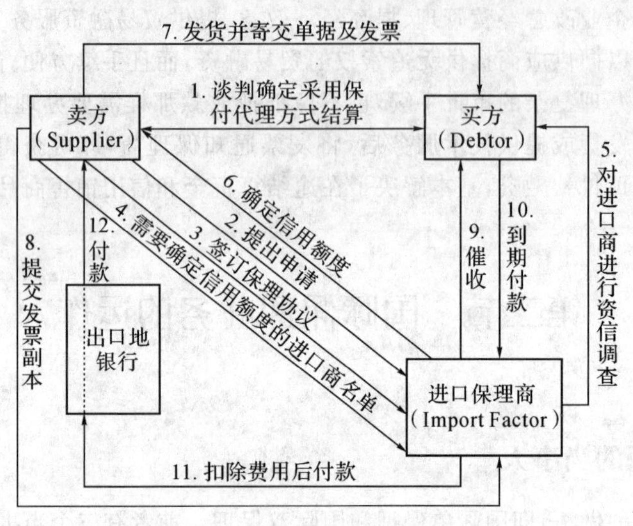

图7-1 国际单保理业务流程

(二)国际双保理业务的具体做法

1.具体做法

国际双保理业务包括买卖双方所在地均有保付代理商的保付代理业务。欧洲各国一般都采用双保理方式。

双保理具体做法基本与单保理相同。所不同的是,双保理多了一个出口保理商,进口保理商直接与出口保理商交易,而不是与卖方交易。

具体业务流程如图7-2所示。

2.双保理业务中的违约利息惩罚措施

如果进口保理商没有按照要求对出口保理商进行付款,进口保理商必须负责向出口保理商支付从应付款日至实际付款日整个期间的利息,并按应付日当天有关货币的90天期的伦敦同业银行拆放利率的两倍计息和向出口保理商补偿由于延迟付款而使其遭受的汇价损失。如果伦敦同业银行拆放利率缺少该有关货币的报价,则按应付款日出口保理商能够得到的该货币最低拆借利率的两倍计息。不过,如果进口保理商由于人力所不能控制的原因而不能按期付款时,除需立即通知出口保理商外,还须向出口保理商支付从应付款日至实际付款日之间的利息,它相当于出口保理商所能获得的有关货币最低拆借利率计算出的利息。

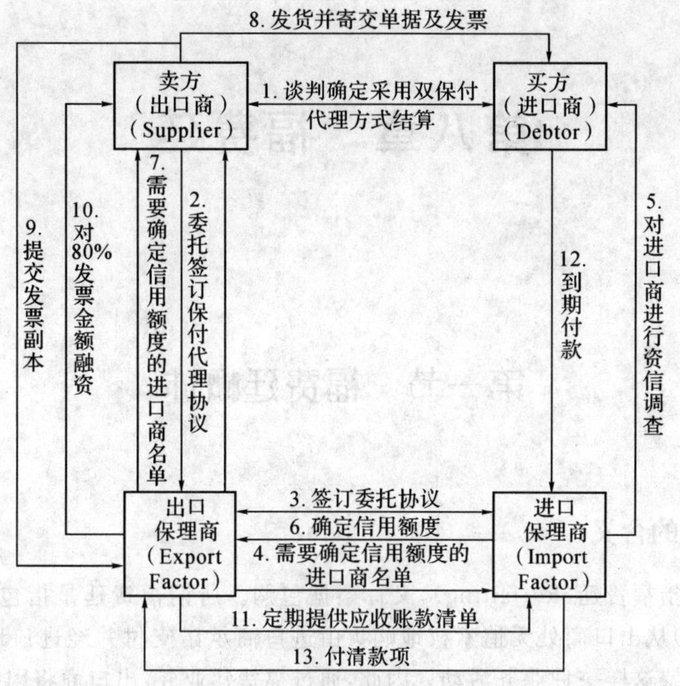

图 7-2　国际双保理业务流程

【思考题】

1. 国际保理业务服务的项目有哪些？
2. 简述国际双保理业务流程。

第八章　福费廷

第一节　福费廷概述

一、福费廷的含义

包买票据即指福费廷(Forfaiting),又称票据包购。所谓福费廷是指包买商(通常为银行或其附属机构)从出口商处无追索权地购买由进口商承诺支付并经进口地银行担保的远期承兑汇票或本票这样一种业务活动。因此,通过福费廷业务,出口商将因提供商品或劳务而产生的对进口商的债权转卖给包买商,同时获得了对价支付,提前收回了货款。

包买票据业务是一种中期贸易融资方式,对于大宗交易,多采用分期付款的形式,期限一般在3～7年,以5年的为多。

二、福费廷的起源与发展

第二次世界大战以后,为了医治战争创伤,重建家园,欧洲各国需要进口大量建设性物资和日用品,如东欧各国向美国购买大量谷物,因为缺乏外汇资金而需要向银行贷款,但银行融资能力有限,于是瑞士苏黎世银行协会首先开创了包买票据融资业务。

20世纪50年代后期,随着各国经济实力的恢复与发展,资本性货物的贸易越来越多,出口竞争日益加剧,资本性货物的卖方市场逐步转变为买方市场,买方已不再满足传统的90～180天的融资期限,纷纷要求延长付款期限。这种不断延长的信贷期限大大超出了卖方本身资金所能承受的限度,卖方不得不向银行提出越来越长的融资需求,当时的银行无法提供出口商所希望得到的融资服务,于是包买票据融资方式就活跃起来。

20世纪80年代,由于第三世界债务危机的困扰以及国际局势动荡不安,正常的银行信贷受到抑制,而包买票据业务却持续增长,逐渐由欧洲向亚洲及全世界发展,包买票据二级市场逐渐形成,该业务交易方式日益灵活,交易金额日益增加,而且票据种类也不断扩大,形成了一个世界范围内的包买票据交易市场。

三、福费廷的特点

(1)一般是以国际正常贸易为背景的,不涉及军事产品。一般限于成套设备、船舶、基建物资等资本货物交易及大型项目交易。

(2)在包买票据业务中,出口商必须放弃对所出售债权凭证的一切权益,贴现银行也必须放弃对出口商的追索权。

(3)期限一般在1～5年，属于中期融资业务。但近年来国际上发展出最短的包买票据业务为180天(6个月)，最长的可达10年，通常采用每半年还款一次的分期付款方式。

(4)包买票据业务属批发性融资业务，适合于100万美元以上的大中型出口合同，对金额小的项目而言，其优越性不明显。近年来也发展了一些小额交易，但要收取较高的费用。

(5)出口商必须对资本货物的数量、质量、装运、交货期担负全部责任。

(6)包买票据业务较多地使用美元、欧元及瑞士法郎为结算和融资货币，其他可自由兑换的货币使用得较少。

四、福费廷的主要当事人

(一)包买商(银行)

包买商多为出口商所在国的银行及有中长期信贷能力的大金融公司，做包买票据业务是其经办的国际信贷业务的一部分。当包买商与出口商达成包买业务的协议，并购入出口商转让的票据，其既成为该项延期付款交易的信贷机构，又承担了向进口商分期收回货款以及利率、汇率变动的风险。

(二)出口商

出口商为资本货物交易中的供货方。当出口商以延期付款方式与进口商达成交易而需要资金支持时，可向包买商申请包买票据融资。当出口商将表明交易金额的若干张票据全部转售包买商并向其支付贴息后，即可取得贴现净额，提前收回货款。

(三)进口商

进口商为资本货物交易中的进口方。当进口商在包买商的资助下以延期付款方式购入货物后，在作为正当持票人的包买商向其提示到期票据要求付款时，应无条件地履行其在票据上的债务责任，按期归还货款。

(四)担保人

担保人虽不是包买票据业务的直接当事人，但担保人及其担保对包买业务有着至关重要的影响。包买商为转移及规避风险，只购入担保人担保的票据。若进口商不能按期偿还货款，担保人有责任代其偿还。担保人多为进口地银行，在履行付款责任后，担保人有权向进口商追索，但追索能否成功，将取决于进口商的资信状况，故担保人承担着追索不能成功的风险。

五、福费廷的益处

(一)福费廷对出口商的益处

(1)包买票据融资不影响出口企业的债务状况，不受银行信贷规模和国家外债规模的影响。

(2)包买票据业务是无追索权方式的贴现，出口企业一旦将手中的远期票据卖断给银行，同时也就卖断了一切风险，包括政治、金融和商业风险，免除了后顾之忧。

(3)出口企业通过采用包买票据方式在商务谈判中为国外买方提供了延期付款的信贷条件，从而提高了自身出口产品的竞争力。

(4)出口企业可将全部或部分远期票据按票面金额融资，无需受预付订金比例的限制。

(5)出口企业在支付一定的贴现费用后,可将延期付款变成现金交易,变远期票据为即期收汇,提高了资金使用效率,扩大了业务量,增强了企业活力。

(6)由于包买票据采用固定利率,出口企业可尽早核算出口成本,卖断以后的一切费用均由贴现银行承担。

(7)包买票据业务操作简便、融资迅速,不需要办理复杂的手续和提供过多的文件,可以节省时间,提高融资效率。

(二)福费廷对进口商的益处

(1)可获得贸易项下延期付款的便利。

(2)不占用进口商的融资额度。

(3)所需文件及担保简便易行。

第二节　福费廷的基本做法

一、操作程序

(一)询价

出口商在与进口商签订商务合同之前就应做好融资的准备。有时为了争取订单,出口商往往主动或被动同意向进口商提供远期信用融资,并将延期付款利率打入货价。为了确保出口商能按时得到融资,并且不承担利率损失,出口商应尽早与银行(包买商)联系询价,得到银行的正式答复及报价后再核算成本,与进口商谈判并签约。有些出口商因缺乏对包买票据业务的了解,签约以后才找银行做包买票据业务,结果发现给进口商的延付利率低于银行贴现率,只好蒙受损失。

出口商在向银行询价时,须提供下列有关情况:

(1)合同金额、期限、币种。

(2)出口商简介、注册资本、资信材料、签字印鉴及其他有关情况。

(3)进口商详细情况、注册地点、财务状况、支付能力等。

(4)货款支付方式、结算票据种类。

(5)开证行/担保行名称、所在国家及其资信情况。

(6)出口商品名称、数量及发运情况。

(7)分期付款票据的面额和不同到期日。

(8)有关进口国的进口许可和支付许可。

(9)有关出口项目的批准和许可。

(10)票据付款地点。

(二)报价

银行接到出口商的询价后,首先要分析进口商所在国的政治风险、商业风险和外汇汇出风险,核定对该国进口商的信用额度,然后审核担保人的资信情况、偿付能力以及出口货物是否属正常的国际贸易,合同金额期限是否能够接受等等。

如以上几方面均达到满意,银行便根据国际包买票据市场情况做出报价。报价的内容包括以下几个。

1. 贴现率[①](Discount Rate)

贴现率一般有两种报价方式,即固定利率和浮动利率,由出口商自己选择。通常出口商喜欢固定利率,因为他们可在交易的开始就知道总的贴现成本。

2. 承担费(Commitment Fee)

承担费是银行在承诺期内根据贴现的面值及向出口商承诺的融资天数计算出来的费用。银行一旦承诺为出口商贴现票据,从签订包买票据协议起的任何一天,都有可能成为实际贴现付款日,所以银行要事先筹备好资金,随时准备支付票款,如中途出口商因某种原因未能履约,银行要蒙受一定的资金损失,因此,收取相应的承担费是合理的。

承担费率一般为年利率的0.5%~2%。计算公式为:

票面值×承担费率×承诺天数/360

例如:

贴现票据面值:USD 1000000

承担费率:1.5%年利率

承诺期:90天

承担费=1000000×0.015×90/360=USD 3750

3. 多收期(Grace Days)

多收期是指从票据到期日至实际收款日的估计延期天数。由于任何延期都会使银行增加成本,所以银行为补偿其在到期日向进口方银行索偿时可能遇到的拖延或其他麻烦,一般在报价时都在实际贴现天数的基础上多加3~7天的宽限期。

(三)签约

出口商在接受了银行的报价后,便需要与银行正式签订包买票据协议。协议的内容包括:

(1)项目概况及债务凭证;

(2)贴现金额、货币、期限;

(3)贴现率及承担费率;

(4)有关当事人的责任义务;

(5)违约事件及其处理;

(6)其他。

(四)交单

根据包买票据协议的有关规定,出口商在发货之后应立即将全套的装船单据交银行议付,议付行将远期票据寄开证行/担保行加保承兑后退给出口商。出口商在银行承兑的远期汇票或本票上背书并注明"无追索权"字样后,正式连同其他单据在承诺期内交贴现银行审核。一般须提交的单据有以下几种:

① 贴现率的高低是根据进口国的综合风险系数、融资期限的长短、融资货币的筹资成本等决定的。贴现率通常以LIBOR加一个附加率表示,LIBOR反映银行的筹资成本,附加率反映银行所承担的风险和收益。

(1)本票或银行承兑汇票等；

(2)提单副本；

(3)发票副本；

(4)合同副本；

(5)信用证或保函副本；

(6)出口商对其签字及文件真实性的证明；

(7)出口商债权转让函。

(五)审单及付款

银行在收到出口商提交的单据后须认真审核，尤其对出口商签字的真伪要核实。若该贴现银行是投资性贴现，应事先得到进口方银行的付款承诺及进口国有关政府和法律的许可文件，经审核单据无误后向出口商付款。

若该贴现银行是代理性贴现，则需事先与二级市场的有关银行达成默契。收到出口商的全套单据后，再背书给下一手银行，并提供其他有关资料和证明，收到付款后再支付给出口商。

银行在贴现付款时须按出口商的指示，将贴现款项汇到其指定的银行账上。同时向出口商提供一份贴现清单，列明贴现票据面值、贴现率、期限、承担费以及贴现后的净额，并抄送给进口方银行一份作为存档文件，以便在到期日索偿时参考。

(六)到期索偿

贴现银行对出口商付款后，要将远期票据妥善保存，在到期日之前，将票据寄付款银行索偿。付款银行按照贴现银行的指示将款项汇到贴现行指定的账户，这样，一笔包买票据业务就完成了。

如果付款银行未能在到期日正常付款，贴现银行可委托律师对付款银行起诉，同时向出口商通报拒付事实，以便取得出口商的协助。若真是由于进口国的政治风险和外汇短缺造成无力支付，贴现银行也只能承担一切损失。

福费廷业务流程可用图 8-1 表示。

二、福费廷与其他融资方式比较

(一)与商业贷款比较

商业贷款利率差异大，视贷款人资信情况而定，较多采用浮动利率，贷款额以弥补项目资金缺口为主。

福费廷是全额买断票据，无追索权，利率较高。

(二)与出口信贷比较

出口信贷是政府为鼓励本国资本性货物出口而提供的一种带有利息补贴(Interest Make-up)性质的信贷融资。这种融资方式对出口商来讲是最有吸引力的，但它要求的条件则比较严格，出口商出口的所有项目并不是都符合出口信贷的条件。而且在出口信贷项下，一般还要求出口商投保出口信用险，出口商提供财产抵押等，手续繁琐，不仅增加了费用开支，而且出口商尽管投保了出口信用险，保险公司通常只承保应收账款的 90%左右，并在应收账款变为呆账 6 个月后才予以赔付，如果通过法律程序索债，赔付期可能会更长。而出口商欠银行的贷款到期必须归还，不能延续，所以出口商还要承担一定的收汇风险。

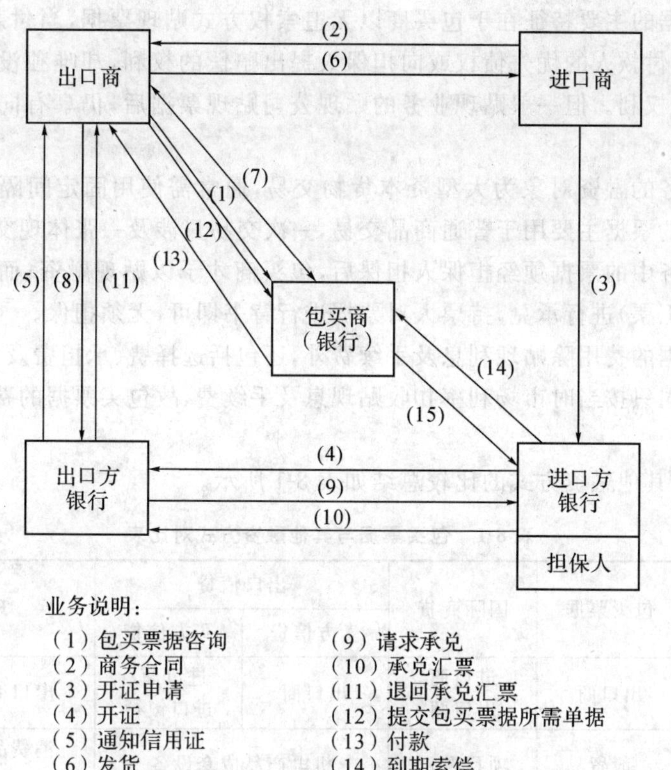

图 8-1　包买票据业务流程

在包买票据业务中，由于银行买断了出口商的远期票据，这就使出口商避免了所有的收汇风险、政治风险和商业风险。

（三）与保理业务比较

对于出口商来说，包买票据与保付代理均是由出口商以无追索权方式将应收账款出售给包买商或保理公司，从而当即获得出口销售货款。但两者有以下显著区别：

(1)包买票据主要为大型资本货物交易提供资金融通，而保理的服务对象多为普通商品交易。

(2)包买商习惯于为客户的一项交易提供一项融资服务；而保理商提供的是综合保理服务，而且在一定期间内（如一年）保理商要多次为同一客户办理贸易结算与融资。

(3)包买商可为付款期限是 6 个月至 10 年的资本货物交易提供中长期信贷融资；而保理商多为普通商品交易提供服务，所以只提供付款期限为 180 天之内的短期贸易融资。

(4)包买业务需出口商提交经由担保人担保的票据，而保理业务无此要求。

（四）与一般贴现业务比较

包买业务属于票据贴现的范畴：包买商作为贴现人贴现出口商提交的票据，从贴现金额中扣除贴息及手续费后，将净额支付出口商，包买商从而作为正当持票人，于到期日要求付款人付款，他也可将票据转售他人。但包买票据作为资本货物交易的融资手段，与一般票据贴现具有以下不同：

(1)包买票据的主要特征在于包买商以无追索权方式贴现票据，当付款人拒付票款时，包买商虽具有对付款人的优先债权或向担保人提出赔偿的权利，却唯独没有向出口商追还所付贴现净额的权利。但一般贴现业务的贴现公司贴现票据后，仍享有向票据出让人追索票款的权利。

(2)包买业务的融资对象为大型资本货物交易，通常需使用固定间隔期的多张等值票据；而一般贴现的票据主要用于普通商品交易，一次交易只涉及一张体现交易金额的票据。

(3)包买业务中的票据须经担保人担保后，包买商才予以贴现融资；而一般贴现只需付款人对票据(指汇票)进行承兑，持票人对票据进行背书即可，无须担保。

(4)包买票据的费用除贴现利息及手续费外，还包括选择费、承担费及罚金；而一般贴现业务中，贴现公司只按当时市场利率扣收贴现息及手续费，故包买票据的费用负担高于一般贴现。

包买票据和其他融资方式的比较总结如表 8-1 所示。

表 8-1 包买票据与其他融资方式对比表

种类 内容 项目	包买票据	国际商贷	出口信贷		保 理	一般贴现
			卖方信贷	买方信贷		
融资对象	出口商	进口商 出口商	出口商	进口商/ 进口银行	出口商	出口商
融资范围	一般贸易	项目融资	机电产品成套设备		消费品 一般商品	一般贸易
融资比例	100%票面额	注册资本以外资金缺口	85%合同金额		80%发票金额	扣贴现息及手续费付净额
利率	商业利率 (固定)	商业利率 (浮动)	政府补贴(固定)		商业利率 (固定)	商业利率 (浮动)
期限	中长期 (180 天以上)	短、中、长期 (不限)	中长期(1—10 年)		短期 (180 天以内)	短期
风险	无追索权	还本付息	还本付息		无追索权	有追索权
文件要求	简便	复杂多样	复杂多样		简便	齐全,高信誉
债权凭证	汇票本票保函	—	—		托收单据	汇票本票
出口商品国内制造部分	—	—	一般机电产品 70%以上,船舶 50%以上		—	—
担保/抵押	—	银行担保/物业抵押	银行担保/财产抵押		—	—
投保信用险	—	—	不一定	需要	—	—

【思考题】

1. 福费廷的特点是什么？
2. 简述福费廷业务流程。

第九章 国际结算中的单据

第一节 单据的含义及作用

国际结算中的单据乃是清算结算的实体，是出口收汇、进口付汇的依据。由于国际贸易结算实行的是推定交货的原理，就是说：就贸易而论，是货物的买卖；但就结算而言，却是单据的买卖。货物单据化，即货运单据代表货物。

"单据"这个词，英语原文为 Documents，即"文件"的意思。此词用于贸易结算，应正确掌握其词意的多样性和内涵。按国际商会第 522 号出版物《托收统一规则》的界定，应分为两类性质的文件：一是金融票据，如汇票、本票、支票等；二是商业单据，即我们在实际工作中称之为货运单据。为正确区别，前者我们称为金融票据，后者称为商业单据或货运单据。本章研究的就是货运单据。

何谓货运单据呢？简言之，就是各种商业单据的综合体，是出口方应进口方和其他有关方的要求必须备妥并提交的，完整地代表货物所有权的各种货运单据。货运单据的大致分类如图 9-1 所示。

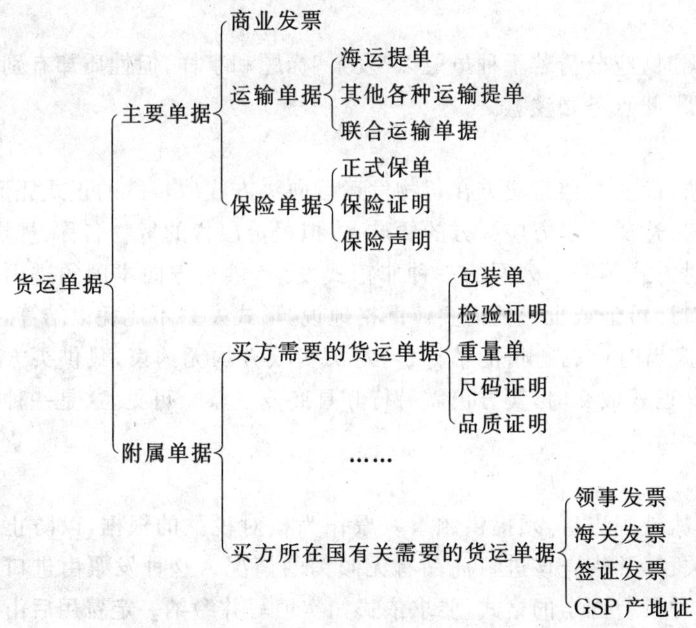

图 9-1 货运单据的分类

在国际贸易中，各国各地区采用的或要求对方提供的货运单据不尽相同，但它们的功能和作用应该是相同的或者大致上相同。比如，运输单据代表货物所有权的归属，保险单据是货物在运输过程中一旦发生损坏灭失可以获得相应经济补偿的依据，各种商检证明是保障货物品质、规格、数量、质量的官方或非官方的凭证，产地证是证明货物的原产地并凭此可以享受差别优惠关税的根据，等等。

第二节 发 票

一、商业发票的含义及作用

(一)什么是商业发票

发票(Invoice)是商业发票(Commercial Invoice)的简称，是出口方在货物发出时开具的发货凭证，凭证上对所装货物做了比较详细的说明，也是出口方向进口方收取出口货款的主要依据。

(二)商业发票的作用

(1)它是出口方履行合约的证明。在所有的货运单据中起着中心的作用，其他各种货运单据的内容均应与发票的内容一致。

(2)它是进出口双方收汇、付汇的依据。结算时如不使用汇票，发票即代替汇票作为收取货款的凭证。

(3)它是买卖双方进出口报关时必须提供的凭证，也是计价纳税的依据。

二、发票的种类

在观察发票这一货运单据时，应分清若干种虽冠以“发票”标题和字样，但性质却有别于作为主要货运单据的商业发票，此点务必注意。

1.形式发票

形式发票不同于商业发票，商业发票是卖方在货物发运后向买方收取货款的正式凭证，而形式发票则不然，它是在交易达成前卖方应买方的要求，将拟报价出售的货物名称、规格、单价、价格条件、装运期及支付方式等一一列明的一种非正式发票，供买方向本国的进出口管理机构或管汇部门申请进口许可证或批汇的需要。严格地说，形式发票不能凭以结算，票面上注明的价格亦是卖方根据当时市场行情的估计价，对买卖双方均无约束，只供买方参考，因其徒具发票形式，故名。正式成交时，卖方仍需另行开具商业发票。可见，这是一种特殊用途的发票。

2.领事发票

按某些国家的规定，货物从外国进口，须提供领事发票作为核对税款的根据，以防止买方进口时低报货价逃避进口关税，并审查该进口商品有无倾销的情况。这种发票由进口国驻出口国的领事馆发给，是一种具有固定的格式，要求依式如实填写并缴纳一定费用后由该国领事签证，所以也叫“领事签证发票”。领事发票或领事签证发票的作用和功能如下：

(1)证明进口货物的产地与原产地相同。

(2)证明领事发票上所填写的货物名称、价格与数量属实。

(3)它是进口商品征税的依据。

(4)防止出口国廉价倾销出口商品。

3.海关发票

它属货运单据中的附属单据,同理,与作为主要货运单据之一的商业发票相异。按某些进口国家的规定,进口货物报关时必须提供此种发票。海关发票的作用与领事发票有些相似,也是为了便于进口国海关审查货物的原产地,按不同国别收取不同的进口关税,并审查进口货价防止出口国倾销。海关发票可以按照有关国家规定的格式,由出口方自行印制,而不必像领事发票那样必须向领事馆索取固定的格式。各国海关发票,其内容和要求略有不同,但大体上都包括货价和产地两项内容。凡向美国、加拿大、澳大利亚、新西兰诸国出口的货物,均须提交此类海关发票,美国称之为特种海关发票(Special Customs Invoice,SCI)。凡提供这种发票者,进口货物可优先通关。

4.证实发票,实际上即为海关发票

之所以叫做"证实",是由于发票上明列货价和产地这两项主要内容,其中货价部分须经卖方以个人名义签名证实之故。

据此,我们可以知道,商业发票属主要货运单据,是买卖双方凭以结清进出口货物的依据。至于领事发票、海关发票(或证实发票)则属附属单据,各有其自身的特殊作用和功能。

第三节 运输单据

国际贸易项下的进出口货物,从运输方式看通常有海路、公路、铁路、内河、空运或联合运输,把货物从出口国运达进口国,从起运地(港)运达目的地(港)。与运输方式相适应,就有海运提单、公路运单、铁路运单、空运运单及联合运输单据。当然,进出口货物运输迄今为止仍主要通过海运实现的,所以海运提单是下文重点讲述的内容。

一、海运提单的含义及作用

(一)海运提单的含义

海运提单是指出口商作为托运人,把出口货物交给作为承运人的轮船公司,由后者运抵目的港,再由承运人把货物交给作为收货人的进口方这样一种运输过程所开出的单据。如图 9-2 所示。

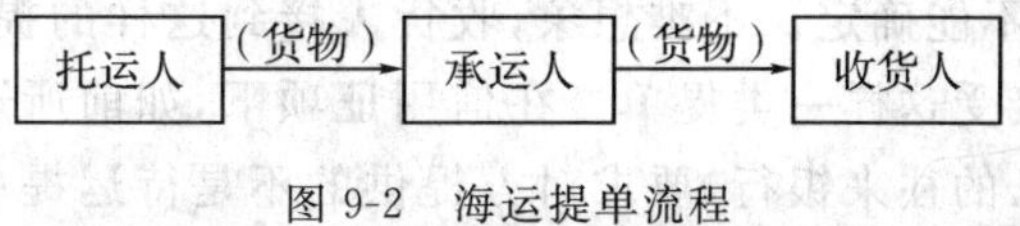

图 9-2 海运提单流程

(二)海运提单的作用

(1)货物收据。它是承运人确认从托运人处收到货物后签发的一纸证明。

(2)运输契约,或称运输契约的凭证。海运提单上规定了承运方与货物关系方(即船方与货方)各自的权利和义务,成为一项正式契约。

(3)货物所有权凭证,即物权凭证。海运提单实际上代表了货物,凭其可以占有、转让、流通和抵押,而海运提单的转让构成货物所有权的转让。

(三)海运提单上的当事人与关系人

(1)托运人。他是委托轮船公司运送货物的当事人,在进出口业务中,通常出口方是发货人。

(2)承运人。指承运货物的那一方,即船公司。

(3)收货人。通常是进口方。

(4)接受提单的转让人。鉴于海运提单系物权凭证,经过一定的手续可以转让之故,提单所代表的货物可能在运输途中已经转让给他人,所以,真正持有该物权凭证即海运提单者,可能已经不是进口方,而是接受转让的其他人。

二、海运提单的种类

随着国际海运业务的不断拓展和创新,海运提单的种类日趋增多,可按各种标准进行分类。

(一)按货物是否确实已经装上货船划分

海运提单可分为(货物)已装船提单及待运提单两大类。

(1)已装船提单(Shipped 或 On Board B/L)。所谓已装船提单,是指托运人把货物交承运人,承运人收到货物装上货船后所签发的提单。这类提单的特点是在提单的正面明确注明"货物已装上指名船只"。大家知道,作为收货方的进口方自然非常关心并希望进口货物能够按时运达目的港,这样才能及时提货。既然提单上已经明确表明货物已装上定期航班的指名货船,那么在不发生意外的情况下自然会按时运达,不误销售。正是因为这一缘故,进口方往往在合约中和信用证上提出"海运提单上必须明确表明这笔进口货物已装上定期航班的某条指名船只"的要求。也正是因为如此,这类海运提单在国际贸易业务中才被广泛使用。至于国际贸易结算业务,尤其是信用证项下的货物,作为信用证申请人的进口方通过其往来银行对外开证,要求在信用证上写明"信用证的受益人必须提供货已装船的海运提单";同理,银行只能接受信用证受益人交来的这样一类海运提单。

(2)待运提单(Received for Shipment B/L)。所谓待运提单,是指与货已装船的提单相区别的另一类海运提单,是承运人或其代理人从托运处收到货物后,因故暂时不能决定应当装上哪条货船,在货物起运前签发的提单。这类提单的特点是:因为暂时还不能确定具体船只和具体装船日,由船方先收下这笔货物,待装船后再说,所以这笔货物的装船日及具体船名目前暂不能确定。不难想象,收货人接到这样的提单当然无法在目的港提货,因此进口方不能接受这样一类提单。在信用证项下,如前所述,作为信用证的申请人,进口方往往通过自己的往来银行,要求对方提供的不是待运提单而是已装船提单,是理所当然的事。

然而,待运提单在一定的条件下完全可以转化为已装船提单。譬如,最初船方因故无法确定载货货船才签发了待运提单,后来又装上了某条船,此时,船方再在待运提单上加注"已装船”字样，情况就发生了质的变化，待运提单变成了已装船提单，进口方就可以接受了，银行也可以接受了。这种提单上表明的货物发运日应是在提单上加批注的那一天(参阅《跟单信用证统一惯例》即国际商会第 600 号出版物中第 23 条 a 款)。

(二)按海运提单项下的货物能否转运划分

海运提单可分为直达海运提单、转船海运提单和联合运输提单三种。

(1)直达海运提单(Direct B/L)。指货物用同一艘货船直接由装货港运达目的港，中途不在任何港口转船所签发的提单。这类提单是承运人及实际运输人为同一海运公司，权责明确，运输业务也容易处理。如在信用证项下，有明确禁止货物在中途港转运者，证上要求的就是这类直达海运提单。

(2)与直达海运提单相反的是转船提单(Transshipment B/L)。这里所讲的转运，是指承运货物在装货港到卸货港(即起运港至目的港)之间的海运过程中，将货物由一艘货船卸下后再装上另一艘货船的运输。

转船海运提单就是表明货物将于预定的中途港从一条货船移载到另一条货船后续航目的港的那种提单。这种提单的特点反映在跟单信用证的文句上，是“允许在某地转运”的字样。

(3)全程提单(Through Bill of Lading)。习惯上又称联运提单，但是为了避免与下文要讲的联合运输单据的含义混同，以不使用“联运提单”这一名称为宜，改称“全程提单”比较确切。

当托运人委托承运人承担全程运输，但实际运输往往须经海路、铁路或公路，或者海陆空联运，才能将货物最终运达目的地者就是全程运输。全程运输方式的特点是第一承运人签发全程运输提单，其他运输人不签发提单。货到目的港或目的地后可凭承运人所签发的全程提单提货。

(4)联合运输单据或联合运输提单(Through B/L)。所谓联合运输提单，指至少采用两种不同的运输方式将货物从一国的收受监管地运到另一国指定的交货地。完成全程运输的运输方式称为联合运输方式，而为完成联合运输过程所出具的提单称为联合运输提单。

这种联合运输提单与上述全程运输提单功能相似，有的国家和地区视为同一类。

(5)还有一种国际上通用的联合运输单据，叫 FIATA 联合运输提单，即国际货物运输行所推荐的联合运输提单。《跟单信用证惯例》即国际商会第 500 号出版物曾专条提及，规定银行不得拒绝接受此类提单。

(6)集装箱运输提单(Container B/L)。凡采用集装箱装载货物，由承运人签发的提单称集装箱提单。此种运输方式的特点，是货物由托运人自行装货加封，故在提单上注明“托运人自行装货点数”的字句。

(三)按海运提单上对于所运货物和包装状况是否有瑕疵批注划分

海运提单可分为不洁净提单和洁净提单。

(1)不洁净提单(Unclean B/L)。当托运人将货物交于承运人运输的时候，承运人方面理所当然要对货物的状况，特别是对货物的外表和包装情况作大致的观察和检查。一旦发现货物包装有瑕疵情况就在海运提单上加注批语，如“包装渗漏”、“包装破裂”等文句。凡带有此类批注的提单，就叫不洁净提单。

(2)洁净提单(Clean B/L)。凡属包装状况良好无瑕疵,无必要加上述类似批注,则称为洁净提单。进口方作为货物的收受方自然希望获得不加任何此类批注的洁净提单,而不愿接受加有瑕疵批注的不洁净提单。所以,进口方作为信用证的申请人常常通过银行要求对方(即信用证的受益人出口方)提交洁净提单,正因为如此,银行就拒收不洁净提单。

(四)按提单可否转让及如何转让划分

海运提单可分为记名提单、指示性提单和不记名提单三种。

(1)所谓记名提单(Named Consignee B/L),系指在提单上收货人这一栏内直接写明由××或××单位提货。这种提单又称收货人抬头提单,表明提单项下的货物只能由指名的收货人提取,不得转让。由此可知,该提单项下的货物将控制在被指名的收货人手里,不存在转让的问题及由转让引起的风险。

(2)指示性提单(Order B/L)。这种提单的特点是在提单上收货人这一栏里并不写明具体的收货人姓名,但这一栏里必定有一个英语单词"Order"(意谓指定的人),这就是指示性提单。再细分之,又有"由托运人指定"或只写上"指示"二字(英语是一个词即Order),其含义是,这一提单项下的货物究竟谁收,应由托运人指定。另外,还有"由收货人指定"或"凭信用证开证行指定"。不论是由托运人指定,或由收货人指定,或由开证行指定,这类提单的一个共同点就是:在提单的收货人这一栏里一定有英语单词"Order"。这个单词表明,该提单项下的货物经过背书转让,由接受转让者提货。所以这类提单称为转让提单。

至于背书的具体做法有:(1)空白背书。即背书人在提单背后签名盖章,但不具体指名说出被背书人(接受转让人)。(2)记名背书。是背书人在提单背面写明被背书人即接受转让人的姓名。在国际贸易中,采用指示性提单较为普遍。

(3)不记名提单(Open B/L)。意指在提单上收货人这一栏里不填写,或仅仅写上持单来人(Bearer)字样。这种提单也可转让,但无需背书,仅凭交付即可转让。

这里有必要阐明汇票的背书转让与提单的背书转让之区别所在,即背书人责任的差异。简单说,汇票的背书人要负连带责任,而指示性提单的背书人只要背书手续合法,则不负连带责任。汇票的正当持票人,如前所述,其权利优于其任何前手,亦不受出票人和付款人之间债务关系的约束;而提单的正当持有者,其权利不能优于其前手,须受托运人和承运人之间债务关系的约束。从这个意义上说,指示性提单虽然可以流通转让,却尚非完全意义上的流通证券,而是一种半流通证券。

(五)根据提单上运输条款的详细差异情况划分

海运提单又可分为简式提单或繁式提单。

简式提单(Short form B/L)只保留了繁式提单(Long form B/L)正面所载明的条款和内容,但没有繁式提单反面载明的有关托运人和承运人权利和义务的内容,及免责条款和限制性条款,实际上是背面空白的提单。

(六)过期提单与倒签提单

所谓过期提单(Stale B/L),是指提单签发后未能在规定的期限内提交有关银行,此时银行有权不接受此类提单。而倒签提单(Anti-dated B/L)是托运人要求承运人在实际装货前签发的那种提单,就是说,提单签发在前,实际装货在后。因此,货主或银行凡发现提单签发日早于货物装船日者，货主可拒收货物，银行拒绝承办此类业务。

三、其他运输单据

货物运输单据除海运提单外，尚有运输行收据、航空运单、不可转让的海运单、公路运单或铁路运单，等等。它们之间的共同点是运输凭证，但其功能作用与海运提单不尽相同。

运输行收据是出口方把货物交运输行代运，在交货时收到该运输行出具凭以提货的收据，而运输行本身并不拥有运载工具，仅是把客户托运的货物并成集装箱后交轮船公司承运，再从轮船公司收到一套海运提单。出口方把运输行的那张收据寄国外进口方，待货到进口地后，运输行在海外的代理先凭海运提单向轮船公司提货，再凭进口方提示的运输行收据交货。运输行收据不是运输契约的证明，也不是货物所有权的凭证。

航空运单是作为承运人的航空公司接受托运人之委托以飞机装载货物开立的凭证。航空运单不能凭以提取货物，也不是货物所有权的凭证。

第四节　保险单据

在国际贸易中，货物自起运地出运，一般要经过长途运输才能抵达目的地。而在运输途中，货物有可能遭到无法预料或无法控制的自然灾害或意外事故，从而受到损坏或灭失。这类损坏灭失，如果没有除承运人、托运人外的第三方承担责任给予物质赔偿，那么，必然要由进出口双方中的任一方或双方共同承担。这样的话，国际贸易势必要成为一个风险巨大的行业，从而将限制进出口贸易的增长和发展。

一、海运风险的种类

国际贸易中货物的运输包括海、陆、空三个领域，但常采用的运输方式当为海上运输。因为海洋运输具有许多优点：运输距离不受限制；海运运费相对低廉；适用货物的范围广泛；特别是集装箱运输方式近数十年来得到了越来越广泛的采用。因此，国际贸易货物的保险应重点放在海运保险上。

海运风险颇多，各种风险带来的货物损坏和灭失也不尽相同，保险公司（承保人）承担的赔偿责任自然也不一样。海上损失（海损）的类别如图 9-3 所示。

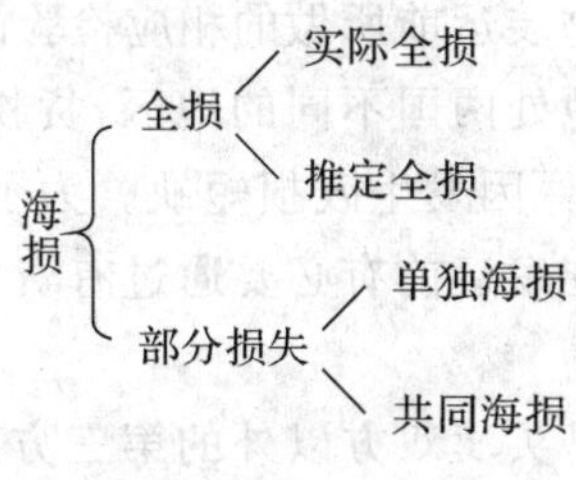

图 9-3　海损的类别

分别解释于下：

所谓全损，是指海洋运输途中整批货物(即保险标的物)遭到全部毁损，货物已失去原有性质和形态。如上图所示，全损又可分为：实际全损(Actual Total Loss)，系指标的物已失去原来用途；推定全损(Constructive Total Loss)，指货物虽未达到全部损失的程度，但要把它恢复到原有形态和用途，所需费用将超过货物原来的价值。

部分损失(Partial Loss)指货物未达到全损的程度，只受到部分损失。货物招致部分损失，按其性质而言，又分共同海损和单独海损。共同海损(General Average)，指载货船只在海上出险，船长为了人、船、货的安全使之最后能驶达目的港，为了减轻货载当机立断把部分货物抛往大海，这一部分弃于海洋的货物当然不应由被弃货物的货主单独承担经济损失，理应由船方、货方、保险方及有关方均摊，这就是共同海损的含义。单独海损(Particular Average)指共同海损外的部分损失，将视情况由受损者单独承担。

二、保险单据分类

在国际结算业务中，常见的保险单据一种为正式保单或称大保单(Insurance Policy)，是保险人(Insurer，即承险人、保险公司)发给被保险人(The Insured，即保户)的保险契约。该契约是保险人承保指定航程内对某一批货物的风险，若该批货物受到灭失，保险人即保险公司将按规定予以赔偿。正式保单中列明保险责任、范围、保险人及被保险人的权利和义务。另一种保险单据为保险证明(insurance Certificate)，是保险人出具的一种简化的保险契约，上面仅载明被保险人姓名、船名、保险金额、投保险别等。它与正式保单一样，原则上具有同等效力。按习俗，凡信用证上规定要求提供正式保单者，则不能以保险证明代替；但信用证要求提供保险证明时，却可以用正式保单取代之。

第五节　附属单据

附属单据包括的种类很多，如商检证明、重量单、尺码证明、包装单等等。为突出重点，本节只对商品检验证明进行必要的讲述。

一、商品检验证明的含义及作用

商品检验证明，简称商检证，是证明出口商品的规格、品质、数量、重量和特性的检验文件，是出口方应进口方要求在货物装运前所做的相应检验的书面证明。

在国际贸易中，进出口双方地处两国不同的地区，货物不能当面清点验收。同时，货物在长途运输途中也可能由于诸种原因发生残损短缺。为了便于货物的交接，也为了便于确定事故的起因和责任归属，商品在发运前有必要通过有资格的权威性的机构检验并出具有关证明。

出具检验证书的机构，应该是买卖双方以外的第三方。许多国家设有专门性的商品检验机构，这些机构有些是国家设立的官方机构，如我国的商品检验局，有的则是私人性或同业公会的检验机构。

二、商品检验证明的种类

商检机构出具的商检证明种类很多，有证明商品品质和规格的，谓之品质检验证明，有证明重量和数量的，还有检疫证、产地证等等。不能一一列举介绍，这里仅阐述其中的一种：普惠制产地证。

普惠制产地证是发展中国家向发达国家出口制成品或半制成品享受普遍优惠税率而规定要填写的证明，当进口国的海关接到此种证明后凭以给予减免关税的待遇。由于是进口方减免关税，所以也就增强了出口货物在进口国市场上的竞争能力，归根到底，是对发展中国家向发达国家出口有利。

普惠制产地证是一种固定的格式，上面要填写的内容包括两部分，一部分是证明性内容，如货物的件数、唛头、产地、重量、数量等等；另一部分是具结性内容，需要出口方声明所填写的内容属实，产品确系某国某地所生产，并签名具结证实。此外，除了出口方自行填写和签署以外，还有一栏需要证明机构签署，以证明出口方所申报的内容属实无误，方才有效。

普惠制是普遍优惠制的简称，是在一次联合国贸发会议上，发展中国家取得的一种贸易优惠，是发达国家对来自发展中国家大部分工业品、半制成品和部分农产品，特别是纺织品实行减税、免税进口，单方面的关税优惠。由于享有这种减免税优惠，受惠国的产品在施惠国市场上的竞争能力相应提高，从而能扩大出口，增加出口收汇。

普遍优惠制的基本原则有三条，即普遍的、非歧视性的和非互惠的。普遍的原则是指所有的发达国家都应当对所有发展中国家出口的制成品、半制成品提供优惠待遇。非歧视性的原则是指发达国家不能用任何借口把某些发展中国家排斥在受惠国范围以外。非互惠原则是指发达国家应单方面给予发展中国家关税优惠，而不要求发展中国家对发达国家给予同等优惠待遇，是一种单向的税率优惠。

以上三条原则是既定原则。然而，由于现行普惠制方案提出的受惠产品范围和受惠国获益程度有限，一些主要施惠国又通过各种手段限制优惠待遇，甚至随意决定自己的受惠国，致使普惠制方案遭到扭曲，加上普惠制以外的其他非关税措施盛行，有关原产地的规则既复杂又不统一等因素，从整个情况看，普惠制并未达到预期目的，对发展中国家的经济增长和工业化的促进作用相当有限。

各种单据的样式如表 9-1 至表 9-13 所示。

表 9-1 海运提单

<table>
<tr><td colspan="2">Shipper</td><td colspan="2" rowspan="5">B/L NO.
金发船务有限公司
GOLDEN FORTUNE SHIPPING CO. LTD.
HONGKONG
BILL OF LADING
RECEIVED the goods the total numbers or quantity of containers or packages or units states by the shipper to comprise the goods specified below subject to all the terms here of(including the terms on the reverse here of and the terms of the carrier's applicable tariff)in apartment good order and condition as specified below unless otherwise stated herein.
The Carrier in accordance with the provisions contained in this document.
1) undertakes to perform or to procure the performance of the entire transport from the place at which the goods are taken in charge to the place designated for delivery in this document. and
2) assumes liability as prescribed in this document for such transport.</td></tr>
<tr><td colspan="2">Consignee or order</td></tr>
<tr><td colspan="2">Notify address</td></tr>
<tr><td>pre-carriage by</td><td>Place of receipt</td></tr>
<tr><td>ocean vessel</td><td>Port of loading</td></tr>
<tr><td>Port of discharge</td><td>Place of delivery</td><td>Freight payable at</td><td>Number of original B/L</td></tr>
<tr><td colspan="4">Marks and Nos. Number and kind of packages Gross weight kgs
Decryption of goods Measurement, M^3
ORIGINAL
ABOVE PARTICUL DECLARED BY SHIPPER</td></tr>
<tr><td colspan="2" rowspan="2">Freight and charges</td><td colspan="2">IN WITNESS where of the number of original Bills of Lading states above have been signed. All of this tenor and date, one of which being accomplished. The other(s) to be void</td></tr>
<tr><td colspan="2">Place and date of issue</td></tr>
<tr><td colspan="2">For transshipment details, Please contact Golden Fortune Shipping Co, Ltd, HongKong
TELEX 67628 GOFOR HX</td><td colspan="2">As Agents only</td></tr>
</table>

TERMS AND CONDITIONS AS PER BACK HEREOF

GF・T・Sea Sea

表 9-2　直运或转船提单

<table>
<tr><td colspan="3">Shipper</td><td colspan="2" rowspan="6">中国对外贸易运输中公司
CHINA NATIONAL FOREIGN TRADE
TRANSPORTATION CORP
直运或转船提单
BILL OF LADING\
DIRECT OR WITH TRANSHIMENT
SHIPPED on board in appeared good order and condition (unless otherwise) the goods or package specified herein and to be discharge at mentioned port discharge or as near therein as the vessel may safely get and be always afloat.
The weight. Measure marks and number, quality, contents and value, being particular furnished by the Shipper are not checked by the Carrier on loading.
The shipper, consignee and the Holder of this bill of Lading hereby accept and agree to all printed written or stamped provisions. exceptions and conditions of this bill of Lading including those on the back here of IN WRITNESS whereof the number of original Bills of Lading Stated below have been signed, one of which being accomplished the other to be vold</td></tr>
<tr><td colspan="3">Consignee of order</td></tr>
<tr><td colspan="3">Notify address</td></tr>
<tr><td colspan="2">Pre-carriage by</td><td>Port of Loading</td></tr>
<tr><td colspan="2">Vessel</td><td>Port of transshipment</td></tr>
<tr><td colspan="2">Port of discharge</td><td>Final destination</td></tr>
<tr><td colspan="2">Container. Seal NO. or marks and NOS.</td><td>Number and kind of packages Description of goods</td><td>Gross weight(kgs.)</td><td>Measurement(m^3)</td></tr>
<tr><td colspan="3">Freight and charges</td><td colspan="2">REGARDING THANSHIPMENT</td></tr>
<tr><td rowspan="2">Ex. rate</td><td>Prepaid at</td><td>Freight payable</td><td colspan="2">Place and date of issue</td></tr>
<tr><td>Total prepaid</td><td>Number of original Bs/L</td><td colspan="2">Signed for or on behalf of Master
as Agent</td></tr>
</table>

(SINOTRANS STANDARD FORM 4)

SUBJECT TO THE TERMS AND CONDITIONS ON BACK

表 9-3 航空运单

中国民用航空总局

GENERAL ADMINISTRATION OF CIVIL AVIATION OF CHINA

国际货物托运书 货运单号码

SHIPPER'S LETTER OF INSTRUCTION NO. OF AIR WAYBILL

999 ____

始发站 AIRPORT OF DEPARTURE	到达站 AIRPORT OF DESTINATION	供承运人用 FOR CARRIER USE ONLY	
		航班/日期 FLIGHT/DAY	航班/日期 FLIGHT/DAY

路线及到达站 ROUTING AND DESTINATION							
至 TO	第一承运人 BY FIRST CARRIER	至 TO	承运人 BY	至 TO	承运人 BY	至 TO	承运人 BY

收货人账号 CONSIGNEE'S ACCOUNT NUMBER	收货人姓名及地址 CONSIGNEE'S NAME AND ADDRESS	已预留吨位 BOOKED
		运费 CHARGES
另请通知 ALSO NOTIFY		
托运人账号 SHIPPER'S ACCOUNT NUMBER	托运人姓名及地址 SHIPPER'S NAME AND ADDRESS	

托运人申明的价值 SHIPPER'S DECLARED VALUE		保险金额 AMOUNT OF INSURANCE	随附文件 DOCUMENTS TO ACCOMPANY AIR WAY BILL
供运输用 FOR CARRIAGE	供海关用 FOR CUSTOMS		

NO. OF PACKAGES	实际毛重(公斤) ACTUAL GROSS WEIGHT (KG)	运价类别 RATE CLASS	收费重量 CHARGE WEIGHT	费率 RATE/CHARGE	货物品名及数量(包括体积或尺寸) NATURE AND QUANTITY OF GOODS (OR VOLUME)

在货物不能交于收货人时,托运人指示的处理办法 SHIPPER'S INSTRUCTIONS IN CASE OF INABILITY TO DELIVER SHIPMENT AS CONSIGNED
处理情况(包括包装方式、货物标志及号码等) HANDLING INFORMATION (INCL METHOD OF PACKING IDENTIFYING MARKS AND NUMBERS ETC.)

托运人证实以上所填全部属实并愿意遵守承运人的一切载运章程

THE SHIPPER CERTIFIES THAT THE PARTICULARS ON THE FACE HEREOF ARE CORRECT AND AGREES TO THE CONDITIONS OF CARRIAGE OF THE CARRIER

托运人签字 SIGNATURE OF SHIPPER	日期 DATE	经手人 AGENT	日期 DATE

表 9-4 保险单

中国人民保险公司

THE PEOPLE'S INSURANCE COMPANY OF CHINA

总公司设于北京　　一九四九年创立

Head Office:BEIJING　　Established in 1949

保 险 单　　号次

INSURANCE POLICY　　No SH02/

中国人民保险公司(以下简称本公司)根据________(以下简称被保险人)的要求，由被保险人向本公司缴付约定的保险费，按照本保险单承保险别和背面所载条款与下列条款承保下述货物运输保险，特立本保险单。This Policy of Insurance witnesses that The People's Insurance Company of China (hereinafter called "the Company"), at the request of ________ (hereinafter called "the Insured") and in consideration of the agreed premium paid to the Company by the Insured, undertakes to insure the undermentioned Goods in transportation subject to the conditions of this policy as per the Clauses printed overleaf and other special clauses attached hereon.

标 记 Marks & Nos.	包装及数量 Quantity	保险货物项目 Description of Goods	保险金额 Amount Insured
As per Invoice No.			

总保险金额：

Total Amount Insured: ________

保　　费　　费率　　装载运输工具

Premium　as arranged　　Rate　as arranged　　Per conveyance S. S ________

开 行 日 期　　自　　至

Slg. on or abt. ________　　From　SHANGHAI　　to ________

承保险别

Conditions

所保货物，如遇出险，本公司凭本保险单及其他有关证件给付赔款。

Claims, if any, payable on surrender of this Policy together with other relevant documents.

所保货物，如发生本保险单项下负责赔偿的损失或事故，

In the event of accident whereby loss or damage may result in a claim under this Policy immediate notice applying

应立即通知本公司下述代理人查勘：

for survey must be given to the Company's Agent as mentioned hereunder:

中国人民保险公司上海分公司

THE PEOPLE'S INSURANCE CO. OF CHINA

SHANGHAI BRANCH

赔款偿付地点

Claim payable at ________

日期　　上海

Date ________　　Shanghai

地 址：中国上海中山东路 23 号

Address: 23 Zhongshan Dong Lu Shanghai, China

Cables: 42001 Shanghai

____

Manager

250

表 9-5 发票票样

<table>
<tr><td colspan="2">Exporter
Rank books
Po box 568
Singapore</td><td colspan="3">Invoice</td></tr>
<tr><td colspan="2" rowspan="3">Consignee
"Order"</td><td colspan="2">Invoice no
142007</td><td>Date
January 11,1980</td></tr>
<tr><td colspan="3">Exporter's Reference no
771108</td></tr>
<tr><td colspan="3">Buyer's Order no
10598</td></tr>
<tr><td colspan="2">Buyer(is not stated above)
Thailand Importer Co
16 Jalan Bandar
Bangkok</td><td colspan="2">Country of Origin of Goods
Singapore</td><td>Country of Final Destination
Thailand</td></tr>
<tr><td colspan="2">Departure Date
About January 20, 1980</td><td colspan="3">Terms of Delivery and payment</td></tr>
<tr><td>Vessel/Aircraft ect
"Kunra Maru"</td><td>Part of loading
Singapore</td><td colspan="3">CIF Bangkok
Payment by Irrevocable
Letter of Credit available
At sight L/C No,2345/77</td></tr>
<tr><td colspan="2">Marks Nos. and Containers No., No. and kind of Packages Description of Goods
T. I. C 23 Cases of Automotive
10598 Spare Parts
BANGKOK 5 Cases of Hand
C/No. 1—28 Tools and socket Wrenches</td><td>Quantity</td><td>Perunit</td><td>Amount
USD5, 012/— 1, 588/—</td></tr>
<tr><td colspan="5">InvolceTotal
USD6,600/—</td></tr>
<tr><td colspan="5">For Rank books
Rook
manager</td></tr>
</table>

表 9-6 一般出口商品许可证

中华人民共和国出口商品许可证

EXPORT LICENCE OF THE PEOPLE'S REPUBLIC OF CHINA

1. 申领许可证单位：编号： Exporter			3. 出口许可证编号： Licence NO.		
2. 发货单位： 编号： Consignor 中国 ×××进出口公司			4. 许可证有效期： Validity		
5. 贸易方式： Terms of trade			8. 输往国家(地区)： Country of destination		
6. 合同号： Contract No.			9. 收款方式： Terms of payment		
7. 出运口岸： Port of shipment			10. 运输方式： Means of transport		
11 唛头——包装件数 Marks & numbers of packages					
12. 商品名称： Description of commodity		商品编号： Commodity No.			
13. 规格，等级 Specification	单位 千克 Unit	14. 数量 Quantity	15. 单价 (USD) Unit price	16. 总量 (USD) Amount	17. 总量折美价 USD Amount in
18. 总计 Total	千克				
19. 备注 Supplementary			20. 发证机关盖章 Issuing authority's stamp & signature 发证日期：Date of issue		

第一联(正本)发货人办理海关手续海关验放签注栏在背面

表 9-7 一般商品进口配额证明

No.

<table>
<tr><td colspan="4">1. 申请进口单位主管部门(地区):
2. 申请进口单位:</td><td colspan="4">4. 配额证明编号:
5. 有效期:</td></tr>
<tr><td colspan="4">3. 对外成交单位:</td><td colspan="4">年 月 日前办理进口许可证有效</td></tr>
<tr><td colspan="4">6. 进口目的:
8. 外汇来源:</td><td colspan="4">7. 贸易方式:
9. 到货口岸(具体关名):</td></tr>
<tr><td>10. 产品名称</td><td>11. 型号规格</td><td>单位</td><td>12. 数量</td><td>13. 金额(万美元)</td><td>14. 贸易国或地区</td><td>15. 商品编号:(H. S)</td></tr>
<tr><td></td><td></td><td></td><td></td><td></td><td></td><td></td></tr>
<tr><td></td><td></td><td></td><td></td><td></td><td></td><td></td></tr>
<tr><td></td><td></td><td></td><td></td><td></td><td></td><td></td></tr>
<tr><td></td><td></td><td></td><td></td><td></td><td></td><td></td></tr>
<tr><td>总计</td><td></td><td></td><td></td><td></td><td></td><td></td></tr>
<tr><td colspan="2">备
注</td><td colspan="2"></td><td colspan="3">发证机关盖章:
经办人签字:
16. 发证日期: 年 月 日</td></tr>
</table>

第一联 申请进口许可证凭证

国家计划委员会监制

表 9-8 商检证书

中华人民共和国上海进出口商品检验局

SHANGHAI IMPORT & EXPORT COMMODITY INSPECTION BUREAU

OF THE PEOPLE'S REPUBLIC OF CHINA

正 本

ORIGINAL

V0071560

NO. 1630337

Address：13，Zhongshan Road (E. 1)，Shanghai

检 验 证 书

INSPECTION CERTIFICATE

QUALITY

日期

Date

电报：上海 2914

Cable：2914 SHANGHAI

电话：215529

Tel：

发货人：

Consignor

收货人：

Consignee ______________________

品名：

Commodity ____________

标记及号码：

Mark & No.

报验数量/重量：

Quantity/Weight Declared ____________

检验结果：

RESULTS OF INSPECTION：

主任检验员

Chief Inspector

表 9-9 普惠制产地证

FORM A ORIGINAL

<table>
<tr><td colspan="3">1. Goods consigned from (Exporter's business name, address, country)</td><td colspan="3" rowspan="2">Reference No
GENERALIZED SYSTEM OF PREFERENCES CERTIFICATE OF ORIGIN
(Combined declaration and certificate)
FORM A
THE PEOPLE'S REPUBLIC
Issued in (country)
OF CHINA
see Notes. overleaf</td></tr>
<tr><td colspan="3">2. Goods consigned to (Consignee's name, address, country)</td></tr>
<tr><td colspan="3">3. Means of transport and route(as far as known)</td><td colspan="3">4. For official use</td></tr>
<tr><td>5. Item number</td><td>6. Marks and numbers of packages</td><td>7. Number and kind of packages; description of goods</td><td>8. Origin criterion (see Notes Overleaf)</td><td>9. Gross weight or other quantity</td><td>10. Number and date of invoices</td></tr>
<tr><td colspan="3">11. Certification
It is hereby certified, on the basis of control carried out, that the declaration by the exporter is correct.

....
Please and date, signature and stamp of certifying authority</td><td colspan="3">12. Declaration by the exporter. The undersigned hereby declares that the above details and statements are correct; that all the goods were produced in
CHINA
(country)
and that they comply with the origin requirements specified for those goods in the Generalized System of Preferences for goods exported to
....
(importing country)
....
Place and date, signature of authorized signatury</td></tr>
</table>

表 9-10 贸促会产地证

ORIGINAL

<table>
<tr><td colspan="3">1. Exportor(full name and address)</td><td colspan="3" rowspan="2">Certificate No. 0696236
CERTIFICATE OF ORIGIN
OF
THE PEOPLE'S REPUBLIC OF CHINA</td></tr>
<tr><td colspan="3">2. Consignee(full name, address, country)</td></tr>
<tr><td colspan="3">3. Means of transport and route</td><td colspan="3" rowspan="2">5. For certifying authority use only</td></tr>
<tr><td colspan="3">4. Destination port</td></tr>
<tr><td>6. Marks and number of packages</td><td>7. Description of goods; number and kind of packages</td><td colspan="2">8. H. S Code</td><td>9. Quantity or weight</td><td>10. Number and date of invoices</td></tr>
<tr><td colspan="3">11. Declaration by the exporter The undersigned hereby declares that The above details and statements are correct; that all the goods were produced in China and that they comply with the Rules of Origin of the People's Republic of China.</td><td colspan="3">12. Certification It is hereby certified that the declaration by the exporter is correct.</td></tr>
<tr><td colspan="3">Place and date signature and stamp of authorized signatory</td><td colspan="3">Place and date signature and stamp of certifying authority</td></tr>
</table>

* China Council for the Promotion of international Trade is China Chamber of international Commerce.

表 9-11 一般原产地证书

<table>
<tr><td colspan="2">1. Exporter (full name, address, country)</td><td colspan="3" rowspan="2">CERTIFICATE NO.
CERTIFICATE OF ORIGIN
OF
THE PEOPLE'S REPUBLIC OF CHINA</td></tr>
<tr><td colspan="2">2. Consignees(full name, address, country)</td></tr>
<tr><td colspan="2">3. Means of transport and route</td><td colspan="3" rowspan="2">5. For certifying authority use only</td></tr>
<tr><td colspan="2">4. Country/region of destination</td></tr>
<tr><td>6. Marks and numbers</td><td>7. Number and kind of packages description of goods</td><td>8. H. S. Code</td><td>9. Quantity</td><td>10. Number and date of invoices</td></tr>
<tr><td colspan="2">11. Declaration by the exporter
The number signed hereby declares that the above details and statements are correct; that all the goods were produced in China and that they comply with the Rules of Origin of the People's Republic of China.
....
Place and date, signature and stamp of authorized signatory</td><td colspan="3">12. Certification
It is hereby certified that the declaration by the exporter is correct.
....
Place and date, signature and stamp of certifying authority</td></tr>
</table>

表 9-12 海关发票

DEPARTMENT OF
THE TREASURY
UNITED STATES
CUSTOMS SERVICE

SPECIAL CUSTOMS INVOICE

Form Approved

19U. S. C. 1481, 1482, 1484(Use separate invoice for purchased and non-purchased goods.) O. M. B. NO. 48-R0342

(1)SELLER				(2)DOCUMENT NR. *	(3)INVOICE NR. AND DATE. *		
				(4)REFERENCES *			
(5)CONSIGNEE				(6)BUYER (if other than consignee)			
				(7)ORIGIN OF GOODS			
(8)NOTIFY PARTY *				(9)TERMS OF SALE, PAYMENT, AND DISCOUNT			
(10)ADDITIONAL TRANSPORTATION INFORMATION *				(11)CURRENCY USED	(12)EXCH. RATE (if fixed or agreed)		(13)DATE ORDER ACCEPTED
(14)MARKS AND NUMBERS ON SHIPPING PACKAGES	(15)NUMBER OF PACKAGES	(16)FULL DESCRIPTION OF GOODS	(17) QUANTITY	UNIT PRICE (18)HOME MARKET	UNIT PRICE (19) INVOICE		(20)INVOICE TOTALS
(21)If the production of these goods involved furnishing goods or services to the sellers (e.g. assist such as dies, molds, tools engineering work) and the value is not included in the invoice price, check box and explain below.				(22)PACKING COSTS			
(27)DECLARATION OF SELLER/SHIPPER (OR AGENT)				(23) OCEAN OR INTERNATIONAL FREIGHT			
I declare: If there are any rebates, drawbacks or bounties allowed upon the exportation of goods, I have checked box (A) and itemized separately below. I further declare that there is no other invoice differing from this one (unless otherwise described below) and that all statements contained in this invoice and declaration are true and correct		If the goods were not sold or agreed to be sold, I have checked box (B) and have indicated in column the price I would be willing to receive. SIGNATURE OF SELLER/SHIPPER (OR AGENT)		(24)DOMESTIC FREIGHT CHARGES			
				(25)INSURANCE COSTS			
				(26) OTHER COSTS (specify below)			
(28)THIS SPACE FOR CONTINUING ANSWERS							
THIS FORM OF INVOICE REQUIRED GENERALLY IF RATE OF DUTY BASED UPON OR RESULTED BY VALUE OF GOODS AND PURCHASE PRICE OR VALUE SHIPMENT EXCEEDS $ 500. OTHERWISE USE COMMERCIAL INVOICE.							

* Not necessary for U. S. Customs purposes

Customs Form 5515 (12-20-76)

表 9-13 信用证通知书

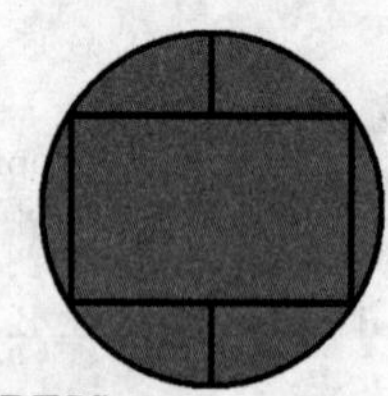

中 国 银 行
BANK OF CHINA
信用证通知书
Notification of Documentary Credit

ADDRESS:
CABLE:
TELEX:
SWIFT:
FAX:

1996-02-12
YEAR-MONTH-DAY

To:致 LIAONING ARTS AND CRAFTS IMPORT AND EXPORT CORPORATION	WHEN CORRESPONDING PLEASE QUOTE OUR REF NO. 06001953
ISSUING Bank COMMERCIAL BANK OF ETHIOPIA, HEAD OFFICE, ADDIS ABABA ADK/32921/95	Transmitted to us through CITIBANK N. A., NEW YORK 45071932
L/C NO. 信用证号 Dated 开证日期	Amount 金额 USD 33 750.00

Dear sirs, 敬启者: * SUBJECT TO UCP500 **

We have pleasure in advising you that we have received from the above bank a(n)
兹通知贵公司,我行收自上述银行

( )telex issuing 电传开立 ( )ineffective 未生效修改
( )pre-advising of ( )mail confirmation of
( )original 正本修改 ( )duplicate 副本修改

Letter of credit, contents of which are as pre-attached sheet(s).
This advice and the attached sheet(s) must accompany the relative documents when presented for negotiation.
信用证一份,现随附通知。贵公司交单时,请将通知书及信用证一并提示。

( )Please note that this advice does not constitute cut confirmation at the above L/C, nor does it convey any engagement or obigation on our part.
本通知书不构成银行对此信用证之保兑及其他任何责任。

( )Please note that we have added our confirmation to the above L/C, negotiation is restricted to ourselves only.
上述信用证已由我行加具保兑,并限向我行交单。

Remarks: 备注: A. NEG. RECEIVE B. FROM: TO:
C. T/T CLAIM D.
E. NO. F. EXPRESS ASKED BY ISSUING BANK
H. NEW YORK

This L/C consists sheet(s), including the covering letter and attachment(s).
本信用证连同面函及附件共 纸。
If you find any terms and conditions in the L/C which you are unable to complay with and or any error(s), it is suggested that you contact applicant directly for necessary amendment(s) so as.
如本信用证中有无法办到的条款或错误,请与开证申请人联系进行必要的修改,以排除交单时可能发生的问题。

Yours faithfully,
For BANK OF CHINA
LIAONING BRANCH
(通知行盖章)

【思考题】

1. 什么是商业发票？商业发票在进出口业务中的作用是什么？
2. 海运提单有何作用？信用证项下对海运提单有哪些要求？
3. 保险单据的作用有哪些？

第十章 非贸易结算

国际贸易以外的其他经济活动以及政治、文化等交流活动，例如服务供应、资金调拨和转移、国际借贷等引起的外汇收付，称为非贸易结算。它们都是建立在非商品交易基础上的，也称为无形贸易结算。本章主要介绍一些有代表性的业务。

第一节 外币兑换业务

伴随着各国之间经济交往的频繁进行，各类人员之间的货币兑换业务获得了较快的发展。在非贸易结算业务中，外币兑换业务占据了较大的比例。

一、外币兑换的含义

外币兑换业务是指客户用所持有的国际间可自由兑换外币，在银行网点兑换成人民币或客户需要的其他可自由兑换外币。依据外币兑换的实体，可将其分为广义和狭义的概念。狭义的外币兑换专指外币现钞的兑换业务；广义的概念，不仅包括外币现钞的兑换，还包括旅行支票、旅行信用证、信用卡及外币票据买入等业务。

基于中国银行的业务显示，目前可兑换币种有英镑、港币、美元、瑞士法郎、新加坡元、瑞典克朗、挪威克朗、日元、丹麦克朗、加拿大元、澳大利亚元、欧元、菲律宾比索、泰国铢、韩国元、澳门元以及新台币共 17 种货币。

二、兑换外钞的基本程序

在我国兑换外币时，银行要求客户持本人有效身份证件、填写相关单据、交付现钞即可办理。有效身份证件包括：本人身份证（中国公民）、户口簿（十六岁以下中国公民）、军人身份证件（中国人民解放军）、武装警察身份证件（中国人民武装警察）、港澳居民往来内地通行证（港澳居民）、台湾居民往来大陆通行证（台湾居民）、护照（外国公民或有护照的中国公民）。因此基本程序如下。

（一）鉴别外钞的真伪

每一种货币都有纸币与铸币，每一种货币又都有多种面额和版式。有些货币伪钞较多，收兑时必须鉴别真伪。一般而言假币可能存在以下几种情况：

（1）真币系采用专用纸张印刷，纸质好，有一定防伪措施，而假币只能采用市面上的普通纸张印刷，纸质差，一般比真币所用纸张薄且软。

（2）印刷真币的油墨配方是保密的，诈骗分子很难得到，因此只能以相似颜色的油墨印制，这样假币票面颜色较真币有一定差异。

(3)真币号码、字体规范整齐，而有的假币号码、字体排列不齐，间隔不匀。

(二)外币兑换操作

1.兑入外币的手续

(1)当持有可自由兑换外币需要兑换成人民币的，在限额内可凭本人有效身份证件到相关银行开办此业务的机构网点办理。

(2)银行鉴别外币真伪。如系伪钞，将予以没收，并出具“没收假钞证明书”。已经停止流通的外币，银行一般不予收兑。

(3)银行按当日牌价折算外币，填写“外币兑换水单”，将兑换金额交付兑换人。

2.兑出外币的手续

(1)港澳台同胞、华侨、外国人士持未用完的人民币，要求兑回外币，可凭自开出日起24个月内有效的外币兑换水单准予一次性兑回外币。

(2)境内个人因私购汇时，在限额内可凭有效身份证件到指定银行办理因私兑换，超过限额需凭相关证明材料办理。

3.一种外币兑换另一种外币的手续

(1)当要求将一种外币兑换另一种外币时，银行首先鉴别外币真伪，确认金额与币种。

(2)确认无误后，银行将兑换后的金额交付兑换人。

第二节　汇款业务

在非贸易结算中，汇款业务也是一项非常重要的业务种类。通常而言，汇款业务涉及汇入汇款和汇出汇款两项内容。

一、汇入汇款业务

汇入汇款(Inward Remittance)国内银行根据国外汇出行指示将款项解付给指定收款人的业务。在国际贸易结算中，它是一种最简便的方式，只是利用国际银行间相互划拨款项的便利，并不涉及银行的信用、买卖双方能否履行合同，完全取决于彼此的信用，因此它纯属商业信用。汇款所使用的票据的传递方向与资金的流向是一致的，所以属于顺汇法。该项汇款是我国非贸易外汇的主要来源。

(一)汇入汇款的类型

根据汇入形式的不同。汇入汇款可分为电汇、信汇和票汇三种。

1.电汇

电汇(Telegraphic Transfer)是汇款人将一定款项交存汇款银行，汇款银行通过电报或电传给目的地的分行或代理行(汇入行)，指示汇入行向收款人支付一定金额的一种汇款方式。电汇是汇兑结算方式的一种，汇兑结算方式除了适用于单位之间的款项划拨外，也可用于单位对异地的个人支付有关款项，如退休工资、医药费、各种劳务费、稿酬等，还可适用个人对异地单位所支付的有关款项，如邮购商品、书刊、交大学学费等。

2. 信汇

信汇是进口人(即债务人或称汇款人)将汇款及手续费交付给汇款地的一家银行(汇出行),委托该银行利用信件转托受款人所在地的银行(汇入行),将货款付给出口人(即债权人或称受款人)。这种汇付方法需要一个地区间的邮程时间,一般航邮约为7～15天,视地区远近而异。如用快递(Express)可以加速3～5天。

3. 票汇

票汇是汇出行应汇款人的申请,代汇款人开立以其分行或代理行为解付行的银行即期汇票(Banker's Demand Draft D/D)支付一定金额给收款人的一种汇款方式。票汇是进口人向进口地银行购买银行汇票寄给出口人,出口人凭此向汇票上指定的银行取款的一种方式。汇出银行在开出银行汇票的同时,对汇入行寄发"付款通知书",汇入行凭此验对汇票后付款。

对于有问题的票据,银行可拒绝受理或电洽出票行后再解决;对已挂失汇票和伪造汇票可予以没收。

(二)汇入汇款的特点

(1)费用少。与信用证和托收方式相比,汇款的手续简便、费用低廉。

(2)速度快。电汇速度较快,有利于出口商及时收款,加快资金周转速度。

(3)操作简便。操作简单易行,适用范围较广。

(三)汇入汇款的业务流程

以国内银行处理的单据和业务为例,该业务流程如下:

首先,汇入行收到电汇委托书和电汇证实书。汇出行将电汇委托书用电报通知汇入行后,应立即以航空函件发出"电报证实书"以备汇入行查对电报委托书的内容。

其次,汇款的拨付(Cover for Remittance),又称汇款的偿付。

再次,汇款的解付(Payment of Remittance),即汇入行(付款行)将汇款付给收款人的行为。解付的手续视汇款的种类不同而异,电汇、信汇时汇入行在通知收款人前应有"回单"签回,付款时由收款人在收条上签字,汇入行核对收条和回单的签字,相符的照付款项。如签字模糊不清、汇款金额较大或其他疑义,银行应请收款人提供证明或担保,方可支付。票汇汇款的解付视汇票为记名式或不记名式而定,如为记名式或指示式,必须由收款人背书;如为不记名式,按照票据法,收款人无需背书,但在银行实务中,银行一般亦要求收款人在汇票上背签。汇入行在解付前应查验出票人签名有无涂改及其曾否挂失止付,以防止错付。

最后,如果没有第二部分,则将出现汇款的索偿(Claim to Remittance),即汇入行解付汇款后向汇出行索取款项的行为。当汇入行和汇出行之间没有建立直接的账户往来关系时,汇入行可要求汇出行将这笔汇出的资金即头寸划交汇入行的账户行入账。

图10-1为中国银行汇入汇款业务流程(实线为电汇和票汇,虚线为票汇)

(四)解付汇入款的原则

(1)汇款解付时一般坚持"收妥解付"的原则。一切汇款均应在落实头寸后,即收到国外账户贷记通知书或立即借记汇出行账户的通知书后才可办理解付手续。未落实头寸的或印押不符的汇入款,汇入行应速向汇出行查询。

(2)汇款解付坚持随到随解,不积压,尽快解付。

(3)坚持"谁款谁收"的原则,对收款人名称、地址、账户不符的汇入款应及时查询,防止

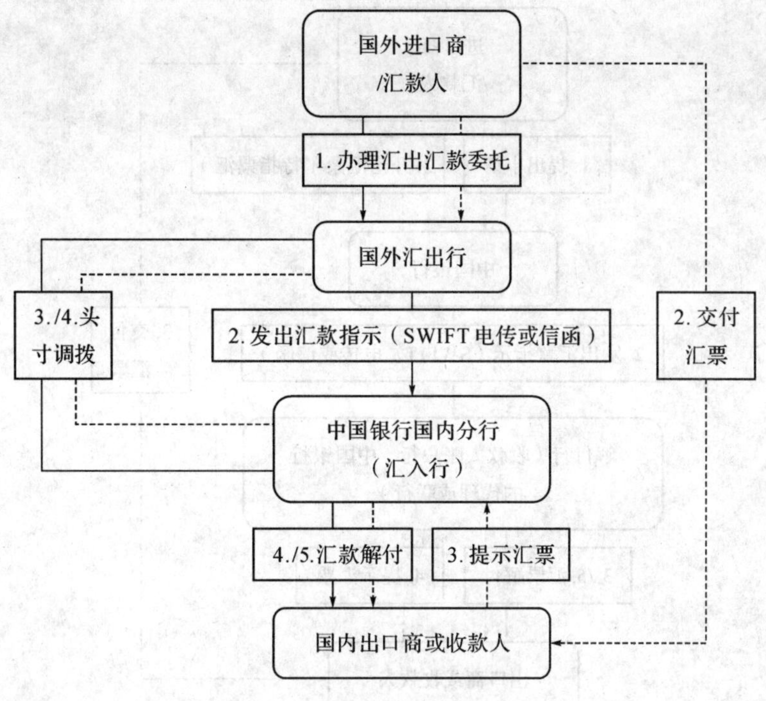

图 10-1　汇入汇款业务流程

错解付。

(4)汇款的支取或续存由收款人自己决定。收款人如果要提取,可按当天外汇牌价兑换成人民币,也可按其要求,直接转存其外汇账户。

二、汇出汇款业务

汇出汇款(Outward Remittance)是国内银行接受汇款人的委托,以约定汇款方式委托其海外联行或代理行将一定金额的款项付给指定收款人的业务。

(一)汇出汇款的特点

(1)与信用证和托收方式相比,汇出汇款具有手续简便、费用低廉的特点。

(2)电汇速度最快,可及时付款,树立良好信誉,赢得收款人信任。

(3)票汇的费用较低,有利于降低财务费用、控制成本。

(4)货到付款下的汇出汇款,可以避免收不着货、货物短缺或货物质量不符合标准等交易风险。

(二)汇出汇款适用的客商

(1)流动资金充足,当前的主要目标是控制财务费用而不是取得融资便利。

(2)贸易结算项下,出口商接受货到付款的条件,但对收款速度有较高要求。

(3)与收款人有良好合作关系且对其充分信任,愿意接受预付货款的条件。

(4)资料费、技术费、贸易从属费用(包括运费保费)等宜采用汇出汇款方式。

(5)贸易项下的尾款一般宜采用汇出汇款方式。

(三)汇出汇款的业务流程

汇出汇款见图 10-2,该流程以中国银行为例,其中电汇和信汇以实线表示,票汇以虚线表示。

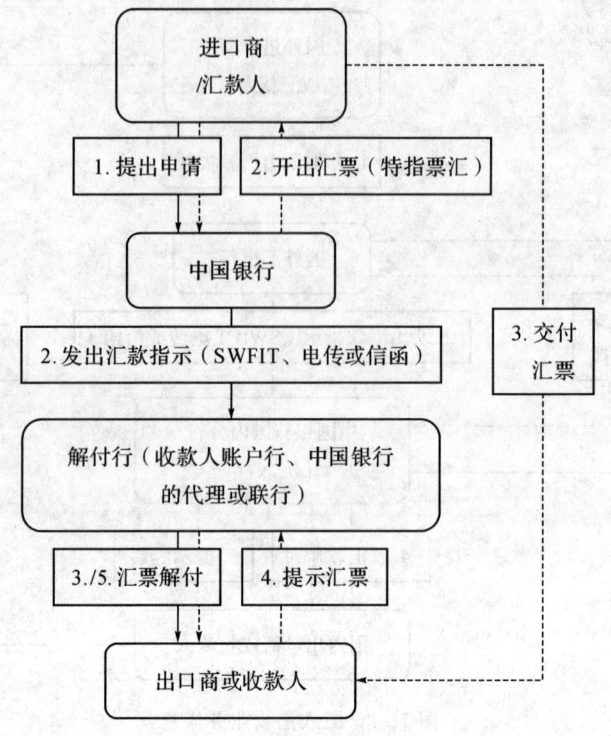

图 10-2　汇出汇款业务流程

(四)退汇与挂失

1. 电汇、信汇的退汇加收电报费，信汇加收邮费

在汇款人主动提出退汇，汇出行据其要求，核对汇款回执无误后，在汇款回执及留底卡片账上注明退汇原因及日期，将回执退交申请人，并向解付行致电或函联系退汇。

2. 票汇的退汇

退汇时，汇款人应将原汇票交回汇出行，并在汇票上加以背书，加盖"注销"戳记，凭以退还汇款。对开票时头寸已贷记解付行或付款行账户的，须待汇款头寸退回后才能办理退汇手续。

3. 汇票挂失

汇款人遗失汇票，向银行申请挂失止付时，应填写申请书，汇出行核对后，以电或函的方式通知解付行，说明丢失情况，要求挂失止付，待汇入行同意后，才能办理退汇或重汇手续。

第三节　信用卡业务

一、信用卡及其主要功能

信用卡(Credit Card)是一种非现金交易付款的方式，是简单的信贷服务。信用卡一般是长 85.60 毫米、宽 53.98 毫米、厚 1 毫米的塑料卡片(尺寸大小是由 ISO 7810、7816 系列的文件定义)，由银行或信用卡公司依照用户的信用度与财力发给持卡人，持卡人持信用卡消费时无须支付现金，待结账日时再行还款。除部分与金融卡结合的信用卡外，一般的信用卡与借记卡、提款卡不同，信用卡不会由用户的账户直接扣除资金。信用卡的正面印有信用卡名称或标记、发卡机构、卡号、有效期、持卡人姓名；背面有持卡人的预留签字、磁条、银行简单声明等。

信用卡的功能有直接购物和支取现金，直接购物或获取服务是信用卡的主要功能。信用卡的发行机构为方便持卡人的使用，与众多的特约商户如宾馆、商店、旅游场所及其他服务机构等建立联系。持卡人即可到特约商号凭卡购物或支付服务费用，以代替现金结算，因而起到一卡在身、通行世界的作用。消费者或旅游者不需携带大量现金，既方便又安全，而且信用卡又具有先消费后付款的特点，因此深受广大消费者的喜爱和欢迎。支取现金是信用卡的辅助功能，虽然发卡机构的特约商号遍布世界各地，但有些结算仍需现金，因而在需要时旅行者可凭卡在国外支取现金。但是，这项服务要受到严格控制。

信用卡于20世纪才开始在中国流行，近几年来发展十分迅猛。据有关统计数据显示，中国信用卡发行量2003年约为300万张，而到2006年底，达到5000万张，截至2008年6月30日，中国信用卡发行量已猛增到1.22亿张。过去，只有中资银行才能在中国境内发行信用卡。2008年12月23日，香港东亚银行在中国内地推出人民币信用卡，成为第一家在中国内地独立发行人民币信用卡的外资商业银行。

二、信用卡的特点

信用卡作为一种新型的金融产品，具有以下特点：

(1)安全性。信用卡代替现金执行货币的主要职能，避免了携带大量现金的潜在风险及资金闲置。此外，信用卡本身被设计了多处防伪标志，持卡人取现时必须出示其身份证和相应的密码。若信用卡遗失，即可向发卡行申请挂失。

(2)便利性。持卡人可利用信用卡进行储蓄、提现、转账结算及直接消费等。由于信用卡的先消费后付款，很受人们欢迎。

(3)快捷性。信用卡的使用手续简便、清算及时，且用计算机直接辨认真伪，比传统的结算方式更能节约时间，提高结算服务的效率。

(4)通用性。我国商业银行发售的各类信用卡，其持卡人除在全国各地的银行分支机构存取款外，一部分也可以在国外银行机构进行兑付。

目前中国的信用卡还具有以下特点：

(1)皆由银行发行。

(2)有最低还款额。

(3)对未能按期以最低还款额还款的，征收惩罚性利息或滞纳金；恶意透支的，以诈骗罪论处。

(4)没有全国性的个人信用资讯收集机构，故审核较为繁杂，除需要提供身份证明文件外，经常被要求提供工作、财产、财力证明，有时还需要担保。

三、信用卡的要素

(一)基本当事人

(1)发卡行:发行信用卡的机构或银行,在中国具有发卡权利的机构目前仅有银行。

(2)持卡人:即信用卡的持有者。

(3)特约商户:与发卡行(或代办行)签定协议,受理持卡人使用指定的银行卡进行购物或支付费用的服务性质单位。

(4)代办行:受发卡行的委托,负责某一地区内特约商户结算工作的银行。

(二)免息期

所谓的免息期就是信用卡在零余额(或卡内余额小于商品价格)刷卡消费后,客户存钱的缓冲期,一般是客户在消费后才会有这种免息期。最长的免息期:假如银行方面规定下月的 25 日为还款期,在本月 1 日消费,那么最长免息还款期是 56 天;本月 2 日消费,还款期为 55 天。目前国内信用卡免息期最长的是交通银行,为 56 天。

在免息期没有全额还款,则银行要收取所有未偿还的投资利息,而且还要罚息。根据中国人民银行的规定,信用卡的投资利息是每日万分之五。罚息标准一般是 5 元,有的收 10 元,此外透支现金不享有免息待遇。

(三)最低还款额

最低还款额是指持卡人在到期还款日(含)前偿还全部应付款项有困难的,可按发卡行规定的最低还款额进行还款,但不能享受免息还款期待遇,最低还款额为消费金额 10%加其他各类应付款项。最低还款额列示在当期账单上。

最低还款额计算公式如下:

最低还款额=信用额度内消费款的 10%+预借现金交易款的 10%+前期最低还款额未还部分的 100%+超过信用额度消费款的 100%+费用和利息的 100%。

四、信用卡的发行及交易方式

(一)信用卡的发行

在我国,由于信用卡申请通过后是以邮寄方式将卡片寄出发行的,所以并不能保证领取人就是申请人。为了使申请人和银行免遭盗刷损失,信用卡在正式启用前设置了开卡程序。开卡主要是通过电话或者网络等,核对申请时提供的相关个人信息,符合后即完成开卡程序。此时申请人变为卡片持有人,在卡片背后签名后可以正式开始使用。

(二)信用卡的交易方式

1. POS 机刷卡

在 POS 机上刷卡是目前最常见的信用卡使用方式,是一种联网刷卡的方式。刷卡时,操作员应首先查看信用卡的有效期和持卡人姓氏等信息。然后,根据发卡行以及需要支付的货币种类选择相应的 POS 机,将磁条式信用卡的磁条在 POS 机上划过,或者将芯片式信用卡插入卡槽,连通银行等支付网关,输入相应的金额。远程支付网关接受信息后,POS 机会打出刷卡支付的收据(至少是两联),持卡人检查支付收据上的信息无误后应在此收据上签字。操作员核对收据上的签名和信用卡背后的签名后(包括姓名完全相符和笔迹基本相符),将信用卡及刷卡支付收据的一联给持卡人,至此,POS 机上的刷卡程序完成。

2. RFID 机拍卡

在 RFID 机上以拍卡感应是一种新类型的信用卡使用方式，亦是联网方式的一种。拍卡时，操作员应首先查看信用卡的有效期和持卡人姓氏等信息。然后，根据发卡行以及需要支付的货币种类选择相应的拍卡机，输入相应的金额，将信用卡平放于感应器上方不多于10cm 的地方。RFID 机感应到信用卡后会发出讯号声响，然后继续运作程序，远程支付网关接受信息后，打印机（如已连接）会打出拍卡支付的收据，但与以往之方式不同，持卡人无须签字，比以往之方式更快捷，更方便。至此，RFID 机上的拍卡感应程序完成。

3. 网络支付

从持卡人角度来讲，网络支付被认为是信用卡的几种支付方式中风险最大的一种，因为不怀好意的人可能使用网络钓鱼、窃听网络信息、假冒支付网关等手段窃取用户资料。网络支付时，需要输入卡号，信用卡有效期，卡背面签名栏旁的数字的威士 CVV2 码/万事达卡 CVC2、网上交易密码，有时需要输入姓名、网页随机生成的验证码等。输入完成后，点提交即可完成网络支付。

（三）信用卡的挂失止付

持卡人对其信用卡提出挂失或止付要求时，应直接与发卡机构联系。若代办行受理信用卡挂失申请书，应立即将持卡人的姓名、卡号等以电传或电报通知发卡机构办理挂失止付，并以最快的方式通知各代办行和特约单位停止受理挂失的信用卡，并将信用卡挂失申请书寄往发卡机构。在办理业务过程中，若发现有被注销或止付的信用卡要求兑付，应立即予以扣留收回，并寄往发卡机构。

五、世界主要的信用卡

目前在国际上主要有维萨卡国际组织（VISA International）及万事达卡国际组织（Master Card International）两大组织以及美国运通有限公司、大莱信用卡有限公司、JBC 信用卡公司，在中国主要是银联。

（一）VISA 卡（又叫威士卡或维萨卡）

Visa 是全球最负盛名的支付品牌之一，Visa 与世界各地的 Visa 特约商户、ATM 以及会员金融机构携手合作。Visa 全球电子支付网络——Visa Net，是世界上覆盖面最广、功能最强和最先进的消费支付处理系统。目前，该卡可在全球 2200 多万家标有 VISA 标识的特约商户或招商银行的特约商户消费，在全球 80 多万台标有 VISA 标识的 ATM 机或招商银行柜台及 ATM 机上凭密码提取当地货币。同时可在全国有银联标识的特约商户或招商银行的特约商户消费，在全国有银联标识的 ATM 机或招商银行柜台及 ATM 机上凭密码提取人民币。

Visa 分别于 1993 年和 1996 年在北京和上海成立代表处。Visa 在国内拥有包括银联在内的 17 家中资会员金融机构和 5 家外资会员银行。目前 Visa 在中国内地发行的 Visa 卡约 540 万张，自动柜员机达 17000 台，Visa 在中国内地交易额达 32 亿美元。

（二）MasterCard（又叫万事达卡）

该卡是由万事达国际组织（Master Card International）的金融机构会员发行的银行卡，而不是由万事达国际组织直接发行的。万事达国际组织共有超过 25000 个会员，世界上大多数的发行银行卡的商业银行都是其会员。万事达卡（MasterCard）也是万事达国际组织的商标。

万事达国际组织是一个包罗世界各地财经机构的非牟利协会组织，其会员包括商业银行、储蓄与贷款协会以及信贷合作社。其基本目标是沟通国内及国外会员之间的银行卡资料交流，并方便发行机构不论规模大小，也可进军银行卡及旅行支票市场，谋求发展。

(三)美国运通公司

美国运通公司是美国最大的信用卡公司之一，该公司建立于1850年，初始业务主要以旅游为中心的相关业务。1946年介入信用卡领域，自1958年发行第一张运通卡以来，迄今为止运通已在68个国家和地区以49种货币发行了运通卡，构建了全球最大的自成体系的特约商户网络，并拥有超过6000万名的优质持卡人群体。该公司总部设在纽约，信用卡总处理中心在盐湖城。

过去运通一直走独立发卡之路，从1996年才开始向其他金融和发卡机构开放网络，1997年成立环球网络服务部(GNS)，允许合作伙伴发行美国运通卡，利用运通网络带动合作伙伴的业务增长，强化竞争优势，增加边际利润，提高业务整合管理能力。在亚太区的17个国家拥有28个合作伙伴，包括中国工商银行、中国台湾的台新银行、中国香港的大新银行、新加坡发展银行、新西兰银行、国立澳大利亚银行等。

(四)JCB信用卡公司

JCB是目前日本最大的信用卡公司。1961年，JCB作为日本第一个专门的信用卡公司宣告成立。此后，它一直以最大的发卡公司的姿态发展至今，它是代表日本的名副其实的信用卡公司。在亚洲地区，其商标是独一无二的。目前该公司已经在190个国家和地区发行，会员数量已达到5514万人，在全球有1222万家的特约商户。

(五)大莱信用卡

1981年美国最大的零售银行——花旗银行的控股公司——花旗公司接受了Diners Club International卡。大莱卡公司的主要优势在于它在尚未被开发的地区增加其销售额，并且巩固该公司在信用卡市场中所保持的强有力的位置。该公司总部设在美国芝加哥，中国于1983年开始办理大莱信用卡业务。

(六)中国银联

中国银联是经国务院同意、中国人民银行批准，由全国80多家金融机构共同发起设立的一家股份制金融服务机构。公司于2002年3月26日挂牌，总部设在上海。

银联的主要职责是采用先进的信息技术与现代公司经营机制，建立和运营全国银行卡跨行信息交换网络系统，制定统一的业务规范和技术标准，实现高效率的银行卡跨行通用及业务的联合发展，并在全国推广普及“银联”卡；积极改善受理环境，推动我国银行卡产业的迅速发展，实现“银联在手、走遍神州”，乃至“走遍世界”的目标。

第四节 旅行支票与旅行信用证

一、旅行支票

旅行支票(Traveler's Cheque)是银行或旅行社为使旅游者减少或避免现金携带的麻烦而发行的一种固定金额的支票。它是以本票的操作理论设计的票据,即其发行机构与付款机构为同一当事人,即出票人与付款人是同一人。1891 年美国运通公司发行了全球第一张旅行支票。由于该票据没有指定的付款地点,一般也没有日期限制,可以在全球范围大部分地区使用,因此旅行支票逐渐被银行及旅行社推广采用,并成为国际旅游者常用的支付凭证之一。

(一)旅行支票的特点

(1)面额固定且齐全,形似现钞。有各种面额,能方便旅行者零星支取使用。在面额上较为齐全,如美元最大面值 1000 美元,最小面值为 20 美元。旅行者可以根据自己的需要选择购买。

(2)币种多样。人们可根据前往的不同地区,选择不同的币别。

(3)使用方便。可在世界各大银行、兑换网点兑换现金;可在国际酒店、餐厅、学校及其他消费场所直接付账,而无需支付任何费用;在美国可以完全等同现金使用,甚至可以买一份报纸。

(4)携带安全。旅行者购买旅行支票时,须在签发银行柜台当面初签,作为预留签字;取款时,须在兑付行的柜台前当面复签,核对后才能兑付。因此,若旅行支票遗失或被盗,也不易被冒领,比携带现金安全。

(5)流通期限长。旅行支票永久有效,一次购买后未使用完毕,还可留待下次出境使用。并具有"见票即付"的特点,即持票人可以在发行机构的国外代兑机构凭票立即取款。因此,从支付手段上看,它属于支票性质的票据。

(二)旅行支票的代售

旅行支票的代售是指银行代旅行支票发行机构出售旅行支票。代售行向客户收取款项后,将旅行支票出售给客户,同时将款项付给旅行支票发行机构。

出售旅行支票时银行一般要求客户:

(1)出示护照和有效签证;

(2)缴交购买旅行支票所需的外汇款项和手续费;

(3)填写一份购买合同,填写其姓名、护照号码、地址,并签名;

(4)当面在旅行支票初签位置上签名。

(三)旅行支票的挂失和补偿

(1)旅行支票一旦遗失或被窃,失者可立即通过旅行支票发行机构设在世界各大城市的 24 小时服务电话与其补偿中心取得联系,通知支票号码、金额及有关情况。

(2)按补偿中心的指引到就近的代售行办理挂失手续,填写旅行支票挂失表格。

(3)须向代售行提供原购买合约与身份证件，经代售行核对无误，并向补偿中心取得授权后，即可获取新的购买合约和新的旅行支票。

(4)代理旅行支票补偿业务中，我国的部分银行(如中国农业银行)原则上不做现金补偿，不做与丢失支票不同货币的旅行支票补偿。

有下列情况一般不能办理补偿：

无法提供原购买合约；申请超过限额；遗失支票未初签或遗失前已复签。

二、旅行信用证

旅行信用证(Traveler's Letter of Credit)是指一种由银行开立的，以旅行者自己为受益人的信用证。这种信用证的受益人在旅行期间直到信用证的有效期满为止，并且在信用证规定的金额范围内可以开立汇票提交给银行议付。

旅行信用证在20世纪80年代初期曾被广泛应用，因此其受到广大旅游者的追捧。但近十年来，随着各种新型支付工具，如信用卡、旅游支票、国际汇票的普及使用，旅行信用证已经日趋萎缩，发达国家的银行早已拒绝受理旅行信用证业务，国内银行业先后停办此项业务。如自1994年10月1日起，中国银行系统各机构停止对外签发旅行信用证。

【附录 学习资料】

UCP600与UCP500的主要区别

国际商会于1993年颁布的《跟单信用证统一惯例》(国际商会第500号出版物，UCP500)使用至今已有十多年的历史。在这十几年中，随着国际贸易形式的日趋复杂化以及银行、运输、保险等行业的发展，信用证各有关当事人在信用证业务流程中不断遇到新的问题，如开证行对单据不符点尺度的掌握、指定银行在业务流程中义务责任的履行等，而UCP500由于在条款设置及措辞方面存在一定不足，某些条款尚存在争议，已经不能完全满足和适应实际业务的需要。因此，国际商会(ICC)自2002年春起就开始了对UCP500的补充和修订工作，并在2002年秋召开的罗马会议上通过了《关于审核跟单信用证项下单据的国际标准银行实务》(ISBP，国际商会第645号出版物)。它首次清晰地解释了UCP500第13条a款中何谓"国际标准银行实务"，同时对单据制作的细节也作出了规定。虽然国际商会声明ISBP是对UCP500的补充解释而并非修订，但ISBP仍可看作是UCP将作更多修订的一个信号。2003年国际商会正式成立了新惯例起草工作小组，并逐步展开统一惯例条款的修订工作，截至2006年6月，已经推出了3版完整的征求意见稿，即UCP600。在2006年10月的ICC会议上，各国国际商会国家委员会代表对UCP600予以表决并使其顺利通过，于2007年7月1日起新的统一惯例正式生效。

历经国际商会UCP600小组三年多的修订工作，新的《跟单信用证统一惯例》已经问世，这次修订较之UCP500有大幅改动，将原来UCP500的49条条款增删为现有的39条，格式编排参照ISBP，不论是在逻辑安排、名词术语或是各当事人

权利义务方面，都有更为清晰明确的解释。

UCP600 共分为七个部分。第一部分包括第一条至第六条，为总则和定义部分，包括 UCP 的适用范围、专业术语的定义、常用名词的解释规则、信用证的独立性、单据与货物/服务的关系、有效期/到期日/交单期等条款。这一部分主要对信用证业务中的有关术语作出了解释，明确了信用证的含义和惯例的适用范围等。第二部分包括第七条至第十三条，为有关当事银行的义务和责任部分，包括开证行义务责任、保兑行义务责任、通知行义务责任、信用证修改、简电通知/预先通知的信用证和修改、指定银行义务责任、银行间的偿付约定等。这一部分明确了有关信用证的开立、修改及各当事人的关系与责任等问题。第三部分包括第十四条至第十六条，为单据审核部分，包括单据的审核标准、相符的交单、不符点单据的处理等。第四部分包括第十七条至第二十八条，为单据内容的规定部分，包括正本单据和副本单据的规定、商业发票、多式联运单据、海运提单、不可转让海运单、租船提单、空运单、公路/铁路/内河运输单据、专递和邮政收据、货装舱面/发货人装载并计数/据发货人称已装/运费以外的附加费用、清洁运输单据、保险单据等。第五部分包括第二十九条至第三十七条，为杂项规定部分，包括到期日的延展/最后交单期的顺延、信用证金额/数量/单价的伸缩度、分批装运和支款、分期装运和支款、交单时间、单据有效性的免责、传递和翻译的免责、不可抗力、被指示方行为的免责等，规定了有关款项支取的问题。第六部分为第三十八条，是关于可转让信用证的规定。第七部分为第三十九条，是关于款项让渡的规定。

从 UCP600 的内容中，可以看出国际商会本次在贸易实践的基础上，对跟单信用证统一惯例做出了较大的调整，主要包括以下内容。

一、结构和逻辑方面

UCP600 在结构上借鉴了 ISBP 的形式，弥补了以前 UCP500 在条款次序排列上存在的不足。在第一部分增加了名词术语的解释，把 UCP500 杂项规定中和其他各处出现的一些业务名词提前到第一部分进行解释，并补充了一些 UCP500 中未加以明确的定义。从中可以看出国际商会已经着重于以统一解释来减少争议的发生，并尽量避免使用比较晦涩的词语。而对于不完全了解信用证的出口人，在接触 UCP600 时可以更好地把握其内容。同时在第二部分中按照信用证业务环节总结了各有关当事银行的义务和责任，也就是归纳总结了 UCP500 中有关开证、保兑、通知、修改、指定、偿付、审单、拒付等环节中涉及的条款，将原来散落的条款按照一个完整的业务流程进行了集中安排。UCP600 在明确了这些信用证的主要术语和流程后再介绍审核单据的标准并逐一介绍各种单据的规定，这样的逻辑结构明显优于 UCP500，有利于各当事方特别是受益人使用本惯例，并有助于使用者方便地查询到某个环节的有关做法。

二、新增的名词及定义

在对 UCP500 的修改中，出现了一些十分重要的新定义，例如“Banking Days, Complying Presentation, Honors, Nomination”等，这些定义的出现，使得惯例的解释更为清晰简洁，并可以在条款的规定中达成统一明确的解释。

(1)Banking Days：UCP600 明确指出，银行工作日不仅是银行正常营业的时间，而且在此时间内银行可以开展 UCP600 中所提及的与信用证有关的业务，即在此工作日内，银行是可以进行通知、议付或付款等行为的。这条规定使得兑付时间的计算更为清晰、准确。

(2)Honor：在以往的 UCP 版本中，国际商会按照信用证支付方式来分别解释银行的每一种支付行为，这样的解释不够清晰简洁。而 UCP600 则在第二条中专门解释了"Honor"一词，即"兑付"的含义，这一含义概括了即期付款、延期付款、承兑等支付行为，同时也概括了开证行、保兑行、指定行在信用证业务中除议付以外的一切支付行为。UCP600 中"Honor"一词在解释银行行为时反复出现，使得条款的解释统一而简洁，可以看出国际商会认为银行可以以各种方式兑现信用证这一承诺（Honor the Credit)，也就是说，银行在此方面的义务是同质的。

(3)Complying Presentation：对于何为"相符的交单"，在银行的实际业务中尚存在不少争议，因此引起银行审单尺度的不同。本次国际商会专门解释了"相符"的含义，强调要与信用证条款、适用的惯例条款及国际银行标准实务相符，并且在以后的单据条款中详细解释了各单据的制作。这样的解释有利于受益人更好地制作单据，同时有助于银行把握审单尺度。但"相符的交单"这一定义中虽提及了"international standard banking practice"，却并未明确指出所谓的"国际银行标准实务"即国际商会第 645 号出版物 ISBP。因此虽然这一解释有助于减少信用证交单中单据问题引起的争议，但是有相当的灵活性，也可能会促进 ISBP 的进一步修订。

(4)Nomination：在 UCP600 第十二条中，国际商会明确定义了"指定"一词的含义。在这一定义下，保兑行、付款行、议付行、承兑行都有可能成为开证行的指定银行。但除保兑行以外的指定银行并没有义务一定要履行开证行的指示，例如议付、承兑等行为，同时指定行仅仅收到单据、单纯审核单据和传递单据并不意味着指定银行要履行兑付或议付的行为。这一词语的增加同样有利于 UCP600 在各个条款的解释中前后保持一致，也有利于明确指定银行的义务责任，特别是关于指定银行履行"议付"这一行为。这和 UCP600 中重新解释"议付"的部分是前后呼应的。

三、UCP600 针对 UCP500 部分条款的重大修改

(1)关于"议付"一词的重新定义。在 UCP600 版本中，国际商会首次明确了议付的定义，是指由指定的除付款行以外的银行购买符合信用证要求的汇票和单据，并在指定行偿付前预付或承诺预付款项给受益人的行为。根据此定义，议付是一种买入单据及票据的行为，而议付行预付或承诺预付款项给受益人则是一种对受益人的融资。此定义和目前我国银行实践中所习惯的"收妥结汇"的做法有很大不同，但用惯例的形式明确保护了受益人融资的要求，明显有利于受益人；同时也从规则上明确了一直以来存在争议的"议付"问题。

(2)可转让信用证的变化。UCP600 对可转让信用证的最大修改在于保护了

没有过错的第二受益人。可转让信用证有可能对第二受益人不利,特别是在第一受益人可以替换第二受益人单据时。而在UCP600中则规定,如因第一受益人替换单据而导致出现不符点时,而第二受益人提交的单据与转让后的信用证一致,转让行有权直接提交第二受益人的单据给开证行。这一点无疑有利于第二受益人。

(3)拒付后对单据的处理。UCP600第十六条将拒付后开证行对银行单据的处理办法由UCP500中的两种增加为四种,分别为"持单听候交单人的处理"、"持单直到开证申请人接受不符单据"、"径直退单"、"依据事先得到交单人的指示行事"。这为受益人在交单时提供了更多的选择。其中第二点在以往的UCP条款中一直被认为存在争议,因为此解释和信用证本身的定义有矛盾之处。但实际业务中,申请人放弃不符点而开证行付款的现象普遍存在。国际商会在UCP600中列出此条款,顺应了实践业务的发展,也将缩短不符点单据的处理周期,减少了不符点争议的产生。

(4)对单据制作的细化。UCP500在单据的制作上并未给出详细的指导,而UCP600在此部分引入了ISBP的很多内容,例如各单据有关当事人的填写、正副本的要求等,同时语言表述更为清楚,操作指导性更强。对于受益人来说,可以根据自己需要在UCP600中有针对性地查找到某种单据的制作要求。同时对于开证申请人来说,也避免了因为受益人提交的单据模糊而在提货或者日后业务中产生争议。

(5)单据处理的天数。UCP600对单据处理时间较之UCP500作了较大改动。一方面,UCP500对银行审单规定了非固定的时限,使得银行在具体实践中具有一定的灵活性;另一方面,又规定了固定的最高时限,使其具有某种程度的确定性。这样规定的优点是显而易见的。但自生效以来,国际商会收到了大量关于该条款的确切含义的询问。例如,银行是否始终有7个工作日可以用来审单和回复;或者7个工作日仅仅是一个最长期限,在特定案件中还可能要求更短的时间才能认为是合理的期限;如果是这样,则多久才是合理的,这些问题必须在新的UCP中予以明确。

为了避免理解上的不一致,UCP600最初的修改方案是将7个工作日缩短成6个,然后强调"合理时间"就是合理的时间,6个工作日是合理时间的最大限制。但这个方案很快遭到了否决,因为ICC各成员觉得这一修改方式与原文一样含糊。第二个修改方法是按照《国际备用信用证惯例》(International Standby Practices,1998)的模式,设置一个"安全港"条款,把原来的7个工作日分成两段。只要是在前3个工作日之内完成审单工作,那么无论如何是在"合理时间"内;如果银行在4～7个工作日之间完成工作,则要根据具体情况考察是否合理;如果银行是在多于7个工作日完成审单工作的,则无论如何都是不合理的。因为只要在3个工作日以内完成审单工作,银行就不必考虑所用时间是否合理的问题,这显然会鼓励银行加快审单速度。同时,3个工作日是现在银行审单的一般速度,并不会过分加重银行的负担。另一方面,这个时间限制是有一定弹性的,如果特定的银行在特定的时间处理特定的信用证,比如一家小银行在信用证使用最繁忙的季节遇到一张涉及上千页单据的信用证,如果银行用了4～7个工作日,只要中间所花的时间都是合理的，也是允许的。设置“安全港”条款有利于贸易商，同时对银行利益的影响也不大。然而，这一修改方案并没有被接受，银行业界认为UCP修改的目的之一是提高清晰度，使这套规则没有或很少有解释的空间，固定期限才更加符合这一目标。因此，最终被接受的方案是用一个固定的时间段——5个工作日来代替“合理时间”。这意味着银行只要在5个工作日内审核完毕单据、做出决定、发出通知就符合了所有对银行的时间限制。

综上所述，UCP600无论在结构上还是内容上都较UCP500有较大改动，而UCP600的实施也将会对国际贸易的实践操作带来更广泛深远的影响，我国的广大进出口商应加强对新国际惯例的学习，利用UCP600更好地保护自身利益。

可转让信用证下第二受益人出口权益保障分析

伴随WTO的加入及外贸体制的进一步改革，国内众多企业纷纷获得了直接参与国际市场竞争的权利，出口货物数量不断增加，企业规模日益壮大，灵活有效的贸易方式不断出现。中介贸易及转口贸易在出口业务中所占的比例逐渐增大，与此相对应的可转让信用证业务由此也获得了长足的发展，其在帮助国内企业开拓国际市场、扩大出口规模、加速资金周转等方面发挥了积极的促进作用。

尽管可转让信用证在实际业务中经常出现，但在具体操作时仍然面临不少问题。从表面上看，实际供货人即第二受益人手中握有国外银行开来的可转让信用证，似乎已得到对方银行的付款保证，只要单证相符，货款应能收回。但由于各种因素的影响，供货人事实上仍要面临货款不能收回的风险，出口权益得不到保障。

一、第二受益人出口权益缺乏保障的根源

可转让信用证下第二受益人出口权益缺乏保障的根源在于此种信用证所具有的特性。众所周知，信用证项下的基本当事人主要指开证行和受益人。作为一种有条件的银行付款保证，信用证一经开出，则相应构成开证行与受益人之间固定的契约关系。只要按照信用证的要求发货并向银行提交与信用证条款严格相符的各种单据，受益人就应获得开证行或其指定银行的付款，其出口权益就能获得相应的保障。

但就可转让信用证而言，因其自身的下述特性而使第二受益人的权益实现受到影响。

1. 信用证的转让取决于开证行的授权

根据UCP600的规定，信用证转让时均应以“transferable”字样来表示，其他任何表达可分割、可传递等字样的词语均不能表达信用证可转让的含义，因此，可转让信用证被开出后，开证行通常在信用证中加列一定的条款。

这意味着可转让信用证的开证行允许第一受益人将他们间的契约关系可以延伸至信用证下的一个或者多个第二受益人。当第二受益人接到转让的信用证后，除原开证申请人名称及地址、货物单价、货物的总价格、交货日期及向银行提交单据的日期等发生变化外，其他条款与转让前基本相同。这样，开证行除对第一受益

人构成有条件的付款承诺外，还对第二受益人进行了承诺。

2. 信用证的转让常常依赖于第一受益人的实际需要

当开证行授权可转让时，第一受益人将其获得的信用证内容可以转让给一个或者多个其他实际供货人，也可以不转让，这主要依赖于受益人发运货物的实际需要。当受益人能满足信用证的供货要求时，信用证就不会被转让下去，也就不会出现第二受益人；当受益人不能满足信用证的供货要求时，他会将其权益转让给一个或者多个其他实际供货人，以满足信用证对货物的要求，此时才出现第二受益人。信用证转让后，由于第一受益人的原因，第二受益人得到的信用证条款与转让前并不完全相同。

3. 信用证的转让行通常在收到开证行的付款后支付第二受益人

经过转让行转让，信用证的主要条款除上述变化外，转让行还在其中加列以下条款：

Reimbursement will be effected by the transferring bank in accordance with the negotiating bank's instructions after receipt of the payment from the issuing bank.

这样，第二受益人的货物出口只有在转让行获得开证行的付款后，才可以得到支付。转让行在信用证转让过程中并不承担付款责任，第二受益人的出口款项依然要由信用证的开证行来支付。

第二受益人尽管表面上依然由开证行提供付款保证，但此时其面对的信用证的条款已经与开证行开给第一受益人时的条款不大相同，其权益的实现在某种程度上也附加了来自第一受益人方面的影响。从这个意义上讲，第二受益人获得的权益，不仅要通过满足开证行在信用证中加列的条款来实现，而且还要受到第一受益人的限制，第二受益人面对的收汇风险是巨大的。

二、第二受益人出口权益缺乏保障的主要表现

可转让信用证的上述特性致使第二受益人出口权益的实现受到影响，包括以下5个方面。

1. 第二受益人将面临信用证“软条款”的影响

这主要表现在“软条款”是信用证业务中普遍存在的一种现象，它是由信用证业务强调以单据为中心的特点决定的。开证行常通过信用证条款来控制出口商（受益人）的发货行为，并维护其自身权益；受益人则主要通过控制信用证要求的各种单据来保护自己的权利。“软条款”常常是开证行在信用证中设置的“圈套”，诱使出口商不能或难以满足信用证规定的付款条件，进而造成拒付，使受益人的出口权益遭受损失。第二受益人在业务处理过程中将面临信用证“软条款”的影响。

2. 第二受益人将面临开证行资信状况的影响

由于信用证业务中开证行的付款是有条件的，因此可转让信用证下第二受益人的权益将受开证行资信的影响。当开证行资信状况不佳时，即使出口商发运货物后提交与信用证条款相符的单据，开证行也将难以付款，第二受益人的出口权益将不能实现。

3. 第二受益人将面临信用证条款变化的影响

即使信用证中不存在"软条款",但由于信用证在转让过程中部分条款发生了变化,因此,当第二受益人根据变化后的信用证条款出具单据时,其与转让前开证行的要求不大相符,这容易造成开证行拒付。

根据UCP600第48条第i款规定,信用证的转让行应在收到第二受益人提交的单据后及时通知第一受益人换单,以满足开证行在信用证中的要求。尽管UCP600规定"当第一受益人未及时换单时,转让行可以将第二受益人提交的单据直接寄往开证行,而不考虑第一受益人的利益",但开证行收到的单据毕竟与当初开出的信用证条款不尽相符。对第二受益人而言,开证行能否付款及何时付款将受到信用证之外因素的影响。

4. 第二受益人将面临来自第一受益人方面因素的影响

如上所述,信用证是根据第一受益人发运货物的实际需要而转让的。当信用证转让后,对第二受益人而言,一方面信用证的条款因第一受益人而部分地发生了变化;另一方面,提示后,有些单据通常被第一受益人换取,此时,第二受益人的权益实现面临第一受益人单据换取是否正确的影响。如果第一受益人换取的单据有误,开证行将拒付货款,不但第一受益人的权益受到影响,第二受益人的出口权益也将难以实现。

5. 第二受益人将面临信用证第一受益人与开证申请人联手欺诈的影响

可转让信用证下的第一受益人多为中间商,且与进口商关系密切。中间商大多数情况下有客源而无货源或者自身实力有限。可转让信用证下的货物通常被要求由实际供货人直接发运至进口商所在地。这样,当中间商与进口商联手欺诈时,一方面中间商在货物出口后不正确换单,造成单证不符;另一方面开证申请人(进口商)借机提出各种条件要求大幅降价或者提供较高折扣,往往使第二受益人遭受巨额经济损失。

三、第二受益人确保出口权益的应对措施

可转让信用证下的第二受益人,为了确保货物及资金的安全,保障其在信用证项下的出口权益得以实现,必须在接到转让的信用证时做到以下三个方面。

1. 认真审核信用证的有关条款,努力避免"软条款"可能造成的损失

信用证的审核是信用证业务处理过程中非常重要的一环,是出口商确保其信用证项下出口权益的基石。可转让信用证下的第二受益人,只有认真审核信用证的有关条款,才能避免不利因素的影响,为日后出口权益的顺利实现创造前提。

2. 应充分了解开证行及第一受益人的资信状况

可转让信用证项下开证行及第一受益人的资信状况是第二受益人实现出口权益的保障。只有开证行的资信状况良好,第一受益人的信誉卓著,第二受益人提交的符合信用证规定的单据并被第一受益人准确、及时地换取后,第二受益人的出口款项才有了收回的保障,特别是在信用证的第一受益人在规定的时间内未能及时换单时,开证行的资信对第二受益人实现权益就显得尤为重要。

3. 应增加转让行在整个业务中的相应责任

如上所述，转让行在信用证转让过程中通常于转让后的新证内加列“款项收妥后再付款”的条款。当出口货物发运后，第二受益人面对转让行并提交单据后却得不到应有的款项收回保证，其出口权益实现要受到来自其他方面因素的影响，这对第二受益人而言是不利的。可转让信用证下的第二受益人要确保出口权益，必须要求转让行在业务处理过程中增加责任。具体表现为以下两个方面：

(1)要求转让行在转让信用证的同时，向实际供货商出具保函，以保证信用证的第一受益人能够及时、准确地换取第二受益人提交的单据，进而减少第一受益人不及时换单及错误换单对第二受益人造成的影响。转让行既然接受中间商的要求去转让信用证条款，这说明转让行对中间商是了解的。在实际供货商提出要求时，中间商及转让行一般是乐于接受的，并会按要求向实际供货商开出保函，这对转让行、中间商及实际供货商都是有利的，转让行可进一步扩大业务范围。

(2)要求转让行在转让信用证的同时，对信用证加具保兑。当获得经转让行保兑的信用证时，由于保兑行确定付款责任的存在，这样，第二受益人的出口权益在实现过程中可免除来自开证行、第一受益人、开证申请人等诸多因素的影响。

当货物的实际供货人与中间商签订合同时，实际供货人应要求中间商，并通过其要求进口商指示其银行在信用证中指定转让行对信用证加具保兑。只有开证行在信用证中邀请了并且由欲转让信用证条款的中间商指示了转让行对信用证加具保兑时，转让行才可能成为可转让信用证的保兑行。

当第二受益人获得经转让行保兑的信用证时，只要提交与转让后的信用证条款相符的单据，其出口权益就可得到保障，这一方面增加了转让行的责任，另一方面又避免了来自开证行、第一受益人或者开证申请人等不利因素的影响。

只有充分确保实际供货商的利益，中介贸易及转口贸易才能获得积极发展。在加入 WTO 的大背景下，我国出口加工企业才能在国际市场竞争中占有一席之地，才能为我国经济的长期发展贡献力量。

➩【思考题】

1. 旅行支票的特点是什么？
2. 贷记信用卡为什么受人们喜爱？

第十一章　国际贸易融资

第一节　国际贸易融资概述

一、国际贸易融资的概念

国际贸易融资是银行的业务之一，是指银行对进口商或出口商提供的与进出口贸易结算相关的短期融资或信用便利。贸易融资的品种繁多，在商品的生产、采购、物流的每个阶段以及制单、开证、承兑、议付等每个环节均可融资，并且随着国际贸易和金融业的发展，不断涌现出新的贸易融资品种。国际贸易融资以该项贸易活动直接产生的现金流量作为进口商或出口商履约的资金来源，以结算中的商业和金融单据等权利凭证点作为进口商或出口商履约的一项保证。它有效地解决了企业从事进出口贸易活动所面临的资金短缺问题，支持进出口企业在更大范围和更大规模上从事进出口贸易，增强企业的国际竞争力，也是银行有效运用资金的一种理想方式。

一般而言，银行提供以下贸易融资业务的服务：

(1)授信开证。是指银行为客户在授信额度内减免保证金对外开立信用证。

(2)进口押汇。是指开证行在收到信用证项下全套相符单据时，向开证申请人提供的，用以支付该信用证款项的短期资金融通。

进口押汇通常与信托收据配套使用。开证行凭开证申请人签发给银行的信托收据释放信用证项下单据给申请人，申请人在未付款的情况下先行办理提货、报关、存仓、保险和销售，并以货物销售后回笼的资金支付银行为其垫付的信用证金额和相关利息。

(3)提货担保。是指在信用证结算的进口贸易中，货物先于货运单据到达目的地，开证行应进口商的申请，为其向承运人或其代理人出具的承担由于先行放货引起的赔偿责任的保证性文件。

(4)出口押汇业务。是指信用证的受益人在货物装运后，将全套货运单据质押给所在地银行，该行扣除利息及有关费用后，将货款预先支付给受益人，而后向开证行索偿以收回货款的一种贸易融资业务。

(5)打包放款。是指出口商收到进口商所在地银行开立的未议付的有效信用证后，以信用证正本向银行申请，从而取得信用证项下出口商品生产、采购、装运所需的短期资金。

(6)外汇票据贴现。是指银行在外汇票据到期前，从票面金额中扣除贴现利息后，将余

额支付给外汇票据持票人。

(7)国际保理融资业务。是指在国际贸易承兑交单、赊销方式下,银行或出口保理商通过代理行或进口保理商以有条件放弃追索权的方式对出口商的应收账款进行核准和购买,从而使出口商获得出口后收回货款的保证。

(8)福费廷。也称票据包买或票据买断,是指银行或包买人对国际贸易延期付款方式中出口商持有的远期承兑汇票或本票进行无追索权的贴现(即买断)。

(9)出口买方信贷。是指向国外借款人发放中长期信贷,用于进口商支付中国出口商货款,促进中国货物和技术服务的出口。

二、国际贸易融资的分类

随着国际贸易和金融业的发展,国际贸易融资也不断推陈出新,主要分为以下几大类型。

(一)按融资的期限划分

1. 短期贸易融资

即1年以内(含1年)的国际贸易融资,主要适用于企业对资金流动和周转的需要,包括打包贷款、进出口押汇、票据贴现、信用证开证等融资方式。

2. 中长期贸易融资

即期限在1～5年或5年以上的国际贸易融资,主要适用于企业为改善其资本结构,弥补企业资金不足的需要,包括福费廷、出口信贷(含出口买方信贷和出口卖方信贷)。

(二)按照融资的资金来源划分

1. 一般性贸易融资

一般性贸易融资指资金来自商业银行。通常情况下,这种融资多与国际贸易结算紧密结合。期限有短期、中期和长期三种。

2. 政策性贸易融资

政策性贸易融资指由各国官方或半官方出口信贷机构利用政府财政预算资金向进出口商或进出口商国家的银行、政府提供的贷款,或由各国官方或半官方出口信贷机构提供出口信贷担保,由商业银行利用其自有资金向进出口商或进出口商国家的银行、政府提供的贷款。该贷款通常被限定用于购买贷款国的资本货物,以促进贷款国的出口。

(三)按融资的货币划分

1. 本币贸易融资

本币贸易融资指使用贷款国的货币提供的融资。一般情况下,这种贷款的对象为本国外贸企业。

2. 外币贸易融资

外币贸易融资指使用非贷款国的货币提供的融资。这种外币可以是供款国的货币,也可以是第三国的货币,但必须是可自由兑换货币。

三、国际贸易融资的风险

(一)贸易风险

国际间的进出口贸易是一种商业信用,为此,在贸易期间,任何一个环节出现问题,都有可能导致经营失败，产生贸易纠纷和索赔，出现贸易风险，导致风险贷款。

（二）进出口商资信风险

如果融资（如押汇、打包贷款）给一些亏损企业，或者该企业管理混乱、资信欠佳，常因资金短缺而利用押汇、打包贷款等信用证融资手段套取银行资金。银行短期融资实际上往往被长期占用，严重影响银行经营资产的流动性和安全性。

（三）银行资信风险

进出口双方银行对促进贸易的完成起着关键作用，国外银行中的国有银行并不常见，银行都是按商业化经营原则来经营的，如经营不善，随时有倒闭的可能。此外有些发展中国家对贸易及金融惯例了解不够或根本不按惯例办事，某些开证行还常应进口商要求出现无理拒付信用证现象，还有些保兑行漠视国际惯例推卸其第一付款人应承担的责任。这种银行资信不佳的状况，也会造成风险贷款。因此，选择资信良好的代理行至关重要。

（四）政治风险

贸易融资涉及不同国家间债权债务的清偿与支付，当贸易对象国出现政局不稳、外汇管制、制裁等因素，都可能使贸易合同难以履行，从而使银行的贸易融资蒙受风险。所以，忽略国家风险，仍有可能造成风险贷款。

（五）欺诈风险

在贸易融资中部分犯罪分子却常常在国际贸易结算过程中利用假票据、假银行信用证骗取银行资金。其手段包括：伪造大额银行票据、涂改票据金额、伪造信用证以及开立具有限制性生效条款和收汇没有保障的“软条款信用证”，等等，从而给贸易融资带来风险。

（六）内部监管不力风险

目前，银行普遍把贸易融资作为拓展结算市场和加强银行同业竞争的一种手段，但如对潜在风险缺少具体的防范措施和实行有效管理，就会造成现实风险。

第二节　出口贸易融资

一、打包贷款

（一）打包贷款的概念

打包贷款（Packing Loan）是出口地银行向出口商提供的短期资金融通。具体做法是：出口商与国外进口商签订买卖合同后，就要组织货物出口。在此过程中，出口商可能出现资金周转困难的情况。例如，出口商用自有资金购买货物，存放在仓库里，资金积压占用。在这种情况下，出口商用进口地银行向其开出的信用证，或者其他保证文件，连同出口商品或半成品一起，交付出口地银行作为抵押，借入款项。出口地银行在此情况下向出口商提供的贷款就称为打包贷款。

打包贷款的期限一般很短，出口商借入打包贷款后，很快将货物装船运出，在取得各种单据并向进口商开发汇票后，出口商通常前往贷款银行，请其提供出口抵押贷款，该银行收下汇票和单据后,将以前的打包贷款改为出口押汇,这时的打包贷款即告结束。在打包贷款中,如果出口商不按规定履行职责,贷款银行有权处理抵押品,以收回贷出款项。打包贷款的数额一般为出口货物总值的50%~70%。

打包贷款可以帮助出口商在自身资金紧缺而又无法争取到预付货款的支付条件时,顺利开展业务,把握贸易机会。同时还可以使出口商在生产、采购等备货阶段都不必占用自有资金,缓解了出口商的流动资金压力。

商业银行提供的打包贷款占用出口商的授信额度。一般情况下,出口商将信用证项下单据交贷款行议付,贷款行以信用证项下的收汇为第一还款来源。在企业不能正常从国外收回的情况下,企业必须偿还打包贷款的本金及利息,或允许银行主动从其账户扣划打包贷款的本金及利息。

银行办理打包贷款的利息计算公式是:

$$\text{打包贷款利息}=\frac{\text{信用证金额}\times\text{融资比例}(70\%\sim90\%)\times\text{融资年利率}\times\text{放款天数}}{360}$$

打包天数的计算办法是:办理打包日至信用证规定最迟装运日的天数加上30天。

银行根据融资额度的余额情况和商品类型来决定放款金额和放款期限。每个信用证的贷款金额通常不超过信用证金额的90%,对装运单据为非物权单据或不能控制全套正本物权单据者,银行在受理打包贷款申请时的审查将更加严格。

(二)打包贷款的业务流程

(1)出口商在收到信用证后,向银行提出打包贷款申请,并提供信用证正本及内外贸合同、贸易情况介绍等有关资料,如属代理应提供有关代理协议。

(2)银行对信用证及其修改的真实性、条款等项内容进行审核。

(3)审核通过后,与出口商签署《打包贷款合同》,发放打包贷款。为确保专款专用,银行有权审核客户的用款情况。

(4)出口商利用资金组织或生产出口货物,按信用证要求及时发货。

(5)出口商出口货物取得信用证项下有关单据后向放款银行交单议付,收到出口货款后,及时归还银行打包贷款。

(三)打包放款的特点

(1)扩大贸易机会。在企业自身资金紧缺而又无法争取到预付货款的支付条件时,帮助企业顺利开展业务、把握贸易机会。

(2)减少资金占压。在生产、采购等备货阶段都不必占用企业的自有资金,缓解了企业的流动资金压力。

(四)适用对象

有出口业务经营权的企业才可以办理打包贷款。在流动资金紧缺,国外进口商虽然不接受预付货款的条件但同意开立信用证的情况下适宜选择打包贷款业务。

(五)申请条件

(1)企业须有出口业务经营权。

(2)贷款用途符合国家法律、法规及有关政策规定。

(3)企业具有良好的贸易履约能力,制单能力强,能按期、按质、按量完成生产(收购)和交货计划。

(4)信誉良好,有按期偿付贷款本息的能力。

(5)能及时、准确地向银行提供相关贸易背景资料和财务报告,主动配合银行的调查、审查和检查。

(6)银行要求的其他条件。

二、出口信用证押汇

(一)出口信用证押汇的概念

出口信用证押汇(Bill Purchase under Documentary Credit)是指企业(信用证受益人)在向银行提交信用证项下单据议付时,银行(议付行)根据企业的申请,凭企业提交的全套单证相符的单据作为质押进行审核,审核无误后,参照票面金额将款项垫付给企业,然后向开证行寄单索汇,并向企业收取押汇利息和银行费用并保留追索权的一种短期出口融资业务。

出口信用证押汇帮助出口商在进口商支付货款前就可以提前得到偿付,加快了资金周转速度。银行叙做出口信用证押汇在没有不符点情况下通常不占用出口商的授信额度。能否叙做押汇主要取决于单据与信用证条款的相符情况和出口商资信状况。这种融资方式的融资比例为信用证金额的全额(扣除手续费、邮寄费、预计利息和国外银行扣费等)或部分(金额因出口商不同而不等,一般为95%左右)。还款的来源在正常情况下为信用证项下的收汇款,在企业不能正常从国外收回货款的情况下,企业应偿还押汇本金及利息,或允许银行主动从其账户扣划押汇的金额及被收有关的费用。由于押汇银行在垫付信用证项下议付金额时预先扣除利息及相关费用,将余额贷给出口商,因此出口商获得的融资金额低于信用证项下议付金额。

银行办理押汇通常不收押汇手续费,其利息计算公式为:

$$押汇利息=\frac{本金\times 融资年利率\times 押汇天数}{360}$$

押汇天数的计算通常是:办理押汇日到预计信用证的收汇日的天数加5~7天。出口押汇实务中,基本上按放款日到收汇日之间的实际天数计算利息。押汇与其他融资方式相比,具有手续简便(无需担保、质押、保证金等)、快捷的特点。

(二)出口信用证押汇的业务流程

出口信用证押汇的业务流程为(以平安银行为例):

(1)客户交单,提出信用证项下出口押汇申请。

(2)运营部将审单结果反馈支行和客户。

(3)客户经理登录信贷系统,提出申请,经支行审批后报运营部在权限内审批,超权限的报有权审批部门审批。

(4)审批通过后,客户经理打印出账通知,办理押汇出账。

(5)支行审查同意后,办理押汇出账,为客户办理结汇或入账手续。

(6)出口单据收汇后归还我行押汇。

受益人办理押汇业务时,应向出口地的押汇银行提交下列材料:

(1)若受益人第一次在出口地银行办理押汇、贴现业务时,必须提供基础资料。

(2)向出口地银行提交信用证及根据该信用证制作的单据,或在无期信用证项下,开证行的确认付款日(到期日)的电报或承兑电文(目前实务中,无须提供开证行或保兑行付款/承兑报文)。

(3)受益人与出口地银行签订出口押汇总协议书(通常有效期为1年)。

(4)逐笔填写并提交银行格式化的"押汇申请书"。

(三)出口信用押汇企业需满足的条件

企业如需向银行申请叙做出口押汇,必须满足以下条件:

(1)企业应在申请行开立人民币或外币往来账户,办理进出口结算业务,并在押汇融资业务项下核算一切收支。

(2)企业资信良好,履约能力强,收汇记录良好,具有一定的外贸经验。

(3)出口的商品应为企业主要出口创汇产品,适应市场需求,国内外进销网络健全畅通,并能取得必要的配额及批文。

(4)企业应具有健全的财务会计制度,能按时向银行报送财务报表,接受银行对企业自身的生产经营及财务状况的实时审核。出口押汇款项应用于合理的资金周转需要。

(5)开证行及偿付行所在地政局及经济形势稳定,无外汇短缺,无特别严格外汇管制,无金融危机状况,且开证行自身资信可靠,经营作风稳健,没有故意挑剔单据不符点而无理拒付的不良记录。

(6)信用证条款清晰完整且符合国际惯例,经银行认可无潜在风险因素。转让信用证银行原则上不予办理出口押汇。

(7)叙做出口押汇的单据必须严格符合信用证条款,做到单单一致、单证一致。对远期信用证项下的出口押汇,须在收到开证行承兑后方可叙做。

以下为出口信用证押汇申请书的样式(见表11-1)。

表11-1 招商银行出口押汇申请书

授信编号: 押汇编号:

申请单位名称:			法定代表人:
L/C NO:	开证日期:		开证金额
L/C 有效期:	L/C 装期:		即期/远期见票后____天/ 远期提单后____天
开证行名称:			
货物名称:			
交单日:			交单金额:
证下已做打包放款;是/否		打包金额及日期:	
申请押汇金额:			期限:
申请理由及还款计划:			

招商银行____：

我公司在此确认并保证：

1.上述信用证项下单据一经押汇，你行有权按你行认为适宜的方式处理单据。但不论因何种原因致付款人未能及时、足额向你行支付单据项下款项，你行均有权采取各种方式进行追讨，除按规定加收罚息、复息外，可主动从我公司的任何账户内或有权在任何时间以任意方式，出售全部或部分该单据项下货物，归还你行融资本息及费用。

2.该出口项下款项一经收妥，立即用于归还你行押汇本息及相关费用。

3.随时向贵行提供上述信用证项下货物情况及本公司的经营、财务状况及贵行所需要的其他资料。

4.我公司向贵行出具的借款借据构成本合同不可缺少的组成部分。

5.押汇一经逾期，贵行有权就逾期金额按每日万分之____的标准向我公司计收利息。

6.如本合同产生纠纷，双方应先行协商，协商不成的，双方通过以下途径解决(以下两者仅选其一)：

(　　)6.1 向贵行所在地法院起诉；

(　　)6.2 向________仲裁委员会申请仲裁。

申请单位(公章)	银行确认：招商银行________
法定代表人或	负责人或
授权代理人(签字)	授权代理人(签字)：
日期：	日期：

三、出口托收押汇

(一)出口托收押汇的概念

出口托收押汇(Bill Purchase against Documentary Collection)也称出口跟单托收押汇，是指跟单托收项下，出口商向境外进口商发运货物，并将相关全套运输单据及其他商业单据交托收行寄代收银行托收后，托收行应出口商的申请，先垫付货款予出口商，出口商以其出口收汇款项归还托收行贷款的贸易融资方式。

出口托收押汇与出口信用证项下的押汇的根本区别在于：后者有开证行的付款保证，出口方作为收款人，能否收回货款，完全取决于国外付款人的信誉，与托收行、代收行等银行无关，收汇的风险较大。为控制押汇风险，出口地银行通常根据出口方收款人的资信、还款能力等对其核定相应的授信额度，仅仅在额度内叙做出口托收押汇。出口跟单托收押汇包括D/P押汇和D/A押汇两个品种。对于企业而言其具备以下特点：

(1)帮助企业加速资金周转，扩大销售额；

(2)帮助企业提前结汇，规避人民币升值风险；

(3)额度内可根据资金周转需要申请出账，节约财务费用。

(二)出口托收押汇的业务流程

出口托收押汇的业务流程为(以平安银行为例)：

(1)客户向银行申请出口托收押汇额度。申请跟单托收押汇额度，需提供信贷业务要求的基础资料。

(2)客户将出口单据提交银行办理跟单托收。

(3)客户填写《出口贸易融资申请书及承诺书》，申请额度内单笔押汇。

(4)客户经理登录信贷系统，提出申请，经支行审批后报运营部审批。

(5)审批通过后，客户经理打印出账通知，办理押汇出账。

出口方收款人办理出口托收押汇业务时，应向出口地的押汇银行提交下列材料：

(1)若受益人第一次在出口地银行办理押汇、贴现等授信业务时，必须提供基础资料。

(2)向出口地银行提交根据出口贸易合同制作的单据,或在以承兑交单(D/A)为付款条件的情况下,进口人(付款人)确认付款日(到期日)的电文、函件,或承兑电文、函件(现绝大多数商业银行不再这样要求)。

(3)出口方收款人与出口地银行签订出口押汇总协议书(通常有效期为1年)。

(4)逐笔填写并提交银行格式化的"押汇申请书"。

以下为出口托收押汇申请书的样式(见表11-2)。

表11-2 招商银行出口押汇申请书

授信编号:

申请单位名称:	法定代表人:
货物名称:	
物权单据:	交单方式:D/P D/A 天
交单日:	交单金额:
出运地:	目的地:
申请押汇金额: 期限:	
申请理由及还款计划:	
招商银行____: 我公司在此保证: 1.上述单据一经押汇,你行有权按你行认为适宜的方式处理单据,但不论因何种原因致付款人未能及时、足额向你行支付单据项下款项,你行均有对本公司的追索权。若本公司不能按要求归还全部押汇本息,你行有权采用各种方式进行追讨,除按规定加收罚息、复息外,可主动从我公司的任何账户内扣收本息及罚息;你行有权在任何时间以任意方式,出售全部或部分该单据项下货物,归还你行融资本息及费用。 2.该出口项下款项一经收妥,立即用于归还你行押汇本息及相关费用。 3.随时向贵行提供上述出口托收项下货物情况及本公司的经营、财务状况及贵行需要的其他资料。 4.遵守已与贵行签订的《国际贸易融资授信协议》。 5.押汇一经逾期,贵行有权就逾期金额按每日万分之____的标准向我公司计收利息。 申请单位(公章): 法定代表人或授权人(签字) 日期:	

四、贴 现

银行有追索权地买进已承兑的远期票据,这种融资方式就叫做贴现(Discount)。远期票据通常为银行票据或有银行信用担保的商业票据。由于这类票据的可靠性和流通性较强,所以容易被银行接受。贸易融资项下的贴现服务通常限于远期信用证项下的已承兑汇票。

有些商业银行对跟单托收项下已加具保付签字的远期汇票予以贴现,即在付款人承兑远期商业汇票的同时,由其往来银行在汇票上加具保付签字,对已承兑汇票承担到期保证付款的责任。这种采用保付承兑方式的托收汇票实质上等同于信用证项下的远期汇票,同样带有银行的信用保证。

在信用证业务中，许多信用证除了要求受益人提供单据，通常还要求提供汇票，因此，信用证项下的出口单据押汇由于有票据的存在，有时也被称作为“贴现”。

贴现的收息方式、计算公式及流程与出口信用证项下的押汇类似。

(一)贴现申请人应具备的条件

(1) 在贴现行开立存款账户的企业法人或其他经济组织；

(2) 与出票人或直接前手之间有真实的商品交易关系；

(3) 能够提供与其直接前手之间的增值税发票(按规定不能出具增值税发票的除外)和商品发运单据复印件。

(二)贴现需提供的材料

持票人办理汇票贴现业务时，需填写《商业汇票贴现申请书》，加盖公章和法人代表人章(或授权代理人章)后提交开户行，并提供以下资料：

(1) 未到期且是完整的银行承兑汇票；

(2) 贴现申请人的《企业法人营业执照》或《营业执照》复印件；

(3) 持票人与出票人或其直接前手之间的增值税发票(对因《中华人民共和国增值税暂行条例》所列不得出具增值税发票的商品交易，无增值税发票作附件的，可由申请人提交足以证明其具有真实商品交易关系的其他书面材料)和商品发运单据复印件；

(4) 贴现银行认为需要提供的其他资料。

五、出口商业发票贴现

出口商业发票贴现是指在货到付款的情况下，为了提前取得资金，贴付一定利息将票据权利转让给银行的行为，是银行向持票人融通资金的一种方式。出口商业发票贴现是银行的一项资产业务，汇票的支付人对银行负债，银行实际上是与付款人有一种间接贷款关系。一般而言贴现的利率是在人民银行现行的再贴现利率的基础上进行上浮，贴现的利率是市场价格，由双方协商确定，但最高不能超过现行的贷款利率。

有些商业银行对跟单托收项下已加具保付签字的远期汇票予以贴现，即在付款人承兑远期商业汇票的同时，由其往来银行在汇票上加具保付签字，对已承兑汇票承担到期保证付款的责任。这种采用保付承兑方式的托收汇票实质上等同于信用证项下的远期汇票，同样带有银行的信用保证。

出口方收款人办理出口商业发票贴现业务时，应向出口地的押汇银行提交下列材料：

(1)若受益人第一次在出口地银行办理押汇、贴现等授信业务时，必须提供基础资料。

(2)逐笔填写并提交银行格式化的《出口商业发票贴现额度申请书》、《出口商业发票贴现申请书》。

(3)向出口地银行提交出口贸易合同复印件、商业发票(除非出口商有异议，发票上须载有转让条款)、运输单据副本及其他相关单据。

(4)出口方收款人与出口地贴现银行签订《出口商业发票贴现协议》。

第三节 进口贸易融资

一、进口开证额度

进口开证额度(Limits for Issuing Letter of Credit)是指开证行为方便进口开证业务，对一些资信好、有清偿能力、业务往来频繁的进口人，根据其资信状况或提供抵押品的数量和质量的情况而核定的开证额度，供该进口人循环使用，进口人在额度内申请开立信用证时，可免收或减收一定的保证金。

一般而言，具备开证人的企业应具有以下资格：具有外贸业务经营资格，在银行有一定外贸结算业务，业务情况及收付汇情况良好，资信可靠，具备一定经济实力，能够提供银行接受的可靠担保、抵押、质押的客户，可以向银行申请并由银行核定进口开证授信额度。

进口开证授信额度分为普通开证额度、背对背信用证额度和一次性开证额度，具有以下特点：

(1)普通开证额度可循环使用，即用开证额度开立的信用证使用完毕，或在信用证注销、撤销，或在减额后，可相应自动恢复额度。同时，客户可在银行规定的期限内无限次在额度内委托银行开出信用证。

(2)背对背(对开)信用证开证额度专用于根据出口来证由银行开立信用证的额度。

(3)一次性开证额度是对于未取得银行普通开证额度的客户、非银行信贷客户办理单笔开证业务，或对于已在银行取得普通开证额度的客户、银行信贷客户办理某一特殊或大额开证业务而设立的开证额度。一次性开证额度由银行核准后一次有效，不能循环使用。

二、进口信用证项下押汇

(一)进口信用证押汇的概念和作用

进口信用证押汇(Inward Bill Receivables)是指开证行收到议付行或其他指定银行寄来的单据后，为开证申请人垫付货款的一种融资方式。在实务中，开证行收到单据后，如单证相符，开证行应立即偿付，但开证申请人因资金周转关系，无法在开证行付款前付款赎单，于是以信用证项下代表货权的单据为质押，并同时提供必要的抵押/质押或其他担保，由银行先行代为对外付款，一定时期后，开证申请人付款赎单。

进口押汇的融资比例为国外来单金额的全额。收取利息的方法不是通常押汇采用的“预收利息法”，而是普通贷款常用的“后收利息法”，即在押汇到期后，从企业账户扣收押汇本金及其利息。还款的来源完全依赖于企业经营的利润。进口押汇一般使用原币(即信用证及单据使用的货币)直接对外付款，不可兑换成人民币使用。

(二)信用证项下进口押汇业务流程

信用证项下进口押汇业务流程为：

(1)出口单据到达后，开证申请人向开证行或指定代收行提出办理进口押汇的要求，并填写《进口押汇申请书》；

(2)开证申请人向银行提供近期财务报表、进口合同、开证申请书等材料；

(3)开证申请人向银行出具信托收据，并在必要时提供保证金等担保措施；

(4)银行审核同意后，与申请人签订正式押汇协议，确定金额、期限、利率、还款日期等；

(5)发放进口押汇款。

开证申请人办理进口押汇业务时，应向开证行提交下列材料：

(1)已填写完整的开证行印制的进口押汇申请书；

(2)与开证行签订的信托收据，作为开证申请人将自己货物所有权转让给银行的确认书；

(3)签订经签章确认的进口押汇合同，合同须列名申请人名称、信用证编号、押汇金额、押汇期限、押汇利率、还款日期、还款责任及违约处理等；

(4)其他要求提交的资料。

值得一提的是，申请办理进口押汇的企业必须取得进口开证授信额度。进口押汇主要用于解决进口商的短期融资需求，尤其让进口商在资金周转有困难时，及时得到进口信用证项下货物，同时由于进口押汇使用货权凭证作为押汇的还款来源，手续较为简便，也为进口商进口项下的资金管理提供了灵活有效的管理手段和融资途径，提高了资金使用效率。

三、进口托收押汇

进口托收押汇是指代收行在收到出口商通过托收行寄来的全套托收单据后，根据进口商提交的押汇申请、信托收据以及代收行与进口商签订的《进口托收押汇协议》，先行对外支付并放单，进口商凭单提货，用销售后的货款归还代收行押汇本息。

无论对于银行或外贸企业而言，进口托收押汇的优点和进口押汇相比，大体一致，但银行自身的风险却远远超过进口押汇。因为进口押汇是建立在银行负有第一性付款责任的信用证业务基础上，如果单单相符、单证一致，即使开证申请人不付款，开证行也必须履行对外付款的义务。这样，如果剔除汇率风险和利息两个因素，进口押汇并没有给开证行带来更大的风险。而进口托收则属于商业信用，无论进口商是否付款，代收行都没有责任。但如果为进口商叙做进口托收押汇，进口商无疑将原本给予出口商的商业信用转给了代收行，从而加大了代收行的风险。作为代收行，应当根据进口商的资信情况、业务情况、抵(质)押/担保情况，为其核定一个押汇额度，供其周转使用，做到拓展业务和防范风险的有机结合。

四、提货担保

(一)提货担保的概念

提货担保(Delivery against Bank Guarantee)是指在进口信用证支付方式下，货物早于运输单据抵达港口时，开证申请人请求开证行开立的凭以向承运人办理提货手续的一种保函。

提货担保对于企业而言具有以下好处：

(1)把握市场先机。在货物早于提单到达的情况下，银行出具的加签提货担保才能使进口方提前办理提货，把握市场先机。

(2)减少资金占压。进口方在未支付进口货款的情况下就可利用银行担保先行提货、报关、销售和取得销售收入，在整个贸易过程中都不必占用自有资金，有利于缓解进口商的资金周转困难。

(3)改善现金流量。在提货担保业务中,进口贸易的现金流向是"先流入、再流出",并且能够增加进口商的净现金流入量,提高其偿债能力。

(二)提货担保的业务流程

提货担保的业务流程为:

(1)进口商向银行申请开立信用证,并提交贸易合同等资料;

(2)进口商银行向出口商签发信用证,出口商按信用证要求发运货物,取得货运单据;

(3)货物先于货运单据(物权单据)到达目的地,进口商向开证银行提交船运公司签发的货物到港通知、提单发票副本、企业近期财务报表等资料,申请办理提货担保,并填写《提货担保申请书》;

(4)必要时应提供担保措施或落实信用证备付款项;

(5)银行审核通过后,向签发提单的承运人或其代理人出具提货担保函或在船运公司的提货担保书上签字、盖章后交进口商,船运公司凭提货担保函放货,进口商提货报关;

(6)收到信用证项下的正本单据后,进口商应以正本提单向船运公司换回银行提货担保函,退还银行销账。

开证申请人办理提货担保业务时,应向银行提交下列材料:

(1)《提货担保申请书》、《提货担保书》;

(2)提单、商业发票、装箱单等单据的复印件或传真件;

(3)船运公司的《货物到港通知书》(如有);

(4)保证金进账单,反担保相应资料;

(5)企业近期财务报表;

(6)银行要求的其他资料。

以下为提货担保申请书(见表 11-3)及提货担保书的样式(见表 11-4)。

表 11-3 提货担保申请书

致:中国工商银行　　分行

兹因下述提货单据尚未收到,请贵行向____(承运公司)签署提货担保书以便我单位先行提取下列货物:

发票币种、金额		信用证号	
船　名		航　次	
装运港		目的港	
提单号		提单签发日	

唛　头	总件数及数量	货物名称

我单位同意和承诺下列事项:

1.我单位保证未经贵行同意,不将上述货物抵押给任何其他个人或机构。

2.我单位保证提货物为所附副本提单和商业发票项下货物,且此融本提单和商业发票为上述信用证项下单据，不牵涉任何其他业务。

3. 贵行在收到信用证项下单据时，无论单据是否存在不符点或与合同是否完全相符，我单位保证如期履行付款责任。贵行向我单位发出付款通知后，如我单位未按贵行要求主动付款，贵行有权从我单位账户直接扣款，按期结汇付款，而不需我单位另行授权。

4. 我单位在收到信用证项下提单后立即向承运公司换回提货担保书，并在贵行签发之日起 30 天内退回贵行。

5. 如我单位提货后发现货物与提单不符，或与出口商发生任何贸易合同纠纷，或遇货物价格下跌等原因，我单位保证不向贵行提出拒付信用证款项或其他对贵行不利的主张与要求。

6. 我单位承诺贵行因出具此提货担保书使贵行遭受任何损失，我单位负赔偿责任。

7. 我单位将在贵行要求的情况下提供必要的反担保措施。

(　　)清晰的正本提单复印件 1 份 (　　)合同复印件 1 份

(　　)商业发票复印件 1 份　　(　　)承运公司的到货通知

(　　)其他

申请人：

(单位公章)

法人代表或授权人签章

年　　月　　日

表 11-4　提货担保收据

银行编号：

致：__________公司

兹因下述提货单据尚未收到，向贵公司申请凭此提货担保书以及所附单据融本先行提取下列货物：

船　名		航　次	
装运港		目的港	
提单号		提单签发日	

唛　头	总件数/数量/发票金额	货物名称

详见所附提单副本。

上述货物属我公司进口货物。倘因我公司未凭正本提单先行提货致使贵公司遭受损失，我公司负责赔偿。我公司收到上述正本提单后立即交还贵公司换回此担保书。

申请人(签字盖章)

年　　月　　日

银行承诺：

兹保证对贵公司基于对我行提货担保之信赖未凭正本提单放货给______公司(申请人)，所遭受之我行可预见之直接损失，我行承诺承担连带赔偿责任。

重要声明：

1. 申请人在凭本担保书办理提货时须同时出具加盖我行签章的提单副本。

2. 上述内容如有更改,须经我行签署方为有效。

中国工商银行________分行

(签字盖章)

年　　月　　日

五、信托收据

信托收据(Trust Receipt) 就是进口人借单时提供一种书面信用担保文件,用来表示愿意以代收行的受托人身份代为提货、报关、存仓、保险、出售并承认货物所有权仍属于银行。

信托收据的内容通常应包括进口商表示愿意以银行受托人的身份代为提货、报关、存仓、保险、出售,承认货物的所有权属银行,货物售出后所得款项归银行,并保证于汇票到期日向银行付清货款。这种情况下,进口商只能在向开证行或代收行付款,并赎回信托收据后,物权才归其所有。因此,进口商与银行签订信托收据的实质是开证行或代收行对进口商提供的一种资金融通便利。

在实务中,由于仅凭信托收据办理融资业务风险较大,因此,通常不单独使用,而是在进口融资业务中,银行为从法律上保证其对货物的所有权,作为防范风险的一种手段而使用。如进口信用证业务项下的进口押汇业务、提货担保业务、进口代收押汇业务中,银行均须与企业签订信托收据。

以下为信托收据的样式(见表 11-5)。

表 11-5　信托收据

编号:BR34101060047801

委托人名称:中国工商银行________支行

受托人名称:

地址:

法定代表人:

中国工商银行________支行

中国工商银行________分行:

我公司委托贵行开立的信用证,我公司为付款人(信用证号:____;偿付行:________;汇票编号及金额:________;贵行业务编号:________)。

一、我公司兹确认收到贵行上述信用证项下单据/货物。自我公司取得该单据之日起,至我公司付清该信用证项下货款、利息及一切费用之日止,该信用证项下单据及货物所有权归属贵行。本公司作为受托人将为贵行利益持有上述信用证项下单据及其所代表的所有货物,为贵行利益卸货、储存、制造、加工、出售,并在《开立买方远期信用证协议书》、《信用证代付协议书》(编号:________)规定的期限内以处理货物所得或其他款项归还贵行押汇本息及相关费用。信托收据项下货物的凭证应该附上信托收据副本,表明该批货物是贵行的信托财产。

货物出售后,本公司保证将货款存入贵行指定的账户(账户号:________),信托收据项下货款的结算将在贵行监督下进行。

二、在作为受托人为贵行利益持有上述信用证项下单据及其所代表的所有货物的过程中以及为贵行利益卸货、储存、制造、加工、出售等的过程中,本公司承诺承担前述过程中的一切费用。本公司对于信托收据项下进口货物的出租、出售、货物互换、存仓、转移仓库等管理或处分行为均需获得贵行的书面同意。

三、作为受托人,本公司承诺承担一切商业风险,即使出售货物所得不足以抵偿我公司所欠贵行债务,贵行有权就差额部分向我公司及其保证人进行追索。本公司亦将严格按照《开立买方远期信用证协议书》及《信用证代付协议书》(编号:________)的承诺,清偿代付款项并清偿弥补贵行损失。

四、贵行如有要求，本公司保证按照贵行要求在售货前代购保险以保证货物的安全，并在保险索偿时为贵行提供一切必要文件和配合工作。本公司承诺承担前述过程中发生的一切费用。

五、贵行有权检查该信托收据项下货物的状况及货物的销售收款状况，我公司有义务配合贵行上述工作。在贵行认为有必要的情况下，本公司同意贵行行使货物所有权人的权利，解除与本公司之间的信托关系。

六、本公司保证不将单据或单据项下货物质押或抵押给第三方。

七、在将单据项下货物出售给他人之前，本公司保证将作为贵行受托人的情况告知对方，并将有关情况通知贵行。

八、所有货物出售后，无需经本公司同意，贵行有权向货物买方收取货款，并发出有效收据，而不必通知本公司。

九、一经贵行要求，本公司将不延迟地将信托收据项下单据及其他文件退还贵行。

十、本信托收据于本公司签章后交付贵行。贵行将单据交付我公司后信托收据生效。该信托收据于我公司归还押汇款项本息及弥补贵行可能产生的其他损失后自动失效。

十一、凡与本信托收据有关的争议，本公司与信托人一致同意采用下述两种方式解决：

1.由中国国际经济贸易仲裁委员会按该会仲裁规则进行仲裁；

2.在甲方所在地法院通过诉讼方式解决。

十二、本收据为本公司签署之第(　　)号《开立买方远期信用证协议书》/《信用证代付协议书》之有效组成部分。

货权凭证名称：

货物品名和数量：

立据人：__________

(公司名，公章)

法定代表人或授权签字人：____________

(签章)

年　月　日

第四节　国际保理融资

一、国际保理融资的概念

国际保理融资又称为承购应收账款。指在以商业信用出口货物时(如以 D/A 作为付款方式)，出口商交货后把应收账款的发票和装运单据转让给保理商，即可取得应收取的大部分贷款，日后一旦发生进口商不付或逾期付款，则由保理商承担付款责任，在保理业务中，保理商承担第一付款责任。

保理业务是一项集商业资信调查、应收账款管理、信用风险担保及贸易融资于一体的新兴综合性金融服务。近年来发展迅速，目前全球保理业务量已超过 7000 亿美元。中国银行于 1992 年在国内率先推出国际保理业务，与国外保理公司及国际保理组织密切合作，积累了相当丰富的业务经验，在世界各地为广大客户提供全面的保理服务。目前其所提供的业务品种主要包括：国际双保理项下出口保理、国际双保理项下进口保理、国际双保理项下出口商业发票贴现、国内综合保理、国内商业发票以预支的方式提供卖方所需营运资金，加速资金周转。

 从事该业务的保理商一般须加入国际保理商联合会(Factors Chain International,

FCl),其保理业务员均须通过FCI组织的保理考试,获得FCI颁发的合格证书。FCI会员间的业务往来完全通过FCI开发的保理电子数据交换系统(EDI-Factoring)进行,实现业务的无纸化操作。

二、国际保理融资的主要内容

(一)销售账务处理

销售账务处理(Maintenance of Sale Ledger)又称销售分户账管理,是指保理商根据卖方的要求,定期向卖方提供应收账款的回收情况、逾期账款情况、账龄分析等,发送各类对账单,协助卖方进行销售管理。

(二)债款回收

债款回收(Collection from Debtors)又称收取应收账款(Collection of Recdvables),是保理商有专业人士从事追收,他们根据应收账款逾期的时间采取有理、有力、有节的手段,协助卖方安全回收账款。

(三)坏账担保

坏账担保(Full Protection against Bad Debts)又称买方信用担保(Protection for Buyer's Credit),是指保理商根据卖方的需求为买方核定信用额度,对于卖方在信用额度内发货所产生的应收账款,保理商提供100%的坏账担保。

(四)信用销售控制

信用销售控制(Credit Control)是指保理商为出口人了解贸易伙伴的资信状况,制定切实的信用销售限额,采取必要的防范措施,避免或减少收汇风险提供服务。

三、国际保理融资的种类

国际保理融资依据不同的标准可划分为以下几种类型。

(一)依据保理商的不同,保理业务可分为单一保理商模式和双保理商模式

1.单一保理商模式

出口人与进口地的保理商(进口保理商)签订保理合同,进口保理商再与出口地的一家银行(非保理商)订立协议,出口地银行只负责传递信息和划拨款项,不承担保理商的责任。因此,这种保理业务只有三方关系人:出口人、进口人和进口保理商。由于这种保理业务存在诸多不便和特点,因而目前使用极少。

2.双保理商模式

这种保理业务是指出口人与出口地的保理商(出口保理商)订立保理合同,出口保理商再与进口保理商订立协议,相互委托代理业务,出口保理商向出口人提供保理业务服务。因此,这种保理业务包括四方关系人:出口人、进口人、出口保理商和进口保理商。由于这种保理业务对各方联系人均有利,因而使用较多。通常所说的保理业务一般是指双保理商

(二)依据追索权,保理业务可分为有追索权保理和无追索权保理

1.有追索权保理

有追索权保理(Recourse Factoring)是指保理商不负责为出口商核定坏账担保,只提供包括融资在内的其他业务。若进口商因偿付能力不足而形商有权向出口商追索。

2. 无追索权保理

无追索权保理(Non-recourse Factoring)是指保理商负责为出口商核定信用额度和提供坏账担保,在额度内因进口人的资信等问题形成的坏账损失由保理商承担。

(三)依据是否提供融资,保理业务可分为到期保理和融资保理

1. 到期保理

到期保理(Maturity Factoring)是指保理商根据出口人给予进口人的付款期限计算出到期日,在该到期日将应收账款付给出口人。

2. 融资保理

融资保理(Financed Factoring)是指保理商一旦收到出口商的应收账款单据立即预付不超过 90%的发票额给出口人,其余 10%的货款在收妥后结算。

(四)依据货款支付对象,保理业务可分为公开保理和保密保理

1. 公开保理

公开保理(Disclosed Factoring)是指出口商必须以书面形式将保理商参与结算的情况通知其进口商,并指示进口人将货款直接付给保理商。

2. 保密保理

保密保理(Undisclosed Factoring)是指保理商参与结算的事实对进口人保密,进口人直接向出口人支付货款,融资与清算的费用由出口人承担。

四、国际保理融资的流程

国际保理的流程如下:

(1)出口商填写《信用额度申请》,向出口保理商申请信用额度。

(2)出口保理商将《信用额度申请》传送给进口保理商。

(3)进口保理商对进口人进行信用评估,确定和批准进口人的信用额度,并通知给出口保理商,然后再通知给出口人。

(4)出口保理商与出口人签订《出口保理业务协议》。

(5)出口保理商向出口人发出正式《出口保理业务额度核准通知书》。

(6)出口人在额度内出货,全套单据交出口保理商。

(7)出口保理商在发票上加贴有关转让条款并在发票上注明到期日后寄送进口保理商。

(8)进口保理商于付款到期日向进口人收取应收账款。

(9)出口保理商在收到进口保理商付款后扣除利息、费用,净额入出口商账户。

以下为出口保理业务申请书的样式(见表 11-6)。

表 11-6 出口保理业务申请书

致:中国银行安徽省分行

因我公司拟采用国际保理方式向意大利(国家/地区名)出口纺织面料 TEXTILES/FABRICS/CLOTH(商品的中英文名称),请贵行代为向进口保理商提出初步信用额度评估申请。有关资料如下:

(一)我公司(卖方)资料:
开户银行(英文):　　　　银行账号: 中行省分行
预计年国际及国内贸易总额(万美元):35000
预计对进口国以赊销方式出口的年出口额 300(万美元)及出单笔数 20(单)
与进口商以往的业务往来情况(包括近期签约情况、付款条件及贸易关系):年出口约 500 万美元,远期信用证为主,关系良好。
(二)贸易背景资料:
进口商名称及详细地址(英文)　　　　联系电话: 联系人:
是否允许进口保理商与进口商直接联系?YES(×)NO(　)
有否折扣宽限期/优惠期:YES(　)NO(×)。如是,请说明方式:
是否季节性销售商品:YES(　) NO(×)。如是,请说明情况:
价格条款:FOB(　) CFR(　) CIF(×) 其他: 付款方式:O/A(×) D/A(　) 120DAYS
进口商的开户银行(英文):　　银行账号: BANCO DI NAPOL SPA SAN GIUSEPPE VESUVIANO SWIFT CODE:IBSPITMM687
出口商代理人/授权人的名称、详细地址、开户银行及其权限(如有):
(三)申请额度资料:
(×)循环额度　　发票使用货币:美元　　金额:50 万 (　)单笔非循环额度　　发票使用货币:　　金额:
备注:

出口商名称及详细地址(英文):　　　　联系电话:

第五节 福费廷业务

一、福费廷的申请条件

(1)企业须具有法人资格和进出口经营权;

(2)在包买商处开立本币或外币账户,与包买商保持稳定的进出口结算业务往来,信誉良好,收付汇记录正常;

(3)融资申请具有真实的贸易背景,贸易合同必须符合贸易双方国家的有关法律规定,取得进口国外汇管理部门的同意;

(4)利用这一融资方式的出口商应同意进口商以分期付款的方式支付货款,以便汇票、本票或其他债权凭证按固定时间间隔依次出具,以满足福费廷业务需要;

(5)除非包买商同意,否则债权凭证必须由包买商接受的银行或其他机构无条件地、不可撤销地进行保付或提供独立的担保;

(6)银行要求的其他条件。

二、福费廷的申办程序

(1)签定进出口合同与福费廷合同,同时进口商申请银行担保;

(2)出口商发货,并将单据和汇票寄给进口商;

(3)进口商将自己承兑的汇票或开立的本票交给银行要求担保。银行同意担保后,担保函和承兑后的汇票或本票由担保行寄给出口商;

(4)出口商将全套出口单据(物权凭证)交给包买商,并提供进出口合同、营业执照、近期财务报表等材料;

(5)收到开证行有效承兑后,包买商扣除利息及相关费用后贴现票据,无追索权地将款项支付给出口商;

(6)包买商将包买票据经过担保行同意向进口商提示付款;

(7)进口商付款给担保行,担保行扣除费用后把剩余货款交给包买商。

以下为福费廷协议的样本。

【福费廷协议】

编号:　　年　第　　号

申请人:____________

法定代表人:__________

开户金融机构及账号:______

企业法人营业执照号码:____

住所:______________

联系方式:____________

包买商:中国银行________分行

法定代表人或负责人:______

住所:______________

联系方式:____________

鉴于______公司(以下简称“申请人”)申请由中国银行______分行(以下简称“中国银行”)在以其为受益人的信用证项下提供无追索权的融资,为保证此项业务的顺利进行,申请人与中国银行于____年____月____日特签署本合同。

第一条　词语解释

福费廷在本合同及与本合同相关的文件中，其含义是指中国银行向申请人购买有关信用证项下的汇票和单据，一经付款，中国银行即丧失对申请人的追索权，除非该信用证开证行因当地法院发出止付令而未能履行信用证项下付款责任。

第二条　交易前提条件

经中国银行审查，申请人在满足下列条件的情况下，方可向申请人提供融资，未满足下列条件的，中国银行有权拒绝为申请人提供福费廷融资：

（一）申请人须提前　　　天向中国银行提交一份书面申请（具体格式见附件1）；

（二）申请人已向中国银行提交有权签署本合同与本合同有关的文件和单据的授权人员名单及上述人员的签字样本；

（三）申请人已按中国银行要求填妥有关凭证并根据中国银行要求提供有关文件资料；

（四）申请人已办妥履行本合同及出口合同所必备的法律和行政审批手续，并将相应的审批文件交由中国银行查验。中国银行有权要求申请人提供审批文件的副本或与原件相符的复印件；

（五）信用证应声明可由任何银行议付或指定中国银行议付，并适用国际商会制定的《跟单信用证统一惯例》（1993年版）或在信用证开立日有效的更新版本，信用证的形式和内容应经中国银行审核认可；

（六）申请人应在信用证的有效期内交单，在交单时应向中国银行提供完整的信用文本，申请人必须保证根据中国银行对单据的独立审核，有关单据与信用证条款及其修改严格一致；

（七）每一份汇票以及每一份具名单据，只要是信用证条款允许的，必须是空白抬头或相应背书为根据中国银行的指示；

（八）中国银行将单据提交开证行后，收到信用证开证行的承兑电或承诺付款电；

（九）未出现本合同第七条所规定的违约事件。

第三条　交易的申请

申请人与中国银行签署本合同后，每申请做一笔福费廷业务（下称“交易”），需提交一份申请书。

本合同项下的每一笔交易是相互独立的，每一笔交易应遵守本合同、相关的信用证及申请人的申请书和中国银行对申请人申请的回复。

第四条　付款

在本合同列举的条件全部具备的情况下，中国银行以回复函的形式（格式见附件2）接受客户的交易申请，并将相当于汇票面值或开证行承兑的金额在扣除适用利息和相关费用（有关规定见本合同第五条）后的净值（在回复函发出后的____个工作日内）贷记客户在中国银行的账户。

第五条　折扣

为确定购买相关汇票和单据的价格，双方同意从汇票面值或开证行承兑金额中扣除：

1. 利息：自中国银行向客户提供融资付款之日起至汇票到期日或开证行承兑到期日为止；

2. 相关成本和费用：包括但不限于电报费、快邮费等。

利率由本合同双方同意并在中国银行对客户申请的回复中规定。有关费用可由中国银行在叙做福费廷业务时按一般收费标准预收，待开证行付款后中国银行根据开证行的实际收费情况与申请人结算。

第六条 声明与承诺

申请人声明与承诺如下：

（一）申请人依法注册并合法存在；

（二）申请人已获得签署本合同所需要的授权；

（三）申请人在每一份汇票及其背书和每一份要求申请人签字的单据上的签字均为有权签字人的真实签署；

（四）申请人向中国银行提供的所有文件、资料、报表和凭证等是准确、真实、完整和有效的；

（五）申请人在中国银行开立存款账户；

（六）每张汇票的面值代表着信用证的付款方由于申请人向信用证项下申请人交付的货物或提供的劳务而应在到期日无条件向申请人支付的款项，不存在任何对该款项的抗辩、抵消或反索偿；

（七）申请人在汇票和/或单据上未设立或允许保留任何抵押、质押、权益转让或其他担保，且不会采取任何可能损害或限制中国银行与出口单据中的汇票和/或单据有关的确切权利的行动；

（八）对于所从事的基础交易，申请人已获得所有必要的董事会或政府批准、交付应交税款、办妥有关的外汇管理手续、完成其他法定的登记工作，以确保本合同及中国银行在本合同项下权利的合法性、有效性和可执行性以及在中国法院本合同作为证据的可接受性；

（九）客户所进行的该项融资没有抵触进口国法律，并且付款必须是全额支付，无需缴付任何税项或任何扣缴的证明；

（十）据申请人所知，不存在影响信用证项下款项支付的法院止付令或任何其他可能影响信用证项下款项支付的问题存在，

（十一）申请人应立即向中国银行支付其因某种原因可能收到的信用证项下款项，并且在该笔款项交付中国银行前在申请人控制的期间内，完全为中国银行的排他利益收取和持有该笔款项并等待中国银行的指令；

（十二）如开证行在到期日未能全额支付信用证项下款项，申请人应采取一切必要的行动协助中国银行从开证行取得信用证项下未付款项，这些行动包括但不限于：应中国银行要求，代表中国银行追索或起诉，或允许中国银行以申请人的名义追索或起诉，或授权中国银行接替申请人进行追索、起诉、以债权人身份参加开证行的破产或清算程序，或根据信用证采取的其他任何为追讨信用证项下未付款所必需的行动；

（十三）如开证行因当地法院发出止付令的原因而未能履行信用证项下付款责

任，申请人必须向中国银行返还相当于汇票面值或开证行承兑金额的款项以及按福费廷业务申请回复函本合同第五条规定的相同利率计算的从到期日到中国银行收到该款项日期间的利息，如申请人未能按时返还该款项，中国银行有权随时从申请人开立在中国银行总行及任何分支机构的账户中扣除上述款项。

第七条　违约事件和处理

有下列情形之一的，视为申请人在本合同项下的违约：

（一）申请人不履行本合同规定的义务；

（二）申请人在第六条中的声明不真实或违反其所作的承诺；

（三）申请人在与中国银行总行或任何分支机构之间的合同项下发生违约事件；

（四）申请人终止营业或者发生解散、撤销或破产事件；

（五）申请人的财务状况在本合同签订后发生了重大不利变化。

出现本条第一款规定的违约事件时，中国银行有权采取以下措施：

（一）要求申请人限期纠正违约事件；

（二）解除与违约行为有关的任何一笔交易。在交易被解除后，申请人应在5个工作日内向中国银行返还汇票面值并结清所有未付利息。如延期返还，中国银行有权向申请人收取年息为____%的迟付利息。如中国银行未终止合同，则任一笔交易的解除不影响双方在本合同项下其他未解除的交易项下的权利和义务；

（三）中止合同；

（四）有权从申请人开立在中国银行任一机构内的账户中或从其他出口收汇中主动扣划申请人应付的款项包括申请人应支付给中国银行的任何费用。如因政府命令、法律或法规的实施使中国银行在本合同项下的履行成为非法或信用证的任一方被禁止付款，中国银行将被免于本合同项下义务的履行。

第八条　费用

与本合同订立、履行及纠纷解决有关的费用，包括但不限于律师代理费、公证费等均由申请人支付或偿付。

第九条　合同的变更、解除和解释

本合同经双方书面同意可以修改、补充或解除。本合同的任何修改和补充均构成本合同不可分割的一部分。

本合同任何条款的无效均不影响其他条款的效力。

中国银行给予申请人任何宽容、宽限、优惠或延缓行使本合同项下的任何权利，均不影响、损害或限制中国银行依本合同和法律、法规而享有的一切权益，不应视为中国银行对本合同项下权利、权益的放弃。

第十条　争议解决及司法管辖

在合同履行期间，因履行本合同所发生的或与本合同有关的一切争议、纠纷，双方可协商解决。协商不成的，任何一方可以采取如下第____种方式加以解决：

（一）依法向中国银行所在地法院起诉；

（二）提交______仲裁委员会仲裁。

第十一条　生效条件

本合同经双方的法定代表人或授权签字人签字并盖章后生效。

本合同一式____份，申请人与中国银行各执____份，均具同等效力。

申请人：____ 中国银行____

法定代表人或 负责人或

授权签字人：____ 授权签字人____

签约时间：____年____月____日

附件1

福费廷业务申请书

致：中国银行____分行

根据我公司与你行于____年____月____日签订的福费廷协议，我公司提出叙做福费廷业务的申请。现将有关情况详细列明如下

信用证号：

开证行：

银行议付号：

汇票号：

汇票出票人：

汇票付款人：

信用证金额：

期限：

到期日：

融资利息为伦敦同业拆放利率(LIBOR)加____%的年利率，从融资之日起计至到期日。

你行向我公司支付的融资付款的净值应为信用证项下开证行已承兑金额扣减利息及相关成本、费用和开支。

请将融资款付至以下账户：

在此，我公司重申遵守上述福费廷协议的有关承诺、陈述与保证。

本公司联系人____电话____

____公司(签字盖章)

年____月____日

TO: Bank of China, ____ Branch

Letter of Assignment

Dear Sirs,

Re: Letter of Credit No. ____ dated ____ issued by ____ and advised by ____ for a total amount of ____.

Applicant:

Beneficiary:
Expiry Date;

We refer to the above mentioned Letter of Credit in our favor, and in consideration of your purchase of receivables without recourse to ourselves, we hereby:

1. Irrevocably and unconditionally assign all our rights, title and interest in and to the proceeds due to ourselves, under the above mentioned Letter of Credit, to Bank of China, ______ Branch.

2. Represent and warrant you that we have taken all reasonable steps to ensure that all terms and conditions established by the Letter of Credit have been duly complied with. We further declare that our claim is irrefutably and legally binding and vouch for its validity.

3. Represent and warrant to you that we are the sole legal and beneficial owner of the thighs hereby assigned, which are free and clear of any lien, security interest, claim, set-off or counterclaim or any other charge of encumbrance of any nature whatsoever and what we shall not create for permit to be created any such charge or encumbrance in respect thereof.

Yours Faithfully,

Stamp and signature(s)

附件 2

福费廷业务申请回复函

编号:______

致:__________ 公司

鉴于你公司____年____月____日提出办理福费廷业务的申请,且有关开证行已对信用证的有关付款作出承兑/承诺,经对开证行信用进行审核,我行同意你公司在申请书所述业务项下办理福费廷业务,双方的权利和义务遵照双方签署的《福费廷协议》中的有关规定。

该笔福费廷业务的具体条件如下:

我行编号	贵公司发票号	信用证承兑金额	融资利息

其他成本费用:收汇时,按实际产生的费用结算。

特此通知。

中国银行______分行

(签字　盖章)

【思考题】

1. 什么是国际贸易融资？
2. 出口贸易融资主要有哪几种？
3. 进口贸易融资主要有哪几种？

参考文献

1. 黎孝先. 国际贸易实务. 北京:中国对外经济贸易大学出版社,2003
2. 吴百福. 进出口贸易实务教程. 上海:上海人民出版社,2003
3. 舒红. 国际贸易结算实务. 北京:中国商务出版社,2005
4. 祝雪红. 结算实务. 上海:立信会计出版社,2005
5. 梁树新. 信用证操作实务. 北京:首都经济贸易大学出版社,2006
6. 武义海. 粮油食品外贸实务英语. 北京:中国纺织出版社,2004
7. 姚莉. 国际结算. 北京:中国金融出版社,2002
8. 全国国际商务单证培训认证考试办公室. 国际商务单证理论与实务. 北京:中国商务出版社,2005
9. ICC 跟单信用证统一惯例(UCP600),北京:中国民主法制出版社,2006
10. 庄乐梅. 国际结算实务精要. 北京:中国纺织出版社,2004
11. 关于审核跟信用证项下单据的国际标准银行实务(ISBP),北京:中国民主法制出版社,2003
12. 国际商会托收统一规则(URC522),北京:中国民主法制出版社,2003
13. 陈文培. 外贸实务一本通. 北京:中国海关出版社,2003
14. 王斌. 国际贸易理论与实务. 上海:立信会计出版社,2005
15. 徐莉芳. 国际结算与信贷. 上海:立信会计出版社,2005
16. 方少林,国际贸易单证实务实验教程. 北京:中国金融出版社,2007